ANTI

JAPAN

지은이

리오 T. S. 칭 荊子馨

미국 듀크대학교(Duke University) 동아시아문화연구학과 교수이다. 캘리포니아대학교-샌디에이고에서 박사학위를 취득했으며, 『'일본인' 되기 – 식민지 타이완의 정체성 형성의 정치학(Becoming "Japanese": Colonial Taiwan and the Politics of Identity Politics)』의 저자이다. 동아시아와 중동 관련 지역학/세계화 주제 이론가이며, 탈식민주의와 아시아 대중문화 이론가이기도 하다. 타이완 출신인 칭 교수는 식민주의, 탈식민주의, 일본/타이완/아시아 대중문화와 세계화 담론, 지역주의 담론을 현대 문화이론과 결합하여 대안적 지구 문명과 화해의 동아시아 미래를 인문학적으로 상상하는 실천적 학자이다.

옮긴이

유정완 柳正完, Jung-wan Yu

경희대학교 영어영문학과와 동 대학원에서 학사학위와 석사학위를 마쳤으며, 뉴욕시립대학교 대학원에서 「포스트임피리얼 서사 – 폴 오스터, 돈 들릴로, 팀 오브라이언」으로 박사학위를 취득했다. 현재 경희대학교 영어영문학과에서 현대 미국문학 및 미국문화를 강의하고 있다. 경희대학교 후마니타스칼리지 학장과 한국 미국소설학회 회장을 역임했다. 논문으로 「아메리카 제국의 상흔 – 미 라이 학살 사건의 과거와 현재」와 「역사의 끝에 서 있는 제국? 프랜시스 후쿠야마의 역사 종언론」 등이 있으며, 역서로 『포스트모던의 조건』, 『마오 II』, 『타임퀘이크』, 『세계 정치와 문명 – 동서양을 넘어서』(공역) 등이 있다. 현재 『시와 시학』에 「유구 선생과 함께 걷는 미국사의 뒤안길」을 연재하고 있으며, 「제퍼슨의 독립선언과 아메리카 제국의 시원」을 주제로 공부하고 있다.

안티-재팬
탈식민 동아시아의 감정의 정치학

초판인쇄 2023년 4월 20일 **초판발행** 2023년 4월 30일

지은이 리오 T. S. 칭 **옮긴이** 유정완 **펴낸이** 박성모 **펴낸곳** 소명출판 **출판등록** 제1998-000017호

주소 서울시 서초구 사임당로14길 15 서광빌딩 2층

전화 02-585-7840 **팩스** 02-585-7848

전자우편 somyungbooks@daum.net **홈페이지** www.somyong.co.kr

값 18,000원 ⓒ 소명출판, 2023

ISBN 979-11-5905-773-1 03300

JAPAN

ANTI

안티-재팬

탈식민 동아시아의
감정의 정치학

THE POLITICS
OF SENTIMENT IN
POSTCOLONIAL
EAST ASIA

리오 T. S. 칭 지음 **유정완** 옮김

짠에게 바침

한국어판 저자 서문

　비록 흐릿하고 희미하지만, '한국'에 대한 내 최초의 기억은 1960년대 후반 또는 1970년대 초반 타이완에서 본 영화 〈저 하늘에도 슬픔이Sorrow Even Up in Heaven〉김수용 감독, 1965였다. 어렸던 나는 한국이 어떤 나라이고 어디에 있는지 전혀 알지 못했다. 내 기억은 그저 가난한 가족을 부양하기 위해 껌 장사를 하거나 이것저것 잡일을 하는 어떤 한 소년의 희미한 흑백 이미지만으로 이루어져 있다. 아마 그것은 1960년대 후반 타이완과 대구 도시 풍경 사이의 '익숙한 차이familiar difference'였을 수도 있다. 아니면 주인공 이름이 한자로 리룬푸Li Runfu 또는 이윤복Yi Yunbok, 李潤福이라는 '가족 유사성family resemblance' 때문인지도 모르겠지만, 어쨌거나 이 영화는 내게 오래도록 인상을 남겼다. 내가 일본 감독 오시마 나기사Oshima Nagisa, 大島渚의 짧은 다큐멘터리 〈윤복이의 일기Yunbogino Nikki, ユンボギの日記, The Diary of Yunbogi〉1965를 접한 것은 여러 해가 지난 후의 일이다. 감독 자신이 한국에 체류할 때 찍은 스틸 사진들로 이루어진 이 다큐멘터리는 열 살짜리 윤복이의 일기장과 윤복이에 대한 직접 대화(코마츠 호세이Komatsu Hōsei의 내레이션) 형식의 오시마 감독 자신의 언급으로 구성된 이중 보이스오버 서사 방식을 활용하고 있다. 이 영화는 1960년대 말 한국의 도시 빈곤을 묘사하면서 일본 식민주의에 대한 오시마의 간략한 회고("36년의 지배, 36년의 착취, 36년의 억압과 36년의 학살")도 포함하고 있다. 사회 문제에 대한 어두운 언급에도 불구하고 이 영화는 청년이 주도하는 혁명의 열정에 근거해 윤복이의 미래에 대한 희망과 한국 사회에 대한 낙관으로 끝을 맺는다.

　〈저 하늘에도 슬픔이〉는 필경 타이완과 한국, 그리고 그들의 과거 식민국인 일본을 연결해 주는 전후/탈식민 최초의 사이-아시아inter-Asian 텍스트일 것이다. 이윤복의 일기는 중국어와 일본어로 번역되어 광범하게 읽혔으며, 심지어 인내와 불굴, 그리고 가족의 가치를 고양하기 위해 학교에서 사용되기도 했다. (충분히 예견될 수 있는 일이지만, 한국전쟁과 자본주의 발전으로 인한 박탈과 빈곤 같은 구조적 문제들은 언급되지 않았다.) 위에 언급한 것처럼, 이 영화는 타이완과 일본에서 유통되어 동정적인 관객을 확보했다. 심지어 전위주의와 비판적 감각에도 불구하고, 오시마의 영화 비전마저도 널리, 그리고 특히 일본 바깥에서 많이 상영되었다. 그러나 〈저 하늘에도 슬픔이〉에 의해 매개된 한국, 타이완, 일본의 삼각 구도는 1960년대 말과 1970년대 초반 자본주의 세계체제 내에서 차지하던 각 나라의 변별적 지위를 잘 강조해 준다. 이 체제 내에서 일본이 중심에 있고, 한국과 타이완은 주변은 아닐지라도 반주변semi-periphery 정도의 위치를 차지한다. 1965년이 되면 일본은 그 전 해의 도쿄 올림픽이 보여준 현대화가 예증하듯이, 미국 점령하의 패전국 위치에서 떠오르는 경제 강국으로의 성공적인 전환을 완수하게 된다. 그러는 한편, 한국과 타이완은 각각 박정희와 장제스Chiang Kai-shek, 蔣介石의 권위주의 정권 치하 분단 체제 속에서 미국의 냉전 전략과 제휴하게 된다.

이윤복의 일기가 출판되고 영화가 개봉된 1965년은 한일 관계의 분수령이 되는 해였다. 잘 알려진 것처럼, 그해 6월 22일의 「일본국과 대한민국 간의 한일기본조약The Treaty on Basic Relations」이 두 나라의 외교 관계를 정상화했다. 이 조약과 함께 일본은 차관과 보조금의 형식으로 한국 기업들과 회사들에 총 8억 달러의 '경제 원조'를 제공하기로 합의했다. 더 중요한 것은, 이 조약의 제2조가 "양 체약국은 양 체약국 및 (법인을 포함함) 그 국민의 재산, 권리 및 이익과 양 체약국 및 그 국민 간의 청구권에 관한 문제가 (…중략…) 완전히, 그리고 최종적으로 해결되었다"고 명기하고 있다는 사실이다. 이 최종적 성명은 식민통치 시기에 고통받았을 뿐 아니라 전시 성노예나 강제 노역자로 동원된 한국인들의 배상과 보상 요구로부터 일본의 책임을 면제해 주는 것으로 보인다. 이런 문제는 한일 관계를 지속적으로 괴롭히고 있다. 2005년 한국 정부는 이 기본조약 관련 의사록을 비밀 해제했다. 이 문서들은 일본 정부가 일본 통치의 한국인 피해자들에게 직접 보상할 준비가 되어있었음을 보여주었다. 자국민에 대한 개별 보상을 스스로 처리하겠다고 주장하며, 경제개발 지원을 위한 일괄 지불을 선호한 것은 한국 정부였다.

2015년 이른바 위안부 문제에 관한 양국의 합의가 체결되었다. "모든 과거 위안부 분들의 명예와 존엄의 회복 및 마음의 상처 치유"를 위해 일본은 한국 정부가 관리하는 펀드에 기금을 내기로 합의하였으며, 그렇게 함으로써 일본 정부는 "동 문제가 최종적 및 불가역적으로 해결된다는 사실을 확인하"였다. 반면, 한국 정부는 "일본 정부가 상기를 표명함과 함께, 상기의 조치를 착실히 실시한다는 것을 전제로", 일본과 함께 "향후 유엔 등 국제사회에서 동 문제에 대해 상호 비난·비판하는 것을 자제"하기로 하였다. 생존 피해자 그 누구도 이 결정에 관해 상의를 받거나 전달받은 적이 없다는 명백하고 단순한 사실은 성적 폭력과 젠더 폭력의 실행, 허용, 은폐, 통제에 개재된 뿌리 깊은 이성애적 가부장제heteropatriarchy를 보여줄 뿐이다. 더구나, 1965년과 2015년의 두 합의에 대해 내가 강조하고 싶은 것은, 각 국가가 국민, 특히 소수자와 여성들을 대변한다고 간주하고 있음에도 불구하고, 국민들의 관심 사안에 대한 국가의 정당성과 권위를 지속시키고 영속화하기 위해 두 국가가 서로 공모complicity하고 있다는 사실이다. 이와 같은 동성애사회성homo-sociality은 일본민족이나 한민족이라는 이름으로 자국민과 자국 고유의 문화와 역사의 동질성을 지속적으로 떠받들고 있다.

이 책『안티-재팬』이 어떤 형태의 정치적 화해나 역사적 심문의 방법으로도 국가 중심의 협상이나 반동적 민족주의는 피하고자 하는 이유가 여기에 있다. 그 대신 나는 식민주의 폭력에 맞서고 궁극적으로 그 극복을 시도할 수 있는 초국적transnational, 국가 내적sub-national, 그리고 세대 간inter-generational의 친밀감intimacy과 관계의 형식을 검토하고자 한다. 반식민주의적, 반제국주의적, 반권위주의적 민족주의 투쟁의 오랜 역사를 간직한 한국인들에게는 추정컨대 연약하고 이상주의적인 이런 접근이 직관에 반하고 비생산적인 것처럼 보일 수도 있겠다. 한반도에는 민족 통일의 열망이 미완의 기획으로 남아있다. 그러므로, 이런 접근법이 민족의 이름으로 억압에 맞서 투쟁한 사람들의 희생과 업적을 폄하하려는 것은 결코 아니다. 오히려 그것은 정의의 조정자이자 정치적 화해의 담지자로서 국민국가nation-state가 갖는 한계에 대해 경보를 울리기 위한 것이다. 가라타니 고진Karatani Kōjin, 柄谷行人이 주장하듯이, 민족/네이션-국가-자본은 자본주의를 지속적으로 조절해 주는 '보로메오 매듭Borreomean knot'을 형성한다. 그 얼개는 꽤 단순하다. 자본은 변함없이 불평등을 생산해내고, 국가는 자본의 흐름을 용이하게 해주는 정책을 실행하고, 민족/네이션은 자본과 국가가 야기한 불평들의 결과물인 사회적 무질서의 위협을 최소화한다. 수평적이고 평등한 것으로 간주되는 민족/네이션의 관계는 그러므로 자본과 국가에 의해 생산된 모순과 불평등을 은폐하며, 특히 위기의 시기에 더 잘 은폐한다. 이 책에서 내가 제기하는 좀 더 큰 주장은 전후 동아시아의 반(그리고 친)일 운동과 정서는 이 역내의 실패한 탈식민화decolonization와 최근 중국의 부상으로 촉발된 지역 재구조화의 징후라는 것이다. 탈식민화가 새로운 국민의 형성과 그에 따른 새로운 국가 건설을 목표로

하는 정치 기획으로 이해되는 한, 역사가 우리에게 보여주는 것은 그것이 바로 그 식민주의의 위계적, 권력적 구조를 고스란히 재생산하는 경향을 보인다는 사실이다. 해방과 평등이라는 그 기획의 약속은 국민 주권의 보호라는 이름으로 항상 연기될 것이다. 요컨대, 탈식민화는 실패했다.

탈식민화를 국가적 기획으로 삼는 대신에, 나는 나의 분석을 탈식민성de-coloniality의 일부로 위치시키고자 한다. 이것은 아니발 퀴야노Anibal Quijano, 월터 미뇰로Walter Mignolo, 캐서린 월시Catherine Walsh 등의 학자들을 따르는 인식론적 재구성epistemic reconstitution의 기획이다. 여기서 내가 탈식민성 또는 탈식민주의적 사유decolonial thinking의 비판적 개입에 대해 상세히 논할 공간은 없다. 탈식민화의 실패는 과거 식민주의자들에 의해 식민지에 주입된 지식의 구조와 주체의 형성(욕망, 신념, 기대)에 대해 문제를 제기하지 않은 데 부분적으로 기인한다고 말해두는 것으로 만족해야 할 것 같다. 인식론적 재구성은 근대성의 어두운 부분인 식민주의적 지식과 논리와 결별하는 것을 의미한다. 그것은 근대성의 수사학이 부인했던 여러 가지 사유와 언어와 세계내적 존재being in the world의 방식들을 새롭게 해석하는 것이다. 그것은 세계를 다른 방식으로 상상하는 것to imagine the world, otherwise이다.

오늘의 한국은 내가 〈저 하늘에도 슬픔이〉에서 본 한국과는 전혀 다르다. 한국은 현재 세계에서 열한 번째 규모의 경제 강국이다. 한국의 대중문화(K-팝, K-드라마, 영화, e스포츠 등)는 세계적으로 수백만 명의 팬을 끌어모으고 있다. 일부 전문가들은 이것을 한국의 새로운 연성 권력soft power이라고까지 칭찬하고 있다. 그러나 밝은 경제 지표들과 화려한 K-팝 공연도 한국 근대화의 어두운 부분인 뿌리 깊은 국가-기업의 부패, 젠더 불평등, 그리고 사이버 폭력으로 인한 어린 아이돌들의 추문과 자살을 덮을 수는 없다. 모든 곳에서 나타나는 민족주의의 부상과 한일 관계 악화는 필경 미래의 또 다른 반일운동으로 이어질 것이다. 우리가 더 평등하고, 더 포용적이며, 더 보살피고, 삶을 더 긍정하는 다른 미래를 상상할 때, 이 책 『안티-재팬』이 바로 그런 다른 종류의 대화와 토론을 촉발할 수 있기를 바라는 것이 나의 진정한 소망이다.

역자 서문

'친일'과 '반일', '민족'과 '민족주의'라는 단어는 우리에게 생생히 살아있는 용어들이다. 그것들은 누구에게는 격정을 촉발하고, 또 누구에게는 가슴 뭉클한 정동affect, 情動을 유발한다. 이들 단어와 연관된 '친일파', '죽창가', '왜구', '반일종족주의' 등의 거친 용어들 또한 우리에게 낯설지 않다. '위안부'와 욱일기와 강제징용을 둘러싼 긴장과 갈등과 논쟁도 여전히 우리 주위를 맴돌고 있다. 우리는 또 민족주의와 연관된 다양한 층위의 논쟁들을 강단과 저잣거리에서 수시로 목도한다. 이런 현상은 2002년 월드컵 축구 4강 진입, 반도체/자동차를 필두로 한 한국 경제의 세계적 부상, 그리고 아이티IT와 K-컬처로 인해 한국의 민족적 자존심이 어느 정도 충족된 후에도 여전히 현재 진행형이다. 이 팽팽하고 뜨거운 현상들을 보면 '민족'은 우리에게 여전히 평범한 감정 이상의 강력한 그 무엇을 소환하는 살아있는 생생한 실체임이 분명하다. 백의민족, 단일민족, 한恨의 민족이라는 좀 더 전통적인 개념들이 거의 후퇴한 뒤에도 우리의 '민족'은 여전히 시퍼렇게 살아있다.

이와 같이 '민족'이라는 화두가 생생하게 살아있는 역사적 순간에, 그럼에도 다문화 가족과 국제화가 부인할 수 없는 현실이 되어버린 이 전환의 시점에 우리의 '민족' 담론이 강력한 재검토를 요구받고 있다는 사실 또한 부인할 수 없다. 우리는 오랜 지정-역사, 문화-담론 속에서 민족 개념을 백안시하고 심지어 악마화하는 영미권 민족주의 연구/담론을 대할 때 더러 불편한 심사가 아닐 수 없다. 베네딕트 앤더슨Benedict Anderson의 '상상의 공동체imagined communities'나 에릭 홉스봄Eric Hobsbaum의 '발명된 전통invented tradition'은 우리에게 어쩐지 육중한 그 어떤 부담으로 다가온다. 그러나 이제 '민족' 담론이 우리 '민족' 스스로에게도 무언가 불편을 초래하게 된 것은 틀림없는 사실인 것 같다. 2007년 '민족문학작가회의'가 '민족'이라는 '자랑스런' 단어를 제거하고 '한국작가회의'로 이름을 바꾼 것이 그 단적인 예라고 볼 수 있다. '민족'이라는 용어가 갖는 내-외적 오해의 소지소수 좌파라는 낙인과 극우 민족주의 단체라는 오해를 불식하기 위한 것이었다. '민족'이라는 단어가 또 최근에는 그 신성한 의도와 달리 더러 우리네 '민족' 집단을 분열시키는 요인이 된 것도 사실이다. '민족'과 '민족주의' 담론에 내한 새검토의 필요성을 보여주는 현상들이다.

이런 문맥에서 미국학 전공자인 역자는 리오 칭 교수의 『안티-재팬』 번역을 맡게 된 것에 대해 조심스럽게나마 진정한 보람을 느낀다. 정치적 상황에 따라 자주 출렁이는 한국의 민족주의 논쟁에 칭 교수의 『안티-재팬』이 유의미한 기여 또는 기입을 할 수 있으리라 믿기 때문이다. 한국, 중국, 타이완 3국의 현대 민족주의 현상을 분석하는 칭 교수의 두 번째 저작 『안티-재팬』은 그 부제 '탈식민 동아시아의 감정의 정치학'이 암시하듯 '탈식민주의' 이론과 '정동 이론'을 중심으로 동아시아 3국의 현대 반일-민족주의를 문화적 재현 텍스트들, 예컨대 영화나 소설, 만화나 실제 시위 현장의 구호 등을 통해 분석하고 있다. 물론 칭 교수는 동아시아 민족주의의 좀 더 넓은 발현 문맥으로 천광싱Chen Kuan-Hsing, 陳光興이 말한 탈제국주의화de-imperialization, 탈식민화de-colonization, 탈냉전화de-Cold War의 실패를 강조하는 것을 잊지 않는다. 그러면서도 동아시아 3국이 보여주는 정동의 문화적 재현 분석을 근거로 칭 교수는 상이한 동아시아 민족주의의 구체적 배경과 현황, 그리고 그 해결과 평화-화해의 길도 조심스레 제시한다.

그렇다면 칭 교수의 동아시아 민족주의론은 구체적으로 어떻게 전개되는가? 국내에 번역된 앙드레 슈미드Andre Schmid의 『제국 그 사이의 한국Korea

Between Empires: 1895-1919』과 칭 교수의『안티-재팬』은 역자가 보기에 매우 유사한 학문적 가설에 근거해 있다. 에릭 홉스봄이나 베네딕트 앤더슨의 비본질주의적 민족주의론을 이어받는 이 두 학자는 민족을 원래부터 고유한 그어떤 것으로 보는 입장에 분명 반대한다. 동아시아 민족주의는 일본의 식민주의/제국주의/군국주의의 청산 거부/실패와 그에 대한 미국의 공모, 그리고 동아시아 각국의 탈식민화 실패의 결과이지 본래/본질적으로 존재하던각 '민족'에 대한 숭모 현상이 아니라는 것이다. 슈미드가 한국의 민족주의등장 또는 탄생의 순간을 1896년 독립협회가 주도한 독립문 건설과『독립신문』창간으로 보고 있다면, 칭 교수는 미국 주도의 냉전 시기 일본의 경제 대국화와 최근 중국의 부상으로 인한 동아시아의 지정학적 재편과정에서 나타난 역내 불안과 불안정, 그리고 특히 동아시아 3국의 내부적 불만과 모순의문화적, 정치적 표출을 20세기 동아시아 민족주의 발흥의 중요한 계기로 보고 있다. 댜오위다오 분쟁, 한일협정과 '위안부' 문제, 그리고 일본 제국주의와 본토 국민당의 지배를 이중으로 경험한 타이완의 독특한 과거 등이 독특한 동아시아 반일/친일-민족주의를 형성했다는 것이 칭 교수의 주장이다. 말하자면 일본의 탈제국주의화 실패가 분명한 원인原因이긴 하지만, 오늘의 동아시아 반일/친일-민족주의는 동아시아 3국의 내부 요인이 요구하는 정동/정서의 문화적 재현이라는 것이다. 그러므로 동아시아의 반일/친일-민족주의가 지시하는 대상은 일본 그 자체가 아니라 각국의 불안과 불만을 반영하는 정동적 자기 욕망이다.

　타이완계 미국인인 칭 교수의 동아시아 민족주의론은 이와 같은 문맥 제시와 현상 분석에서 그치지 않는다. 초국적, 국가 내적, 세대-간의 친밀감intimacy과 사랑의 정동학 또는 정동의 정치학politics of affect을 통한 공생과 화해와 평화의 길을 간절히 제시하는 것이 칭 교수의 더 중요한 학문적 요청이다. 칭 교수는 동아시아 국민-국가들의 책임을 적시하면서도, 미래의 공생과 화해를 위해서는 식민주의 담론과 국가 중심의 타협을 모두 극복할 수 있는 '세대 간 화해'를 특히 강조한다. 이는 정의의 조절자이자 정치적 화해의 담지자로서 국민국가가 갖는 명백한 한계에 대해 강력한 경보를 울리기 위한 것이다. 특히 칭 교수는 아시아 젊은이들 사이에서 유행하는 (일본) 대중문화의 공유를 초국적trans-national 동시내성을 성취할 수 있는 하나의 예, 말하자면 경직된 과거 제국주의와 편협한 민족주의를 초월하여 화해로 나아갈 수 있는 미래지향적 예로 상정한다. 이를 한마디로 표현한 것이 '후기-동아시아post-East Asia'와 '다른 방식의 화해reconciliation otherwise'라는 용어이다. 친밀감과 토착성이 규범적, 정치적 과정이 취하기 쉬운 식민지 '과거'와의 화해가 아니라 아직 태어나지 않은 사람들과 오지 않은 미래와의 화해의 공간을 열어줄 것이기 때문이다. 요컨대 칭 교수에 따르면, 미래의 진정한 화해의 정치학이 가능해지는 공간은 공식 외교의 공적 영역이 아니라 사적 친밀감의 영역이다. 화해는 이성애규범적hetero-normative이고 가부장적이고 국가주의적인 것을 통해서가 아니라 '다른 방식으로 사랑하기'를 통해서만 가능하기 때문이다. 심지어 가족 내 친밀감의 공간이 민족주의에 기초한 국가 대 국가의 협상과 배상의 공간을 전복한다고까지 칭 교수는 주장한다.

이런 '다른 방식'의 사랑과 화해, 세대-간의 화해를 통한 미래의 후기-동아시아 공생을 위해 칭 교수는 동아시아 청년들의 문화적 공생 노력만이 아니라, 타이완의 '토착성'과 관련된 쓰시마 유코Tsushima Yūko, 津島佑子의 소설 『너무도 야만적인Exceedingly Barbaric, あまりに野蛮な』2008과 라하 메보우Laha Mebow, 陳潔瑤의 영화 〈사윤을 찾아서Finding Sayun, 不一樣的月光－尋找沙韻〉2010를 실증적으로

분석한다. 『너무도 야만적인』은 일본 식민치하의 무샤 봉기Musha Rebellion, 霧社事件, 우서사건를, 〈사윤을 찾아서〉는 역시 일본 식민치하의 사윤의 종Bell of Sayun, 莎韻之鐘이라는 사건을 다룬다. 칭 교수가 '다른 방식의 화해'의 예로 이 두 텍스트를 선택한 이유는 이 두 작품이 두 사건에 대한 규범적 해석과 명백히 거리를 두고 있기 때문이다. 두 텍스트 모두 세대-간, 민족-간의 미래에 대한 공통의 관심, 현재를 넘어서는 책임, 식민의 트라우마에서 가족의 친밀감으로의 변화, 그리고 특히 현재 세대와 조상들과의 연결 또는 잃어버린 아이/사람들과 아직 태어나지 않은 사람들의 연결을 보여주며, 나아가 식민주의 서사를 전복하고 식민주의의 총체적 권력을 넘어서 희망의 공간을 열어주는 탈식민 미래를 구성하고 있다는 것이 칭 교수의 주장이다 식민주의를 대체하고 친밀감/토착성의 재기입을 통해 살아있는 사람들, 죽은 사람들, 아직 태어나지 않은 사람들의 친밀한 연결/화해를 도모해 보자는 것이 곧 칭 교수가 제안하는 국가 권력 밖에서 다른 방식의 화해를 상상하는 방식이다.

이와 같이 칭 교수는 동아시아의 현재 반일-민족주의 분석에서와 마찬가지로 미래의 동아시아 평화와 화해를 위해서도 토착성, 친밀성, 사랑, 정동과 같은 용어를 강조한다. 그것은 "역사적 부정의와 식민주의의 기억에 대해 비국가적이고nonstatist, 비식민적이고noncolonial, 비보장적인nonguaranteed 해결책을 마련하려는 시도"라고 칭 교수는 설명한다. 칭 교수의 주장에 따르면, "이 지역은 현재 일본이 쇠퇴하고, 중국이 부상하고, 해결되지 않은 식민의 과거와 요동치는 지구적 현재가 공존하는 '제국 전환기transimperial'에 처해있"기 때문이며, "바로 이 제국 전환기의 순간에 우리는 현재 동아시아의 실질적 헤게모니 경쟁에 우리가 불가피하게 뒤엉켜 들어간다는 사실을 외면하지 않으면서도, 식민주의에 대한 정당한 저항에 관심을 두어야" 하기 때문이다. 그것만이 '무조건적이고 비주권적인 용서unconditional and non-sovereign forgiveness'라는 데리다의 꿈을 예견 가능한 미래에 가능하게 만들 것이기 때문이다.

'미래를 위한 하위주체의 비공식 연대를 통한 세대-간 친밀성과 토착성의 복원'이라고 요약될 만한 리오 칭 교수의 이와 같은 미래지향적 화해의 해법은 칭 교수 본인의 희망적 요청과는 달리 우리에게는 아쉬움과 낯섦을 남기는 것도 사실이다. 아무리 세상이 미래를 향해, 심지어 가상의 미래를 향해 맹렬히 돌진하고 있어도 탈식민 민족통일이라는 미완의 화두를 어떤 방식으로도 해결하거나 해소하거나 극복하지 못한 우리는 여전히 응어리처럼 우리에게 붙어있는 이 미완의 근대화를 무시할 수가 없기 때문이다. 그러나, 또는 그럼에도 우리가 '민족'을 이념화/화석화하는 '민족주의'를 반성적으로 사유하고 '국가주의'와 '민족주의'를 일정한 거리를 두고 바라보기 위해서는 칭 교수의 목소리를 면밀히 경청할 필요가 있다. 이 책은 중국의 개혁개방 시기 말기, 말하자면 '중국의 완전한 지구 자본주의 편입'이 무난히 예견되던 21세기 초반의 동아시아 정서를 바탕으로 집필되었다. 그러나 '신냉전'과 '일대일로'와 '중국몽'으로 대표되는 새로운 역내 정세 변화에도 불구하고, 또 한반도 남북 관계의 반복 강화되는 긴장에도 불구하고, 또는 바로 이런 엄혹한 정세 변화 때문에 오히려 리오 칭 교수의 관점이 더 설득력을 얻고 있지 않나 하는 것이 역자의 역설적 생각이다.

『안티-재팬』을 번역하면서 역자는 중요한 학자의 이름이나 주요 어휘 또는 용어와 단체나 지명의 이름은 가급적 원문의 영어식 표기를 우선 병기하고, 그 옆에 동아시아 3국의 각기 다른 한자 용어도 일일이 찾아서 넣었다. 그리고 이런 용어가 각 장이나 섹션에 새로 등장할 때는 동일한 방식으로 반복해서 넣었다. 이는 인문교양 독자들과 정확한 정보를 최대한 공유하는 것이 인문학도의 소명이라는 역자의 평소 생각과 『안티-재팬』이 제시하는 주장과 분석이 동아시아-지구 문맥에서 갖게 될 영어-동양어적 문맥을 보다 선명하게 제시하기 위한 이유 때문이다. 영미식 탈식민주의 이론, 동아시아 태생, 동아시아 문제, 그리고 영미/동아시아 독자를 대상으로 한 저술이라는 점에서 칭 교수의 『안티-재팬』은 유사한 배경에서 미국의 민족주의와 팽창주의를 공부해온 역자의 배경과 겹치는 부분이 많아서 역자는 번역 과정에서 독특한 즐거움도 느꼈다. 제국의 심장에서 먼 고향을 월트 휘트먼과는 다르게 바라보는 칭 교수의 노력에 존경을 표한다.

이 책을 번역하는 동아 많은 분들이 중요한 도움을 주셨다. 한국 현대사와 한일 관계사에 하나하나 자문을 주시고 원고 또한 꼼꼼하게 검토하면서 영어 원문의 불분명한 부분까지도 일일이 교정해 주신 만철 김민철 선생님, 중국과 타이완의 현대 언어와 문화에 대해 일일이 진지하게 자문에 응해주신 이진섭 선생님, 그리고 짧은 시간에 번역문을 꼼꼼히 읽고 중요한 오류를 하나하나 지적해 주신 고봉준 선생님께 크게 감사드린다. 힘들게 석사논문을 쓰면서도 국내외 각종 영화 관련 자료를 구해주고 또 스크립트를 구하거나 직접 글로 옮겨준 원승영, 허승모 군에게도 감사드린다. 그리고 중국과 일본의 각종 문화 재현에 대한 사소한 정보를 철저히 추적해준 중국 유학생 당효효^{Tang Xiaoxiao, 唐曉曉}와 본국인 대한민국에 '유학'온 히로시마 출신의 전유희^{全有希} 학생에게도 심심한 감사의 마음을 전한다. 본인들은 괴로웠겠지만, 역자는 칭 교수가 말한 세대-간, 지역-간 협업의 새로운 본보기를 경험한 좋은 시간이었다.

그러나 무엇보다 이 소중한 번역의 계기를 마련해 주신 서재길 교수님과 척박한 출판 환경 속에서도 번역을 기꺼이 맡겨주신 소명출판의 박성모 사장님, 그리고 난삽한 원고를 실무적으로 꼼꼼히 검토하고 챙겨주신 노예진 선생님께 큰 감사를 드린다.

감사의 말

2017년 8월, 중국인 네 명이 상하이 대륙은행Continental Bank, 大陸銀行 창고에서 제2차 세계대전 당시의 일본군 제복을 입고 카메라 앞에서 포즈를 취했다. 그곳은 1937년 중국 군대가 일본 제국 군대에 맞서 싸웠던 곳이다. 2018년 2월, 또 다른 남성 두 명이 역시 일본군 복장을 하고 난징Nanjing의 지진산Zijin Mountain, 紫金山 추모공원 앞에서 다양한 포즈를 취했다. 이곳은 같은 해인 1937년 일본 군대에 의해 중국 민간인들이 학살당한 곳이다. 이들 이미지는 소셜 미디어를 통해 급속히 퍼져나갔고, 예상할 수 있듯이 네티즌들의 강하고도 대부분은 부정적인 반응을 초래했다. 주류 언론과 뉴 미디어 양쪽 모두에서 이 젊은이들에 대한 비판이 홍수처럼 터져 나왔다. 상황이 악화하자 중국 최고 입법기구가 지진산 케이스를 언급하며 "전쟁이나 침략 행위를 미화하는" 사람들을 처벌하기 위한 '영웅과 희생자 보호법'을 제안하기에 이르렀다. 심지어 왕이Wang Yi, 王毅 중국 외교부장이 그들을 '중국 인민들 속의 쓰레기'라고 부르며 이 소동에 가세했다.Huang 2018 내가 추측하기에 네티즌들과 정치인들을 모두 분노하게 만든 것은 이들이 일본군 복장을 착용했다는 사실만이 아니라, 일본의 침략과 중국의 저항을 기념하는 장소들 정면에서 의도적으로 포즈를 취했다는 사실이다. 이들 장소는 종전 후 반일감정의 토대를 형성했다.

이 두 사건이 초래한 소동은 또 사이버 공간에서 새로운 용어 하나를 탄생시켰는데, 그것은 징-리jing-ri, 精日이다. 문자 그대로 '정신적 일본인'을 가리키는 이 단어는 징-센-리벤렌jing-shen ribenren, 精神日本人의 줄임말로, 정신적으로 스스로를 일본인과 동일시하는 중국인들을 가리킨다. 그 전제는 이 호도된 젊은이들의 마음이 일본에 의해 오염되었다는 것이며, 더욱 중요하게는 그들이 중일 역사에 대한 적절한 이해를 결하고 있었다는 것이다. 이 용어는 중국 웹 사이트에서 큰 논쟁을 불러일으키고 있는데, 특히 그것은 또 하나의 다른 용어인 리-자ri-za, 日杂 또는 '일본 잡종'이라는 말과의 관계 속에서이다. 많은 사람에게 이 두 구절은 일본에 대한 호감의 차이를 나타내는데, 후자는 전자보다 좀 더 급격하거나 극단적인 형식을 말한다. 언론 보도와 온라인 논쟁에서 이 두 사건이 인상적이면서도 놀랍지 않은 이유는 집단적 수모라는 규범적 민족주의 담론에 대한 호소와 역사적 망각에 대한 비난 때문이다. 20년에 걸친 국가 주도의 애국 교육과 수없이 많은 반일 TV 드라마들도 분명 중국 사회에서 징-리나 리-자 요소들이 등장하리라 예상하지 못했을 것이다!

이런 행동들과 그에 따른 신조어들의 등장은 근대/식민주의 일본의 패권이 중국의 부상에 자리를 내주게 된 지정학적 변화를 대변한다는 것이 이 책이 주장하고자 하는 바이다. 이 '제국 전환기transimperial'의 순간은 또 중국의 완전한 지구 자본주의 편입과, 공식 검열과 금지에도 불구하고 증가하는 일본 대중문화의 영향력을 나타내기도 한다. 지구적 패권의 변화는 언제나 불균등하고, 모순적이며, 때로는 폭력적이다. 중국은 세계 두 번째로 큰 규모의 경제로 일본을 앞질렀지만, 문화적 영향력 특히 대중문화 영역에서는 '쿨 재팬Cool Japan'과 '한류Korean Wave'에 훨씬 뒤처져 있다. 주목할 만한 것은, 유명 만화 캐릭터들의 코스프레가 전 세계 팬덤의 주요 부분을 차지하게 된 오늘날 어떤 애니메이션 대회에서 처음으로 일부 징-리 도발자들이 일본군 제복을 입기 시작했다는 사실이다. 우리는 또 가상과 현실의 경계를 지속적으로 허물어뜨리는 도처의 새로운 미디어 영역과 다양한 사회적 매체의 플랫폼을 통해서 관심과 확증을 추구하는 욕망에도 주목해야 한다. 상하이 대륙은행

창고 앞에서 코스프레를 한 것으로 알려진 사람 중 한 명이 '위챗WeChat'에 올렸다는 포스트에 따르면, 그는 구경꾼들이 두 눈으로 바라보는 앞에서 밤중에 그 장소에서 사진을 찍는 '임무'를 성공적으로 완수하고 느낀 '흥분'을 자세하게 묘사하고 있다.Cao 2018

징-리 담론의 등장은 분명 오늘날 중국 사회의 지배적인 반일감정을 이해하기 어렵게 만든다. 내가 2017년 봄 듀크-쿤샨대학교Duke Kunshan Universiny,昆山杜克大学에서 한 학기 동안 동아시아 대중문화를 가르쳤을 때, 나는 일본 (그리고 한국의) 대중문화에 대한 중국 학생들의 친숙함과 유창함에 놀랐다. 그들은 중국의 방화벽을 뛰어넘는 방법을 찾아낼 뿐 아니라, 타이완과 홍콩을 통해 번역되고 매개된 많은 일본 대중문화를 찾아낸다. 그들 중 다수는 징-리이지만, 그것은 이 말의 정신적 정의의 측면이 아니라 다른 의미에서, 즉 일본에 관한 것들에 대해 능숙하고 능란하다는 측면에서이다. 하지만 내가 이 학생들 일부에게 반일 시위가 또 있을 것인지, 있다면 어떻게 할 것인지 물어보았을 때, 많은 학생이 주저 없이 거리에 나가 행진할 것이라고 대답했다. 이 학생들은 소비와 정체성을 명백히 구분한다. 일본 상품과 문화를 소비한다는 사실이 그들이 일본화된다는 것을 의미하지는 않는다는 말이다. 일본 군국주의 코스프레에 대한 반응과 학생들의 소비와 행동 사이의 곡예는 오늘날 민족주의의 한계와 타당성을 모두 가리킨다. 친일감정과 반일감정은 그 복잡성과 모순성과 구체적인 역사적 국면 속에서 이해될 필요가 있다. 이 책이 다루고자 하는 것이 바로 이와 같은 제국 전환기의 뒤엉킴이다.

나는 대체로 개인적인 이유 때문에 2005년 봄에 일어난 반일 시위를 추적하기 시작했다. 나는 당시 일곱 살인 내 아들과 함께 중국 북동부의 도시 선양Shenyang,瀋陽 바로 외곽의 단둥Dandong,丹東에 있는 내 선친의 묘소를 방문하려고 예비 계획을 세우고 있었다. 그것은 내 아내와 아들에게는 내 아버지의 고향을 처음으로 방문하는 일이 될 예정이었다. 나는 일본에서 돌아가신 아버지의 유골을 가져가느라 1988년 어머니와 함께 그곳을 처음 방문한 적이 있다. 그것은 내 어머니에게는 매우 중요한 여행이었다. 어머니는 지금도 일본에 사시는데, 그 후 일본인 남성과 재혼하셨다. 어머니와 나는 가끔 서로 방문하지만, 당신의 손주는 멀리 사는 혈족들을 만난 적이 없다는 사실이 어머니에게는 항상 마음의 짐이 되었다. 우리 가족의 여행 계획은 어머니에게 큰 기쁨과 흥분을 주었다. 결정해야 할 유일한 사항은 우리가 일본에 먼저 들러서 어머니와 함께 중국으로 여행할지, 아니면 그냥 중국에서 어머니를 바로 만날지 하는 문제였다.

그때 4월의 반일 시위가 발생했다.

시위가 여러 도시로 퍼져나가고 수만 명의 사람이 모이게 되자, 걱정하시는 어머니의 전화도 더 잦아지게 되었다. 2005년 4월 17일 상당한 규모의 시위가 선양에서 발생하자 어머니는 급히 전화를 하셔서 여행이 무효라고 선언하셨다. 어머니는 우리의 중국 여행이 안전하지 않을 거라고 간단하게 말씀하셨다. 우리가 도착할 때면 시위가 가라앉을 거라고 내가 안심시켜 드려도 소용없었고, 우리가 일본인이 아니라는 사실이 명백했음에도 소용이 없었다. 어머니는 믿지를 않으셨다. 텔레비전 화면을 통해 전해지는 폭력과 분노의 이미지가 어머니에게는 너무도 생생하고 직접적이었다. 패전의 빈곤과 전후 경제성장의 풍요를 모두 경험하신 내 새아버지는 그 시위를 보고 확실히 불안하고 혼란스러워하셨다. 새아버지께서는 믿을 수 없다는 듯이 전화로 물으셨다. "왜 그들이 아직도 우리를 싫어하지? 전쟁은 오래전에 끝났잖아. 일본은 이제 평화 애호국이 되었잖아. 왜 저 사람들은 아직도 저렇게 화가 나

있지?"

4월 말경에는 시위가 거의 완전히 가라앉았다. 그럼에도 우리는 여행을 그해 여름까지 연기했다. 그러나 내 새아버지의 일견 진지하고도 순진한 질문은 여전히 내게 남아있었다. "왜 그들이 우리를 싫어하지?" 이 질문은 9·11테러 이후 미국인들의 의식 속에서도 반향을 가지고 있다. 흥미롭게도 반일감정과 반미감정은 정체성과 차이, 우리와 그들이라는 문제로 수렴된다. 조지 W. 부시에게 '그들'은 단순히 자유와 민주주의를 싫어하는 사람들이고, 고이즈미 준이치로Koizumi Jun'ichirō, 小泉純一郎에게 '그들'은 그저 쌍방 관계를 위태롭게 하려고 일본을 때리는 사람들일 뿐이다. 두 지도자 모두에게 '그들'은 자기 확신에 찬 '우리'의 정체성 재강화에 봉사할 뿐인 통약불가능한 차이가 된다. 타자가 어떻게 자아의 행위를 통해서 구성되는지에 대한 자기반성의 노력은 어떠한 것도 없다. 정치 지도자들의 근시안과 무지에도 불구하고, 반일감정과 반미감정에 대한 정서적 반응으로서 "왜 그들이 우리를 싫어하지?"라는 질문은 비판적 사유를 위한 핵심적 출발점이 될 수 있다. 이 질문에 함축된 자기 연민과 순진함을 우리가 떨쳐버릴 수만 있다면, 우리는 화해의 정치학을 향해 나아갈 수 있다.

이 책에 제시된 생각들 일부를 교류할 기회를 주신 모든 분들께 일일이 감사를 표시할 수는 없다. 나는 그분들의 충고와 비판과 지지를 감사하게 생각한다. 고故 낸시 에이블먼Nancy Abelmann과 얀 하이롱Yan Hairong, 로버트 티어니Robert Tierney, 마사미치 이노우에Masamichi Inoue, 더글러스 슈메이커Douglas Shoemaker, 슈-메이 시Shu-mei Shih, 카츠 앤도Katsu Endo, 코디 폴턴Cody Poulton, 리처드 킹Richard King, 고故 아리프 딜릭Arif Dirlik, 천광싱Chen Kuan-Hsing, 추아 벵후앗Chua Beng Huat, 토미야마 이치로Tomiyama Ichirō, 코마고메 타케시Komagome

Takesi, 이타가키 류타Itagaki Ryūta, 김소영Soyoung Kim, 후앙 메이-에어Huang Meier, 핑 후이 랴오Ping Hui Liao, 마이클 보다Michael Bourdaghs, 야-충 추앙Ya-chung Chuang, 메리엄 B. 람Mariam B. Lam, 조영한Younghan Cho, 존 트리트John Treat, 릴라 커니어Lila Kurnia, 이형중Hyungjung Lee, 마이클 베리Michael Berry, 롭 윌슨Rob Wilson, 그 밖에 많은 분들이 있다. 내 생각과 글을 명료하게 하는 데 도움을 주신 레이놀즈 스미스Reynolds Smith와 변함없는 지도편달을 해주신 켄 위소커Ken Wissoker 두 분에게 모두 감사드린다. 그리고 비판적 노력과 인내를 보여주신 익명의 독자 두 분께도 감사를 표한다.

제2장 일부는 『중일 문화교섭－19세기 말부터 태평양 전쟁 종전까지Sino-Japanese Transculturation: From the Late Nineteenth Century to the End of the Pacific War』ed., Richard King, Cody Poulton, and Katsuhiko Endo, Lanham, MD: Lexington Books, 2012에 이미 출판되었다. 제4장과 제6장 일부는 『문화연구Cultural Studies』 26, no. 5, 2012와 『바운더리 2boundary 2』 45, no.3, 2018에 각각 발표되었다.

목차

일러두기

1. 각주*는 역자, 미주[1]는 저자의 것입니다.

2. 각종 용어와 지명의 표기·병기 : 구미, 아시아, 동아시아 3국의 상이한 표기와 발음은 중요한 것을 우선으로 하되, 대체로 영어식 표기, 한자, 일본한자·타이완한자, 영어설명, 한국어의 순서로 병기하였습니다.

프롤로그
동아시아의 반일감정 (그리고 친일감정)

1997년 임박한 홍콩의 중국 본토 반환을 풍자한 영화 〈마지막 총독의 보디가드Bodyguards of the Last Governor〉* 초기 장면은 반일 야간 시위를 묘사하고 있다. 가족과 함께 자동차 행렬 속에 있는 떠나가는 영국 총독은 소요로 인한 소음에 깜짝 놀란다. 카메라가 한 홍콩 정치인의 연설을 경청하고 있는 연좌 시위 군중 위를 회전하며 비춰준다. 그 정치인을 따라 "일본 군국주의 타도하자!" "댜오위Diaoyu,釣魚台는 중국 영토다!"라고 적힌 팻말을 흔들거나, "일제 상품 불매하자!" "일본 군국주의 타도하자!" 등의 구호를 외치는 군중은 질서정연하고 열정적이다. 이 소란의 와중에 영국이 임명한 마지막 총독에게 고별 조롱과도 같은 보디가드가 될 루고Lugo는 1990년대 홍콩에서 인기 있던 유명 일본 연예인들, 예컨대 키무라 타쿠야Kimura Takuya,木村拓哉나 미야자키 리에 Miyazaki Rie,宮沢りえ 같은 이름을 더 큰 소리로 비난하며, 옆자리에 앉아있는 자기 부인에게 흡족한 미소를 지어 보인다. 카메라는 곧이어 연설을 하던 무대 뒤의 그 정치인을 비춘다. 여성 보좌관 하나가 정치인 옆으로 다가와 피곤하시겠다고 말하면서 기운을 차리게 초밥을 좀 드시라고 권하자, 이 정치인은 기꺼이 함께 먹는다. 이 정치인은 다시 무대로 올라가 일본에서 만들어진 옷

---

* 〈港督最後一個保〉, 1996, 감독 Alfred Cheung, 장젠팅(張堅庭).

은 무엇이건 던져버리라고 군중에게 재촉한다. 다른 사람들이 양말과 신발 등을 던져버리자, 루고의 부인은 루고의 셔츠가 시내의 일본 백화점 소고^{Sogo,} ^{株式会社そごう,Kabushiki Kaisha Sogō}에서 산 것이라고 일러준다. 루고는 거드름을 피 우며 셔츠를 벗어 기쁜 표정을 지으며 집어던진다. 흥분해서 환한 미소를 띠 며 다른 여성 시위자들의 가슴에 저속한 눈길을 보내던 루고는 이 기회를 놓 치지 않고 소리친다. "일제 속옷을 입은 사람들은 속옷을 던져버리자!" 루고 의 열정에 갑자기 당황한 부인이 자기도 속옷을 벗어야 하냐고 루고에게 속삭 이며 묻는다. 다른 사람들의 엿보는 눈길로부터 보호라도 하듯이 부인을 훑 어보던 루고는 당황해서 한마디 내뱉는다. "안 그래도 돼, 안 그래도 된다고."

〈마지막 총독의 보디가드〉는 저속하고 내밀한 농담, 정치 풍자, 지방색 언 급 등이 풍부한 홍콩영화 장르에 속한다. 하지만 위에 언급한 반일 장면은 전 후 동아시아에서 '일본'이 차지하는 이중성, 말하자면 군사적 폭력으로서의 과거 일본과 경제적, 문화적 욕망으로서의 전후 일본을 통렬하게 드러내 준 다. 군국주의와 분쟁 열도에 대한 언급은 일본 제국주의자들의 손에 고통을 겪은 중국 사람들의 해결되지 못한 역사적 트라우마를 가리킨다. 일제 상품 불매 주장은 이 지역과 이 지역 바깥에서 나타나는 전후 일본의 경제적, 문화 적 팽창주의를 가리킨다. 반일 깃발의 물결은 시위자들(과 영화 관객들)로 하여 금 전전 일본의 정치적 제국주의와 전후의 새로운 제국주의를 쉽게 동일 선 상에서 연결하게 해준다. 하지만 위에 묘사한 영화 장면들의 디에게시스[*]는 반제국주의에 대한 이와 같은 손쉬운 민족주의 독법을 거부한다. 이 영화에 나타나지 않는 여타 일제 상품들은 말할 필요도 없이, 초밥과 일제 속옷에 대

---

*   디에게시스/디제시스는 서사/영화 용어로 영화나 서사 속에서 실제로 일어나는 사건/이야 기가 아니라 화면/서사에 의해 간접적으로 제시되는 이야기를 말한다.

한 이와 같은 언급들은 (다른 세계화 세력들과 마찬가지로) 아무리 일본에 격렬히 저항하더라도 홍콩인들의 삶 속에 그리고 육체 위에 일본의 문화 침투가 널리 스며들어 있다는 사실을 강조해 줄 뿐이다.

　이 영화의 반일 장면에 나타난 정치적 요구와 문화적 수용 사이의 균열은 전후 아시아에 나타난 반일감정의 명백한 형식을 드러내 보여준다. 그것은 단순한 정의를 거부하는 역설이자, '일본'에 관한 것이면서 동시에 일본에 관한 것이 아니라는 역설이다. 반일 시위는 실제로 존재하는 '일본'에 관해 우리에게 말해주기보다는, 일본이라는 추정된 관념에 대한 특정의 욕망과 판타지를 반일감정이 소환해내는 '홍콩'의 문맥에 대해 우리에게 더 많은 것을 말해준다. 가장 직접적인 형식으로서의 반일감정은 일본 제국주의의 유산, 과거에 대한 일본의 화해 주저, 그리고 진정한 사죄와 적절한 배상으로 책임을 인정하기를 거부하는 일본에 대한 비판이다. 일본을 경멸의 대상으로 동원하는 알레고리적 능력으로 인해 반일감정은 홍콩, 한국, 중국 등지의 국내 조건들에 대해 많은 것을 드러낸다. 〈마지막 총독의 보디가드〉는 결국 1997년의 반환에 대한 불안의 풍자적 전치satirical displacement이며, 반일 장면은 홍콩인들의 변덕스러운 정치적 입장에 대한 조롱으로 해석될 수 있다. 그러나 우리는 다음과 같은 질문도 제기해야 한다. 왜 탈식민 동아시아postcolonial East Asia의 사회적 불안과 정치적 우려가 반일감성의 형식을 취하는가? 이 책에서 내가 주장하듯이, 동아시아의 반일감정은 일본 제국과 그 유산의 해결되지 못한 역사적 트라우마의 징후이다. 또는 간단히 말해서 그것은 한편으로는 탈식민화의 실패이며, 다른 한편으로는 지구 자본주의의 요구와 부담하에서 이 지역이 겪고 있는 변화하는 지정학적 구조의 징표이다. 메이지 시대 이후 이 지역에서 있었던 일본의 일방적 지배는 오늘날 특히 중국의 부상이라는 문맥 속에서 여타 동아시아 국가들과의 더 다원적이고 더 논쟁적인 관계들로 대체되고 있다.

동아시아의 반일감정

듀크대학에서 개최된 금서 관련 토론회에서 유명 작가 얀 리안케Yan Lianke, 閻連科는 현재 중국의 검열이 얼마나 터무니없는지에 대해 한 가지 익살스러운 언급을 했다. 그에 따르면 근대 중국 역사에서 외세와의 갈등(영국과의 갈등이 바로 떠오르지만, 러시아와 미국과의 갈등도 있다)이 수없이 많았음에도 불구하고, 단지 하나의 갈등, 즉 제2차 중일전쟁1937~1945에 대해서만 중국 매체의 제작이 그것도 특히 국경일National Day, 国庆日 전후로만 대중의 소비를 위해 공적으로 허용되고 심지어 권장되기도 한다. 이와 같은 반일 프로그램이 너무 흔해서 얀과 그 친구들은 중국 영화와 TV 드라마에서 한 해에 죽어가는 일본인 등장인물들의 수가 일본 전체 인구(1억 2천 7백만!)에 육박할 것이라는 농담을 하곤 했다. 그러나 얀은 일본 사상자들의 숫자를 심각하게 과소평가했다. 2012년 중국의 모든 위성 채널에서 주요 시간대에 방영된 200여 편의 TV 드라마 중에서 70편이 제2차 중일전쟁 또는 첩보 전쟁에 관한 것이었다. 아시아 최대의 영화 스튜디오인 제지앙Zhejiang, 浙江 소재 헝디안 세계 스튜디오 Hengdian World Studio, 横店影视城에서 2012년 한 해에만 7억 명의 '일본 병사'가 중국 애국자들의 손에 의해 죽었다는 계산이 나온다![1]

반일감정은 동아시아에서 새로운 것도 아니고, 동아시아에 국한된 것도 아니다. 예컨대 미국에도 오랜 반일운동의 역사가 있다. 1900년대 초반의 이민 배제 법안Immigration Exclusion Acts, 제2차 세계대전 기간의 일본계 미국인 강제 수용소Internment Camps와 반일 동원anti-Japan mobilization, 그리고 1980년대의 일본 때리기Japan bashing 등이 그것이다. 그것이 경쟁적 제국주의 세력러일전쟁 이후으로서의 일본의 위협이건 경제 경쟁국플라자 합의, Plaza Accord*으로서의 일본의 위협이건, 미국의 모든 반일감정에 거의 필경 공통적으로 나타나는 한 가지 요소는 인종주의를 통해 표출되는 대타자에 대한 공포fear of the Other이다. 미국의 경우, 그리고 아마 유럽도 마찬가지겠지만, 반일감정은 실재하는 또는 인식된 비서구, 비백인 제국으로서의 일본의 부상에 의해 '서구'의 패권이 위협받을 때 발생한다. 아시아 내부에도 점증하는 정치적 긴장 속에 인종주의가 증가하고 있지만, 그럼에도 동아시아의 반일감정은 미국의 반일감정과는 다른 해석과 역사화를 필요로 한다.

우선 우리는 적어도 동아시아 반일감정의 두 가지 형식, 곧 '항일resist Japan, 抗日'과 '반일anti-Japan, 反日'을 구분할 필요가 있다. '항일'은 일본 제국주의에 맞선 중국의 투쟁 노력과 그것의 성공, 특히 8년의 '항일전쟁War of Resistance, 中国抗日战争' 시기를 나타내기 위해 중국 본토와 중국어 사용권에서 광범하게 사용된다. '반일감정'은 전후 직후 시기에 등장한 명백한 전후 현상이다. 반일감정은 새롭게 '해방된' 과거 식민지들, 예컨대 한국과 타이완에서 '민족/네이션nation' 통합을 위한 정치권력의 구성을 위해 동원되었다.[2] 한국전쟁의 종식과 동아시아에서의 냉전질서 공고화에 따라 반일감정은 곧 이 두 국가에서 반공주의와 계엄령 선포로 대체되었다. 1970년대 초반 일본 경제의 동남아시아로의 팽창, 그리고 1972년 류큐/오키나와 반환 조치의 일환인 미국의

---

* 플라자 합의(Plaza Accord)는 1985년 뉴욕 플라자 호텔에서 맺어진 프랑스, 서독, 일본, 미국 간의 경제 협정으로, 일본 엔화, 독일 마르크화, 프랑스 프랑화에 대한 미국 달러화의 평가절하를 통해 위기에 빠진 미국 경제의 경쟁력을 되살린 계기가 되었다.

센카쿠/댜오위 열도Senkaku/Diaoyu Islands, 尖閣諸島/钓鱼台列屿/釣魚臺列嶼 일본 '반환' 결정과 더불어, 이 지역에서 예컨대 1974년의 말라리 사건Malari Incident[3]과 댜오위 저항운동Protest Diaoyu Island Movements, 保钓运动/保釣行動 등의 반일운동이 분출했다. 1970년대의 반일감정은 미국 내의 홍콩과 타이완 학생들에 의해 주도된 이산적diasporic이면서도 태평양횡단적transpacific인 운동이었다.Wang 2013 반일감정은 영화계의 상징적 반일 아이콘인 브루스 리Bruce Lee, 李小龍와 더불어 중국의 문화민족수의 형식을 띠게 되었다.제1장을 볼 것 중국은 아이러니컬하게도 전후 반일운동의 첫 물결에 가담하지 않았다. 브루스 리의 영화는 1980년대까지 중국에서 금지되었다. 1972년 중일 외교관계가 재개되자 공산당 정권은 일본과의 쌍무관계 발전을 견지하고 있었다. 또한 1970년대 초반 일본에서는 1960년대의 안보조약 반대 및 평화운동이 시들해지고, 이와 동시에 역내 자본주의 시장에 대한 확신의 증가와 저항 없는 재진입이 가능해졌다. 따라서 저임금 제조업 설비의 여타 아시아 개발도상국 이전과 함께 일본 자본의 과거 제국으로의 '회귀'를 알리면서 1974년에 존 할리데이와 게이번 매코맥Jon Halliday and Gavan McCormack의 『일본 제국주의의 현재－'대동아 공영' Japanese Imperialism Today: "Co-prosperity in Greater East Asia"』이 출판된 것도 우연이 아니다.

1980년대 초반 경제적 확신을 가진 일본이 제국주의 침략의 미화를 통한 역사 교과서 수정을 시도하자 반일감정은 하나의 모멘텀을 얻게 되었다. 1991년 8월 과거 '위안부comfort woman' 였던 김학순Kim Hak-Soon이 제2차 세계대전 당시 일본 군대 아래서 겪은 성노예 경험을 공개 증언하고, 일본 정부를 상대로 소송을 제기하였다. 그녀의 '폭로'는 전후 시기 한국과 일본 정부 간의 성폭력에 대한 남성중심적, 가부장적, 민족주의적 은폐suppression와 부인

denial에 대한 심대한 도전이었다. 일본 정부의 지속적인 회피와 무시 속에 과거 위안부들과 지지자들에 의한 수요집회는 오늘까지도 서울의 일본 대사관 앞에서 매주 수요일 열리고 있다.

강력한 반일 정서를 유발하는 또 하나의 논쟁적 이슈는 난징* 대학살Nanking Massacre, 南京大屠杀을 둘러싼 기억과 주장들이다. 이 잔혹 행위는 전후의 중국, 일본, 그리고 미국 정부에 의해 암묵적으로는 인정되었지만, 전략적으로는 은폐되었다. 일본 언론인 혼다 카츠이치Honda Katsuichi, 本多勝一의 『중국 여행 Travels in China, 中国の旅』1972과 중국계 미국 작가 아이리스 챙Iris Chang, 張純如의 『난징 대학살The Rape of Nanking』1997이 출판되고 나서야, 그리고 특히 2000년대 들어와서 일본 신우익들의 부인과 스스로의 희생에 대한 중국인들의 주장들이 나타나면서 이 역사적 사건이 정치화되게 되었다.Yoshida 2006

2005년 중국의 주요 도시에서 대대적인 반일 시위가 분출했다. 시위자들은 유엔 안전보장이사회에 합류하려는 일본 정부의 야심과 고이즈미 준이치로 전 총리의 지속적인 야스쿠니 신사 참배를 침략의 역사에 대한 일본의 참회와 반성 부족의 표시라고 언급하면서, 그것이 자신들이 분노하는 이유라고 주장했다. 야스쿠니 신사는 일본(과 일본 제국 신민들의) 전몰자들을 신격화하는 곳이다. 그때 이후 중국과 일본의 긴장은 수그러들지 않고 있는데, 예컨대 좀 더 격렬한 2012년 중국에서의 시위와, 동아시아를 넘어 동남아시아로까지 확대되는 중국의 영토 주장을 포함해 스스로 패권을 확립하려는 중국의 야심이 이를 증명하고 있다. 반일감정을 생각할 때, 우선 선별적으로 취할

---

* 이 책에서 저자는 서구에 더 일찍 소개된 '난킹(Nanking)'과 현재의 표준 표기인 '난징 (Nanjing)'을 혼용하고 있다. 난징 대학살을 서구에 널리 알린 중국계 미국인 아이리스 챙(Iris Chang, 張純如)의 『난징 대학살』도 영어 제목은 The Rape of Nanking으로 옛 표기인 Nanking 을 사용하고 있다. 그러나 이 번역에서는 가독성을 위해 모두 '난징'으로 표기한다.

수 있는 설명방식은 1970년대 이후 그것을 가능하게 만든 역사적 조건들과 그것의 발생, 분출, 쇠퇴의 패턴 속에 그것을 위치시키는 것이다. 그리고 완전히 분리하기 힘든 방식으로 겹치고 엉켜져 있긴 하지만, 대중적인 반일감정과 공식적인 반일감정을 구별하는 일 또한 중요하다. 예컨대 오랜 세월의 부인과 수치에 근거한 위안부들의 보상과 배상 요구는 한국이라는 국가 스스로의 은폐와 정치적 이익을 위한 반일감정의 도구적 이용과는 질적으로 다른 것이다. 하지만 한국 정부는 일본과의 성치적 난투를 위해 위안부들의 곤경을 활용하는 데 대해 가책을 느끼지 않는다. 이와 비슷하게, 위안부들과 그들의 지지자들도 일본이라는 국가와의 대결을 위해 민족주의 담론에 의존하는 경우가 흔하다.

위에 언급했듯이 일본에 대해 적대적 감정과 우호적 감정을 설명해 주는 다양한 모든 용어들을 구별하는 것이 중요하다. 이 어휘들의 범주는 일본에 대한 아시아의 감정과 서양의 그것을 구별해 줄 뿐 아니라 제국에서 '쿨 재팬'에 이르기까지 변화하는 '일본'의 의미 편차를 구획해 주기도 한다. (앞서 언급한) '항일'과 '반일' 외에도 일본을 질병처럼 증오하는 적대감의 극단적 상황을 설명해 주는, 일본을 철천지원수로 여기는 '구일hate Japan, 仇日'이라는 말이 있다. 그리고 또 일본인의 이민 배제를 위한 법률적 문맥에서 주로 사용되는 '배일repel Japan, 排日' 같은 용어도 있다. 반일감정은 친일감정pro-Japanism 이나 일본을 선호하는 감정들 속에 그것의 구성적 대타자constitutive Other를 가지고 있다. 겉보기에 대립적인 이 짝패는 상호의존적이며, 사실은 '일본'과 관련된 일부 사상들에 대해 유사한 판타지와 욕망을 공유하고 있다. '친일 pro-Japan, 親日'은 일본과 친밀한 상태라는 의미를 가지고 있으며, 통상 반일 민족주의자들이 일본의 통치에 부역하여 당연히 민족을 배신한 사람들을 비난할 때 사용하는 용어이다. 이것은 특히 해방 이후 한국 문맥에서 민감하고, 또 죄를 추궁하는 용어이다. 한국에서 친일파chinilpa, 즉 일본의 통치에 부역한 집단은 아직도 책임을 추궁당하고 있다.Kwon 2015 중국 문맥에서 일본 제국주의자들과 공모한 사람들은 단순히 '한간/한쨘betrayer of the Han race, 漢奸, '한족의 배신자'' 또는 '주구running dog, 走狗'라고 불리는데, 이는 중화 민족이 중심이고 선동자들은 인간 이하로 격하된다는 사실을 의미한다. '숭일worship Japan, 崇日'은 일본에 대해 존경의 염을 품는 일본 애호가Japanophile들을 가리키는 말로, 주로 중국 본토보다 일본을 더 선호하는 타이완인들을 경멸적으로 지칭하는 말이다. 최근에는 '일본사랑loving Japan, 哈日'과 '심오한 일본사랑deep affection for Japan, 萌日'이라는 두 용어가 타이완과 중국 본토에서 각각 일본 대중문화에 대한 젊은 세대들의 선호와 중독을 특징짓는 말로 활용된다. 일본 대중문화에 대한 새로운 세대의 심취가 중요한 이유는 그것이 지구 자본주의하에서 미국 주도의 대중문화에 대한 또 다른 소비의 선택지를 제공한다는 사실에만 있는 것이 아니다. 그것은 아시아 젊은이들 사이에서 증가하는 동시대성을 의미하며, 초국적 팬덤 공동체의 탄생을 의미하기도 한다. 이 초국적 팬덤 공동체는 일본 식민주의와 제국주의에 대한 이전 세대들의 직간접적 경험으로 인해 훼손된 편협과 민족주의를 넘어설 수 있는 잠재력을 갖는다.

반일감정과 반미감정

〈마지막 총독의 보디가드〉가 동시에 폭력과 욕망으로 '일본'을 풍자적으로 병치시킨 것은 전후 일본과 아시아에서의 '미국'의 존재에 대한 요시미 슌야Yoshimi Shun'ya, 吉見俊哉의 주장과 유사하다.Yoshimi and Buist 2003 요시미는 '미국'

을 사람들의 일상 의식의 관점과 이 지역 전체의 문맥 속에서 (그럼에도 주로 일본에 초점을 맞추어) 분석하면서, 전후 아시아의 지정학과 관련된 두 가지 중요한 관찰을 제시한다. 첫째는 냉전 시기 이 지역에서 미국이 일본 제국을 치환하고 대체하고 포섭해 버렸다는 사실이다. '미군정American Occupation'과 그 정책결정자들은 일본을 아시아의 '경제' 허브로 만들기 위해 보수적인 일본 정부와 협력하면서 애초의 급진적 무장해제와 민주화 계획을 뒤집어 버렸다. 두 번째로는, 태평양 양안의 연합 속에 일본을 경제 추축으로 부활시키기 위한 지정학적 계산이 아시아 국가들 사이의 노동 분업을 만들어냈다. 이 계산은 반공 진영을 구축하려는 기획의 일환이었다. 오키나와, 타이완, 한국, 그리고 필리핀은 거대한 미국의 군사적 기능과 기지라는 부담을 떠안았다. 그 사이에 일본 본토는 경제 발전에 집중했다. 그 결과 요시미에 따르면, 1950년대 후반 일본 본토에는 두 개의 '미국'이 등장하기 시작했다. 주로 군사기지 주변에서 보이는 폭력적 미국과, 중산층 생활 양식과 소비의 모델인 욕망의 미국이 그것들이다.Yoshimi and Buist 2003 : 439쪽 요시미의 주장에 따르면, 전후 아시아와 일본에서 '미국'은 금지하고, 유혹하며, 분열시킨다. 그래서 반미감정과 친미감정은 이항대립이 아니라, 복잡하고 때로는 모순적인 방식으로 서로 엉켜 있고, 상호의존적이며, 상호 교차하고 있다.

　미국과 일본의 '포옹'은 미국이 일본 제국의 유일한 상속자가 되는 것을 보장해 주었다. 미국의 전후 패권은 종전 시기까지 존재했던 일본 제국의 재건이다. 전시부터 전후까지 미국 감시하의 일본 제국의 질서 변화는 전쟁 중 미국의 폭력을 무죄로 만들어주었을 뿐 아니라, 아시아에서의 일본 제국주의와 식민주의를 망각해 버리게 만들었다. 자크 데리다2001의 용어를 빌려서 표현하면, 이와 같은 상호 '조건부 용서conditional forgiveness'의 상징이 바로 다름

아닌 '히로시마 평화기념관Hiroshima Peace Memorial, 広島平和記念資料館'에 세워진 기념비이다. 그 기념비에는 "편히 잠드소서, 실수는 반복되지 않을 테니까Please rest in peace, for the error shall not be repeated, 安らかに眠ってください過ちは繰返しませぬから"라고 씌어있다. 오다 마코토Oda Makoto, 小田実 등이 주장하듯이 일본어 주어의 모호성 때문에 '실수error'에 대한 책임이 누구에게 있는지는 적시되지 않고 있다.Tanaka 2007 더구나 그것이 일본인들이라고 하면 그들은 스스로 저지르지 않은 범죄에 대해 사죄를 강요당하는 것이 되고, 따라서 폭탄을 투하한 미국의 범죄도 사해진다. 아시아에서의 일본 제국에 대한 좀 더 상징적인 의미는 '평화 센터Peace Center'와 '기념공원Memorial Park'이 탄게 켄조Tange Kenzō, 丹下健三에게 맡겨졌다는 사실인데, 그는 바로 1942년 '대동아 건설Construction of Greater East Asia'을 위한 '기념건물 기획Commemorative Building Project'을 디자인한 인물이다. 이 기획은 그 악명 높은 대동아공영권Greater East Asian Co-Prosperity Sphere, 大東亞共營圈, 즉 서양에 맞서기 위한 일본 제국주의의 지역 통합 야망을 기념하기 위한 것이었다. 기념공원의 양식상의 기원은 거의 동일한 기념건물 기획의 원안까지 거슬러 올라갈 수 있다.Starrs 2001 : 173쪽 전시와 전후 사이의 관계와 변형은 '나가사키 평화공원Nagasaki Peace Park' 건설에서도 발견된다. 나가사키 평화 기념상heiwa-kinen-zō, Nagasaki Peace Statue, 平和祈念像 또는 '평화 기념상'은 거대한 남성 인물인데, 그 지역 조각가인 키타무라 세이보Kitamura Seibō, 北村西望에게 의뢰되어 1955년에 완성되었다. 키타무라는 아시아/태평양 전쟁 시기 제국미술원Imperial Art Association, 帝国美術院 회원이었다. 전시에 그는 군인 동상들을 제작했는데, 모두가 근육질에다 거대하고 전투적이었다. 예컨대 그는 1910년 한반도 병합에 결정적 역할을 한 테라우치 마사타케Terauchi Masatake, 寺内正毅 총독의 동상을 조각했다. 키타무라의 평화 기념상이 선택된 것은 다소간 키타

무라 자신의 경력 회귀를 대변해줄 뿐만 아니라, 나아가 (이제는 평화주의로 재기 입되는) 남성적 군인 동상 제작에 대한 그의 집요함을 대변하기도 한다. 키타무라의 전시 동상들은 많이 해체되거나, 제거되거나, 전후 평화주의를 대변하는 '여성적' 인물들로 대체되었다.Otsuki 2016 : 409쪽 그러므로 나가사키 평화 기념상은 전쟁과 군국주의가 아니라 평화와 민주주의로서의 전후 일본의 남성성 복원으로 읽힐 수 있다.

제국에서 유사세국주의subimperialism로의 전환은 동일한 것의 연장이 아니라 제국주의적 전시 군국주의의 전후 평화주의와 민주주의로의 재구조화이다. 요컨대 패전이 탈식민화(또는 천광싱Chen Kuan-Hsing, 陈光兴의 2010 용어로는 탈제국주의화deimperialization)와 탈식민주의적 반성의 가능성을 대체해 버렸다. 과거 일본 제국 내의 탈식민화 과정을 규정짓고 따라서 방해한 것은 바로 이와 같은 전후 미국의 패권화와 일본의 탈제국주의화 실패의 문맥 속에서이다. 탈식민화가 독립을 위한 폭력 투쟁을 수반한 경우가 많았던 프랑스나 영국 제국의 경우와 달리, 일본 제국의 종말은 패전의 결과였으며 냉전으로 이어졌다. 일본에서의 민주주의와 무장해제가 탈제국주의화 과정을 대체 또는 강탈해 버렸다면, 과거 식민지들에서는 전후 안정과 민족주의의 복원이 근본적 정치, 문화 과정으로서의 탈식민화를 대체해 버렸다. 일본의 탈제국주의화와 과거 일본 제국의 탈식민화 결여가 아시아에 반일감정의 씨앗을 뿌렸으며, 그 싹이 1970년대 초반에 발아하기 시작하여 오늘날까지 계속 성장하고 있다. 천광싱이 동아시아와 그 너머의 (과거 식민주의자에게는) 탈제국주의화, (과거 피식민자에게는) 탈식민화, 그리고 (모두에게) 탈냉전화de-Cold War 과정을 동시에 요구하는 것은 바로 이와 같은 냉전 시기의 지체와 망각이라는 문맥 속에서이다.2010

아시아의 반일감정과 일본의 반미감정

반일감정은 그 결과물로 인종민족주의ethnonationalism를 갖게 된다. 이점에 있어서 반일감정은 민족주의 정서를 부채질하고 '우리'와 '그들'이라는 이항 대립 담론을 통해 작동하면서 일본의 안과 밖 모두에서 유사한 효과를 낳는 다. 신보수주의자들이 보기에 아시아의 반일감정은 일본의 반미감정과 마찬 가지로 민족주의와 문화적 자기중심주의와 긴밀히 연관돼 있다. 일본의 신보 수주의자들에게는 일본이 왜곡되고 손상된 방식에 있어서 반미감정과 반일 감정이 수렴된다. 이와 같은 왜곡과 손상은 일본인들이 1945년 이후 살아온 이른바 '긴 전후long postwar'라고 알려진 시기의 시작과 함께 일본이 강제로 '의존국client state'으로 변하면서 발생했다. 그 결과, 신보수주의자들은 '미국 주의Americanism'와 아시아의 반일감정에 대응하기 위해 '일본주의Japanism'를 부활하고자 노력한다. 악명 높은 만화 『켄칸류Kenkanryū, Hating the Korean Wave, 嫌韓流』2005의 저자 야마노 샤린Yamano Sharin, 山野車輪은 반일감정을 '질병'이라고 부른다. 언론인 니시무라 코휴Nishimura Kohyu, 西村幸祐는 반일감정을 '마그마'의 분출로 간주한다. 『반일의 구조The Structure of Anti-Japan, 反日の構造』2012에서 니시 무라는 일본인들은 '반일감정'을 극복하기 위해 일본의 정체성과 일본적인 것의 추구부터 시작해야 한다고 주장한다.17쪽 니시무라에 따르면, 이것을 하 기 위해서는 '선형적' 관점'linear' perspective에서 역사와 문화와 전통으로 돌아 가야 한다. 그는 일본인들이 선형적 역사관을 갖지 못한 이유는 패전 때문이 며, "과거는 죄악이라는 역사적 관점에 의해 지배"되어 왔기 때문이다.19쪽 이 와 같은 단절된 역사 이해의 책임은 미군정과 패전을 수용하고 연합군 최고 사령부의 정책에 순응한 일본인들에게 있다. 7년 8개월 동안의 점령이 전전

세대와 전후 세대 간의 역사적 연속성을 단절시킨 '역사의 공백blank of history'
을 만들어냈다는 것이다. 니시무라는 나아가 일본의 '자주성autonomy' 회복을
강조한다. 그는 일본에 대한 미국의 패권 지속으로 존 다우어와 허버트 빅스
John Dower and Herbert Bix의 책들을 인용한다.20쪽[4]

일본의 '비선형적nonlinear' 역사의식에 대한 책임을 미군정으로 규명한 뒤
니시무라는 아시아와 반일감정으로 눈을 돌린다. 그는 중국인들과 한국인
들이 일본의 교과서 수정에 내해 반대시위를 한 1982년을 반일감정의 '원형
prototype'으로 지목한다. 그는 일본의 좌파들과 매체들이 아시아의 민족주의
자들과 공모하여 일본을 비판한 바로 이 순간에 '반일감정의 구조structure of
anti-Japanism'가 형성되었다고 본다.23쪽 니시무라가 반일감정과 관련하여 '원
형'이라는 단어를 사용하고, 또 그것의 출현을 1980년대 초반으로만 적시한
것은 주목할 만하다. 내가 위에서 논의한 것처럼 전후 동아시아에서 반일감
정의 출현은 1948년까지도 거슬러 올라갈 수 있으며, 1970년대 초반까지는
명백한 추적이 가능하다. 니시무라는 다른 사람들이 가지고 있다고 자신이
비난하는 유사한 역사적 망각을 스스로 발전시켜온 것 같다. 니시무라는 반
일감정이 일본 국민을 천황과 황족에 연결시켜 주던 일본의 정체성을 위태
롭게 하고 있다고 주장한다.26쪽 '대동아전쟁Greater East Asian War'과 '난징 사건
Nanjing Incident, 니시무라의 용어'과 더불어 니시무라는 일본 황실에 대한 비판을 일
본의 '기억'을 파괴하려는 중국인들과 일본 좌파들의 시도라고 인용한다. 니
시무라와 같은 신보수주의자들에게 있어서 반일감정은 일본을 일본의 역사,
문화, 그리고 제국 시스템으로부터 단절시키려는 미국주의의 (증폭은 아닐지라
도) 연장이다. 반일감정을 자기반성적 방식으로 수용하기보다, 오히려 아시
아 이웃들의 분노가 일본을 '자학적masochist' 역사관에서 해방된 '정상' 국가

normal nation으로 재건하려는 욕망을 재점화할 뿐이다. 이러한 점에서 반일감정은 보수주의자들이 해묵은 반미감정을 표출하기 위한 알리바이가 되고 기회가 된다. 반일감정과 반미감정은 '일본주의' 재구성의 형식 속에 수렴된다.

반일감정, 반미감정, 후기−동아시아

2005년의 중국 반일 시위는 일본의 많은 이들에게 9·11테러 직후 미국에서 있었던 것과 유사한 질문을 제기하도록 했다. "왜 그들이 우리를 싫어하지?" 이 질문은 그 자체로는 충분히 순수하다. 그러나 이 질문은 그 자체의 단순함이 위장된 부인의 수사학임을 스스로 폭로한다. 이 질문은 정치 신념과 세계관에 따라 서로 다른 경쟁적 대답들과 관점들이 제시되고, 논의되고, 재정의되고, 또 연결될 수 있는 하나의 '떠다니는 기표floating signifier'처럼 작동한다. 게다가 이 질문은 주장된 통약불능의 '그들'과 '우리' 사이의 이분법, 그리고 화해 불가능한 자기정의self-definition와 외부의 (오)해(mis)perception 사이의 이분법을 전제하고 있기도 하다.

2005년 봄 시위의 이미지는 두 가지 점에서 일본 대중을 충격에 빠트렸다. 첫째, 일본과 일본인들이 그들로부터 그토록 멸시당할 수 있을까 하는 일반적 회의가 있었다. 일본의 침략과 전쟁에 대한 책임이라는 문제가 즉시 이해되지 않는 경우가 많았다. 오히려 그것은 시대착오적인 것처럼, 마치 다른 시대 다른 사람들에게 속하는 문제인 듯한 느낌이 들었다. 둘째, 사람들은 뉴스에 나오는 근대적인 도시 풍경과 급속한 발전상을 보고 당황했다. 중국은 후진적이고 발전이 덜 된 곳이라는 전통적인 이미지로 인해 그것은 전혀 상상할 수가 없었기 때문이었다. 요컨대, 보는 것과 믿는 것 사이에 간극이 있었다. 미조구치 유조Mizoguchi Yūzō, 溝口雄三의 지적처럼,2005 실제로 존재하는 중국과 중국에 대한 일본의 생각 사이의 이와 같은 괴리 또는 간극은 일본이 지구 남반구와 경험을 공유하고 있지 않을 뿐 아니라, 근대/식민주의적 자기 정의에 필수적인 아시아에 대한 일본의 이해가 철저히 시대에 뒤져 있다는 역사적 사실을 가리킨다. 미조구치는 근대화의 시기를 두 단계로 구분한다. 1850년부터 1950년까지가 그 전반부이고, 1950년부터 2050년까지가 그 후반부이다. 이린 시기 구분이 문제가 있을 수도 있지만, 미조구치가 지적하고자 하는 것은 실제 아시아는 근대화의 후반부를 향해 훨씬 멀리 나아가 있는 데 반해, 일본의 아시아 이해는 근대화 전반부의 그것에 머물러 있다는 사실이다. 요컨대, 반일감정은 현대 일본의 아시아에 대한 사유의 한계를 가리킨다. 서양이나 아시아와의 관계 속에서 일본의 자기 정체성을 가능하게 해 주던 근대/식민주의 얼개는 급속히 변화하는 세계화의 조건을 포착하는 데는 더 이상 적합하지 않다. 동아시아의 좌파들에게 반일감정은 미국주의 문제를 재점화한다. 천광싱, 쑨거Sun Ge, 孫歌, 백영서Baik Youngseo, 2006 등의 학자들에게 '후기-동아시아post-East Asia' 세계는 그 전제로 미군 주둔의 종식이 있어야만 가능하다. 아시아 국민들 사이의 '교차비교inter-referecing' 또는 천광싱의 용어로 '방법으로서의 아시아Asia as method'는 역내의 '탈미국화de-Americanization'를 필요로 한다. 우리가 앞서 살펴보았듯이 동아시아라는 개념 자체가 냉전 시기 미국의 발명품이기 때문이다. 근대/식민주의 동아시아가 주로 일본 제국주의와 미국 신식민주의를 통해 형성되었다고 한다면, 반일감정과 반미감정의 연계는 일본과 미국의 상상계 너머의 지역을 우리가 근본적으로 재구조화하고 다시 이해할 수 있게 해줄 것이다.

반일감정(과 친일감정)의 형식

나는 여기서 확연히 구별되지만 그럼에도 상호 연결된 최소 네 가지 자질들의 집합으로 반일감정이 구성되어 있다고 제안하고자 한다. ① 일본, 또는 좀 더 정확하게는 일본이라는 '아이디어idea'에 관한 경쟁적 주장과 서사들의 집합; ② 수행적 행위와 재현들의 집합; ③ 감정과 정서의 집합; 그리고 ④ 정치, 경제, 사회적 위기들의 임시 해결책의 집합이 그것들이다. 첫째, 반일감정은 다른 문화나 국가들과 확연히 다르다고 믿어지는 일본의 사상, 경향, 태도들에 관한 과장된 견해이다. '일본귀신Riben Guizi, 日本鬼子'에서부터 '경제동물'에 이르는 부정적인 일본 이미지들은 국가의 주권과 존엄을 모독하는 것으로 그려진다. 이런 주장은 제국주의적 과거에 대한 일본의 직시 거부에서부터 국내 시장에 대한 일본의 경제적 영향에까지 이른다. 우호적이긴 하지만 친일 정서도 일본에 대한 이와 유사한 과장적 재현을 공유한다. 그렇다고 해서 이런 주장이 거짓이라거나 존재하지 않는다는 의미는 아니다. 증폭된 부분적 진실에 불과하다는 의미일 뿐이다.[5]

둘째, 반일감정은 집단적 차원에서 작동하며 본래부터 사회적이다. 반일감정은 대중적 시위의 형태로 스스로를 드러내는 경우가 흔하다. 슬로건과 포스터와 전단을 동반한 이런 시위들은 그 숫자가 한국의 수요집회처럼 수백에 이르는 경우도 있고, 2005년과 2012년 중국의 주요 도시처럼 수천에 이르는 경우도 있다. 이런 시위가 중요한 것은 바로 '시위적demonstrative'이기 때문이다. 이 시위들은 확산되고, 유통되고, 재생산될 수 있는 특정의 시각적 재현들을 유도해 낸다.

셋째, 반일감정(과 친일감정)은 정서sentiment가 없이는 스스로를 구현할 수 없다. 또는 다르게 표현하면, 정서가 반일감정을 유지할 수 있게 해 주고, 집단적 카타르시스를 만들어준다. 이와 같은 (경험적) 느낌과, (사회적) 감정과, (무의식적이고 신체적인) 정동affects, 情動은 모두 반일감정의 외적 구현을 가능하게 해 준다. 이와 같은 정서들은 그럼에도 한결같거나 일관되지는 않는다. 이 정서들은 개인사와 집단 기억, 그리고 시위 분위기의 우발성에 크게 의존한다.

마지막으로, 반일감정은 궁극적으로 일본 그 자체보다 시위하는 사회의 불안과 욕망을 더 크게 반영한다. 요컨대 그것은 정치, 경제적 격변으로 인해 야기된 사회적 불안의 치환이다. 그것은 위협이나 적, 동맹이나 피난처 등의 다양한 형식으로 일본을 투사함으로써 국내 정치 위기에 대한 임시 해결책을 제시해 준다. 최종적으로 우리는 이와 같은 투사나 지연이 왜 다른 것도 아닌 반일의 형식을 취하는가 하는 질문을 제기해야 한다.

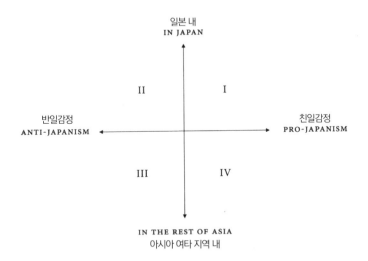

위 그림은 동아시아의 반일감정과 그것의 구성적 타자인 친일감정을 보여 준다. 각각의 사분면은 가능한 입장의 범위를 나타낸다. 이 그림은 일본과 아

시아 사이의 감정과 지정학적 입장들의 범주를 보여주기 위한 것이다. I사분면은 일본 내의 온건에서 신보수주의까지의 입장들로 구성되어 있다. II사분면은 일본 제국주의에 대한 좌파와 국제주의적인 비판을 포함한다. III사분면은 중국, 남북한, 타이완의 다양한 민족주의와 반일 요소들로 이루어져 있다. 마지막으로 IV사분면은 과거의 식민지에서부터 일본 대중문화에 집착하는 현재의 젊은이들에게까지 이르는 일본에 우호적인 입장들을 나타낸다. 이 그림과 각각의 사분면은 역사적, 지역적 조건들로 인해 균질적인 친일 또는 반일 정서로 쉽게 요약될 수 없는 복합적 관계들을 묘사하고 있다. 예를 들면 식민의 차이, 말하자면 식민주의자와 피식민자의 통약불가능성은 비록 유사한 친일 정서를 공유하고 있지만, 일본의 보수주의자들(제 I사분면)과 타이완의 제국 신민들 사이에는 상이한 욕망이 존재한다는 사실을 나타낸다. 이 문제는 제4장에서 구체적으로 논의할 것이다.

다른 어떤 담론 구성체와 마찬가지로 반일감정도 정태적이지는 않다는 사실에 주목하는 것이 중요하다. 전후 아시아의 반일감정이 대부분 식민의 상처와 전쟁범죄(식민주의와 제국주의)에 대해 사죄와 죗값을 요구하는 형식을 띠는 반면, 그 내용은 일본과 관계가 있을 수도 있고 없을 수도 있는 그 지역의 현재 관심사들을 향하는 경우가 많다. 반일감정의 강도는 세계체제 내에서 일본과 다른 나라들의 상대적인 힘의 관계에 따라 결정된다. 더구나 반일감정의 범위는 여러 단계에 걸쳐 있다. 일본의 잔혹 행위에 대한 개인의 기억에서 보상과 배상에 대한 집단적 요구에 이르기까지, 그리고 '일본귀신'이라는 일상의 멸칭에서 공식적 규탄의 담론에 이르기까지, 반일감정은 강렬하고 복합적이며 때로는 모순적인 느낌과 감정들(분노, 비애, 질투 등)을 흔들어 깨운다.

냉전 이후의 미국 패권에 대한 깊이 있는 분석을 통해 크리스 코너리Chris

Connery는 오늘날 '반미감정의 지속적 필요성'을 옹호한다. 왜냐하면 "특정 형식에 있어서 반미감정은 강력하고 효과적인 반자본주의 정치의 주요 요소가 될 수 있으며, 필수적이고 중요한 반패권counter-hegemony과 비판의 공간들을 보존해 줄 수 있기 때문이다". 2001 : 400쪽 그러나 반미감정은 흔히, 그리고 변함없이 국민국가를 그 주된 플랫폼으로 삼는다. 가라타니 고진이 주장했듯이, 자본과 민족/네이션과 국가는 자본주의의 위기와 필요에 따라 서로를 강화해 주고 보충해 주는 보로메오 매듭Borromean knot*을 형성한다. 2014 그 결과, 일부 사람들이 희망한 것처럼 세계화가 민족/네이션 또는 국가의 종언을 초래하지는 않을 것이다. 오히려 세계화는 민족과 국가의 재기입을 초래할 뿐이다. 지구 자본주의는 사회적 관계이고 자본제 국민국가의 지배 계급들은 자본제적 사회관계를 재생산하려는 이해관계를 가지고 있다. 이 때문에 코너리는 어떤 종류의 반미감정이라도 국민국가를 강화해 준다면 그것은 양날의 칼이 될 것이라고 경고하는 것이다. 민족에 기초하고 국가가 보장하는 반미감정은 그것이 명시적으로 국민국가 그 자체를 대안적 사회집단으로 구성할 경우 위험해질 뿐 아니라 정치적으로도 퇴행하게 된다. 403쪽 이와 같은 단점에도 불구하고 코너리는 반미감정을 "부정적 에너지를 지구적 이데올로기 재생산의 영역에 연결시켜 주는 하나의 중요한 구조적 능력을" 갖는 것이라 간주한다. 403쪽 동아시아의 반미감정 또한 이와 같은 양날의 칼로 이해되어야 한다.

모든 반일감정이 동일한 정치적 욕망을 부여하거나 일본에 대해 유사한 불만을 표현하지는 않는다. 과거 위안부들에 의해 표출되는 반일감정은 중국의 반일감정과 비교해 볼 때 일본 국가에 대해 매우 상이한 구조적, 권력적

---

* 세 개의 고리가 하나의 고리처럼 서로 얽혀서 통일성을 갖고 하나의 전체를 이루는 3항의 관계를 이르는 말로 16세기 이탈리아의 귀족 보로메오 가문의 문장에서 비롯된 용어이다.

관계를 갖는다. 중국의 반일감정은 위험과 사회적 불안정에 대한 국민의 증가하는 불안을 치환하기 위해 국가가 부추기는 것이다. 역내의 사람들을 괴롭히는 역사적 이슈와 현재의 문제들에 대한 진정한 의견 교환과 화해를 방해하기 위해 인종민족주의와 반일감정은 상호 공모한다. 코너리는 반미감정이 (위에 언급한 유보 사항들에도 불구하고) 미국이라는 보편적 국민국가에 맞서는 진보적 사회 공동체를 만들어낼 수 있으리라 희망한다. 나는 반일감정이 일본 자본주의에 대한, 그리고 역내 화해를 위한 만병통치약이 되리라고는 생각하지 않는다. 오히려 내 주장은 반일감정(과 친일감정)이 탈냉전 시기 동아시아의 변화하는 권력관계를 보여준다는 것이다. 중국의 부상은 이 지역 내에서 제2차 세계대전 종전 이후의 미-일 지배를 근본적으로 변화시켰다. 인종민족주의의 덫에 빠지지 않고 어떻게 반일감정(과 그것의 부정적인 힘)을 상상할 수 있을까 하는 문제는 만만치 않은 도전으로 남아있다.

각 장의 요약

이 책은 동아시아의 세 공간, 즉 중국 본토, 한국, 그리고 타이완에서 나타나는 반일감정(과 그것의 구성적 대타자인 친일감정)이라는 주제를 중심으로 구성돼 있다. 이 책은 문화적 재현에 방점을 두고 있으며, 그것을 통합해주는 개념들로 '탈식민성postcoloniality'과 '감성sentimentality'을 제시한다. 식민지들의 독립운동으로 몰락한 프랑스와 영국 제국의 경우와 달리, 공식 일본 제국의 와해는 일차적으로 패전을 통해서 발생했다. 제국의 이와 같은 특수한 소멸은 탈식민화의 실패에 기여한 두 가지 결과를 낳았다. 첫째, 일본인들에게는 미국인들의 손에 의한 압도적인 패배, 특히 두 개의 핵폭탄 투하와 잇따른 점령은 중국인들이 아니라 미국인들에게 일본이 패전했다는 인식에 기여했다. 더구나 패전과 전후 무장해제는 제국과 탈식민화의 문제를 대체까지는 아닐지라도 혼합시켜 버렸다. 타이완과의 관계에서 일본의 패배는 국민당 정부에 의해 '해방' 정권의 영웅적 노력과 식민 타이완의 '노예' 근성을 대조시키는 데 활용되었고, 그 결과 국민당 정부의 타이완섬 재식민화recolonization를 정당화해 주었다. 4년 동안의 내전이 공산당의 승리로 끝난 후 국민당 정부는 타이완으로 옮겨갔으며, 두 개의 성권은 형식은 비록 다르지만 오늘까지도 지속되고 있는 냉전 구조의 수렁 속으로 빨려 들어가게 되었다. 한반도의 상황도 유사했다. 독립은 곧 북한과 남한의 분단으로 이어졌고, 새로 시작되는 냉전의 요구에 맞게 북쪽은 공산주의 소련의 지원을, 남쪽은 미국의 지원을 받게 되었다. 파괴적인 한국전쟁은 소위 탈냉전 시기에 이르기까지 분단체제의 골을 더욱더 깊게 만들어버렸다. 하지만 내가 제4장에서 주장하듯이, 1949년 이후 국민당 정부에 의한 타이완의 억압과 그 후의 민주화는 상상된 일본에 대한 '향수'를 촉발시켰다. 이 향수가 반일 성향의 한국인들과 친일 성향의 타이완인이라는 전형적인 대조에 기여했을 수 있다. 천광싱이 아시아를 다시 생각하고 아시아 문제에 다시 관여하기 위해 탈식민화, 탈제국주의화, 탈냉전화라는 세 갈래의 방법을 제안하는 이유는 아직-끝나지-않은 냉전 속에서 실패해 버린 이 탈식민화 문제를 다루기 위해서이다. 반일감정에 대한 나의 분석과 비판은 천광싱의 요구, 즉 일본 제국 내부의 탈식민화 결여 문제를 직시하자는 요구와 냉전의 분단과 식민의 유산에 구애받지 않는 후기-동아시아를 다시 상상해 보자는 요구에 부합하기 위한 것이다.

사카이 나오키Naoki Sakai, 酒井直樹 등은 단일민족사회라는 신화는 그것의 진위를 밝히기 위한 경험주의적 시도만으로는 깨질 수가 없다고 주장해 왔다.[2005]

더 중요한 사실은 "일본인이라는 생각은 사상사의 방법론에 따라서는 분석될수 없으며, 오히려 그것은 감정의 차원을 통해서 기능한다"는 사실을 사카이가 인식했다는 점이다.3쪽 바로 이 '민족성의 정서sentiment of nationality', 다시 말해 근대 민족공동체 내부에서 판타지와 상상력의 장치들을 통해서 구성되는 공동체의 이 '재현의 체제regime of representations'가 현대 세계의 민족적 경쟁과 구획의 감정, 느낌, 열정을 떠받치고 활력을 불어넣는 것이다. 나의 연구는 전후 탈식민 동아시아의 반일 정서라는 문맥 속에 위치해 있으며, '판타지와 상상력의 체제regime of fantasies and imaginations'를 분석하는 방법들로 구성돼 있다. 사카이는 이 판타지와 상상력의 체제를 근대 민족공동체의 중요한 정동적affective 차원으로 간주한다. 예를 들면, 나는 (남성적이고 문화주의적이며) 지배적인 감정인 한han, 恨, 불공정에 대한 해소되지 못한 분노을 한국의 이른바 군 위안부들이 느끼는 '수치shame'라는 개념과 대비시킨다. 나는 '수치', 또는 차라리 다르게 표현해서 수치감의 극복이 일부 위안부들에게 일본이라는 국가에 대해서가 아니라 사랑하는 사람들과의 화해를 가능하게 해 줄 수 있다고 주장하고자 한다. 나는 또 민족적 '수모humiliation'의 느낌이 1980년대 후반 이후 중국의 반일감정에 활력을 불어넣었다고 주장하고자 한다. 나는 중국 스스로의 자기정의에 관한 천착을 위한 비유어로 '일본귀신'이라는 용어의 의미 변화를 추적할 것이다. 타이완의 경우에는 '비애'와 '향수'의 정서가 상상된 일본에 대한 많은 나이 든 타이완인들의 느낌을 지배한다고 보고자 한다. 이 향수는 일본과의 관계보다는 전후 타이완에서 국민당 정권의 신식민주의에 대한 분노와 더 많은 관계가 있다는 것이 내 주장이다. 한, 수치, 수모, 향수와 같은 정서는 일본 제국주의와 식민주의에 뒤이은 전후 탈식민 동아시아의 변화하는 지정학적 지형에 의해 조건지워진 집단적, 변별적 정동을 형성한다. 마지막으로 정서를 중시하는 내 논지의 연장선에서 '사랑love' 이라는 정치적 개념과 세대 간 친밀감을 주장하고자 한다. 그것은 결론에서 초국적transnational, 국가 내적subnational '정동의 정치politics of affects' 를 상상하고자 하는 나의 희망 때문이다.

제1장 '브루스 리가 고지라를 만날 때─제국 전환기의 인물들, 반일감정, 반미감정, 그리고 탈식민화의 실패' 에서는 〈고지라Gojira, ゴジラ〉1954에 나타난 상징적 반미감정과 브루스 리의 〈정무문Fist of Fury, 精武門〉1974에 나타난 반일감정이 전후 동아시아의 실패한 탈식민화를 특징짓는 욕망과 판타지의 두 축을 구성한다고 주장한다. 일본의 패전 후 일본 제국이 갑자기 사라지고, 그에 따라 냉전 시기 역내의 미국 패권이 강화되고, 이것들이 타이완과 한국 같은 과거 식민지들의 견고한 권위주의 통치와 결합하고, 마지막으로 전후 일본이 경제적으로 부상하는 현상 등이 모두 일본 제국의 유산에 대한 (노골적인 억압은 아닐지라도) 은폐에 기여했다. 이른바 냉전 시기 이후 (그리고 중국의 경우 사회주의 이후 시기postsocialist era)가 되어서야 비로소 일본 제국의 이슈들, 예컨대 전쟁 책임, 영토 분쟁, 위안부, 야스쿠니 신사 등의 이슈들이 이 지역의 공적 영역에서 논쟁거리가 되었다.

제2장 '일본귀신─중국 내 반일감정의 조건과 한계' 는 근대 중일 관계의 한 가지 현상, 곧 중국 대중문화에 나타나는 '리벤 귀지' 또는 일본귀신이라는 형용구를 분석한다. 나는 일본귀신의 재현을 네 가지 역사적 국면에서 찾는다. 그것은 중화제국Sinocentric imperium 말기, 고도 제국주의high imperialism, 사회주의적 민족주의socialist nationalism, 그리고 사회주의 이후의 세계화postsocialist globalization 시기들이다. 나는 이 '혐오 표현hate word' 이 제국주의적 폭력의 불가피한 트라우마에서 파생되는 인정의 정동적 정치학affective politics of recognition을

수행하기는 하지만, 궁극적으로는 '화해의 정치학politics of reconciliation'을 확립하는 데는 실패한다고 제안한다. 나는 중국의 반일감정이 일본 그 자체에 대한 것이라기보다 중국 자신의 자기 이미지에 관한 것, 말하자면 근대 역사 속에서 중국이 일본과 맺어온 불균형적인 권력관계를 통해 매개되는 중국의 이미지에 관한 것이라고 주장한다.

제3장 '수치스런 육체, 육체의 수치－'위안부'와 한국의 반일감정'은 성폭력에 대한 수치의 정서에 주목한다. 나는 위안부에 대한 변영주의 3부작 영화를 수치의 정동과 육체의 비유를 통해 분석한다. 한국 민족주의 담론의 한에 대한 문화주의적 정서와 달리, 수치, 또는 차라리 다르게 표현해서 수치심의 극복은 협상만이 아니라 화해의 정치학을 향해서 나아갈 수 있는 잠재력도 가지고 있다. 수치가 이 여성들의 존재에서 정동의 차원을 구성한다면, 늙어가는 육체는 그들의 고통의 물질성과 '탈식민주의적' 폭력의 잔혹상을 뚜렷이 드러내는 피할 수 없는 시간의 흐름을 우리에게 상기시킨다. 나는 시각적으로 눈에 띄게 늙은 위안부들의 육체를 히로히토 천황의 죽어가는 그러나 감추어진 육체, 그리고 그의 죽음을 둘러싼 전국적 애도와 병치시키고 연관시킨다. 이를 통해 나는 육체가 차별적인 가치를 가지며 또 그렇게 평가된다고 주장할 뿐 아니라, 제국 체제의 비겁함이 일본 제국주의와 식민주의에 대한 쇼와 천황Showa Emperor의 책임을 다시 한번 폐기시켜 버린다고 주장한다.

반일감정에 대한 앞 장들의 논의와 달리, 제4장 '식민시대의 향수 또는 탈식민시대의 불안－'광복'과 '패전' 사이-간의 도산 세대'는 타이완의 과거 식민지 신민들에게 나타나는 일본 식민주의에 대한 향수와 친밀감의 정서를 탐구한다. 나는 '일본'에 대한 우호적이고 때로는 (상상적 또는 실질적인) 강렬한 느낌이 개인적, 역사적 측면 모두에서 상실감을 만회하고자 하는 욕망이라고 간주되어야 한다고 주장한다. 나는 그들의 열정이 공식적 식민주의의 종언 이후 주변화된 자신들의 존재에 대해 과거 식민주의자들로부터 인정받고자 하는 때늦은 탄원이라고 이해한다. 명백한 친일 정서에도 불구하고, 그들의 노력은 국민당 정부와 일본 국가에 의해 각각 주장되고 설명된 '① 식민주의 → 광복 → 국가건설, ② 식민주의 → 패전 → 국가건설'이라는 두 가지 선형적 서사 도식을 방해한다.

제5상 '사랑의 이름으로—비판적 지역주의와 후기-동아시아의 공-생'에서는 전후 탈식민 동아시아에 나타난 사랑의 네 가지 재현 또는 정치적 개념으로서의 사랑political concept of love의 네 가지 구현의 예를 검토한다. 〈고지라Gojira,ゴジラ〉1954, 〈교사형Death by Hanging, 絞死刑〉1968, 『묵공Mohist Attack, Battle of the Wits, 墨攻』1992~1996, 〈낮은 목소리 3 —숨결My Own Breathing〉1999 등 네 가지 재현에 나타난 사랑의 예는 국가에 대한 사랑과 동일성에 대한 사랑을 초월하는 초국적, 국가 내적 친밀감과 정동적 소속감의 가능성에 서광을 제시해준다.

마지막으로 타이완과 타이완의 외견상 친일 정서, 그리고 동아시아 지정학에서 차지하는 타이완의 주변적 지위를 활용하여 나는 화해의 정치학을 다시 정의할 필요성을 주장한다. 제6장 '다른 방식의 화해—친밀감, 토착성, 그리고 타이완의 차이'에서는 쓰시마 유코Tsushima Yūko, 津島佑子의 소설 『너무도 야만적인 Exceedingly Barbaric, あまりに野蛮な』2008과 라하 메보우Laha Mebow, 陳潔瑤의 다큐멘터리 영화 〈사윤을 찾아서Finding Sayun, 不一樣的月光—尋找沙韻〉2010를 대위법적으로 읽으면서, 나는 식민주의 담론과 국가 중심의 타협과 해결 모두를 대체할 수 있는 '세대 간 화해intergenerational reconciliation'를 주장하고자 한다.

제1장
브루스 리가 고지라를 만날 때
제국 전환기의 인물들, 반일감정, 반미감정, 그리고 탈식민화의 실패

내가 아는 한 이 유명 무술인이 거대 괴물과 맞서 싸운 적은 없다. 핵 물질에 오염된 그 괴수가 이 허구의 중국 애국자의 영토를 짓밟거나 파괴한 적도 없다. 이 둘의 가장 가까운 조우는 인기 있는 일본 만화와 만화영화『드래곤볼*Dragon Ball*, ドラゴンボール』시리즈의「우유배달Milk Delivery, 命がけ!牛乳はいたつ」편에 나오는 세계 무술 선수권 대회에 잠시 등장할 뿐이다. 그 짧은 대결 장면에서 브루스 리는 (분명 킹콩을 지칭하는 것 같은) 거대 고릴라 모양의 상대를 처음에는 트레이드마크인 강렬한 괴조음怪鳥音 기합을 넣으며 하이킥으로 쉽게 물리친다. 하지만 그는 곧 고지라의 장기인 방사능 화염에 새까맣게 타버린다.[1] 유명한 애니메이션 시리즈의 이 가상대결 장면은 대중문화 속의 이 두 '세계적 아이콘'에 대한 지속적 언급과 타당성을 강조해준다. 이 두 아이콘은 각자의 수명을 뛰어넘어서까지 살아남는다.〈고지라Gojira, ゴジラ〉원작은 1954년에 극장 개봉되었으며, 소문에 따르면 2004년〈고지라 – 최후의 전쟁Gojira: Final Wars, ゴジラ FINAL WARS〉으로 시리즈의 막을 내린다. 1940년 11월 27일에 탄생한 브루스 리는 1973년 7월 20일 타계한다.[2] 이 두 세계적 아이콘들은 그럼에도 각각의 고장과 지역에서 긴 역사와 여행의 궤적을 갖는다. 고지라는 1956년에 태평양을 건너가 미국에서 고질라Godzilla가 되고, 브루스 리는 반대로 미국에서 아시아로 여행했다가 다시 미국으로 건너가 1973년 마지막 주

연 영화 〈용쟁호투Enter the Dragon, 龍爭虎鬪〉에 등장한다. 이 점에서 미국은 이 두 영화 아이콘의 대중적 수용에 큰 족적을 남긴다.

고지라와 브루스 리의 세계적인 인기에도 불구하고, 나는 이들의 좀 더 제한된 역사적 국면, 특히 일본, 아시아, 미국에 초점을 맞추고자 한다. 나는 고지라와 브루스 리를 가능하게 하는 역사적 조건이 '전후 냉전체제'에 있다고 보고 싶다. 이 냉전체제 속에서 아시아–태평양의 '탈식민성postcoloniality'은 해결되지 않고, 은폐된 채로 그러나 논쟁적인 문제로 남아있다.[3] 좀 더 정확히 말하자면, 나는 〈고지라〉의 '상징적 반미감정'과 브루스 리의 〈정무문Fist of Fury/伊体, 精武門〉1974의 '반일감정'이 전후 동아시아의 '탈식민화 실패'를 특징짓는 욕망과 판타지의 두 축을 구성한다고 주장하고자 한다. 일본의 패배 이후 일본 제국이 갑자기 사라지고, 그에 따라 냉전기의 역내 미국 패권이 강화되고, 이것들이 타이완과 한국 같은 과거 식민지들의 견고한 권위주의 통치와 결합하고, 마지막으로 전후 일본이 경제적으로 부상하는 현상 등이 모두 일본 제국의 유산에 대한 노골적인 억압은 아닐지라도 은폐에는 기여했다. 이른바 냉전 시기 이후 (그리고 중국의 경우 사회주의 이후 시기postsocialist era)가 되어서야 비로소 일본 제국의 이슈들, 예컨대 전쟁 책임, 영토 분쟁, '위안부', 야스쿠니 신사 등등의 이슈들이 이 지역의 공적 영역에서 논쟁거리가 되었다. '탈식민'의 '탈'과 마찬가지로, 이 경우 동아시아의 '탈냉전 시기post–Cold War era'도 냉전의 종식을 나타내지는 않는다. 세계 다른 지역에서의 동서 갈등의 종식에도 불구하고, 타이완 해협, 한반도, 오키나와는 아직도 냉전의 틀에 갇혀있다. 과거의 냉전 구조가 사회주의/자본주의 갈등의 렌즈를 통해 드러났다면, 현재의 탈냉전 구조는 사회주의가 국가 이데올로기라는 북한과 중국의 공식 주장에도 불구하고 지구 자본주의에 거의 완전히 포섭되어 있다. 요컨대, 오늘날 이 지역에서 우리가 목도하는 것은 정치적 냉전 구조와 경제적 신자유주의 세계화이다. 이 둘 사이에 대중문화의 다양하고 모순적인 변종들이 형성되어 있다.

냉전 시기 불안의 산물인 고지라와 브루스 리는 따라서 단지 세계적 아이콘으로 머무는 것이 아니다. 이 둘은 근대 식민 세계에서 일본의 패전의 트라우마와 중국의 수모의 역사를 대면하고자 노력하는, 내 식의 용어로 말하면 '제국 전환기의 인물들transimperial characters'이다. '제국 전환기'는 제국주의 정권의 전환, 전이, 번역, 전위를 가리키며, 이 경우에는 이 지역에서 일본 제국에서 미 제국으로의 전환과 두 제국에 의한 지구 자본주의의 중첩되고 공모적인 작동과 확장을 가리킨다. 고지라와 브루스 리는 판타지 세계2차원와 현실 세계3차원 사이를 매개한다는 의미에서 '인물들'이다.Nozawa 2013 기호학적 매개로서 고지라는 핵 능력을 갖춘 미국을 암묵적으로 비판하는 상징적 반미감정을 작동시킨다. 고지라는 또 일본의 전몰자들과 아시아의 희생자들 사이의 모순을 해소할 수 없는 일본 스스로의 무능력을 표현한다. 브루스 리의 영화, 특히 〈정무문〉은 상징적 반제국주의를 극적으로 표현한다. 이 상징적 반제국주의는 아이러니컬하게도 중국 본토와는 관계가 없는 추상적인 중화문화민족주의를 통해 식민의 상처를 치유한다.

고지라의 반복적인 도쿄 회귀와 일본이라는 적에 대한 브루스 리의 복수는 탈식민이라는 동일한 동전의 양면을 나타낸다. 그것은 한편으로 일본의 패전과 갑작스러운 제국의 와해를, 다른 한편으로는 오늘날까지도 해결되지 못한 채 논란거리로 남아있는 일본 제국주의와 식민주의의 기억들을 나타낸다. 고지라의 발자국과 브루스 리의 발차기는 우리에게 일본 제국의 끈질긴 흔적들을 상기시킨다. 나아가, 나는 이와 같은 탈식민화의 실패가 역내 미국 패권하의 전후 냉전체제에 의해 악화된다는 사실을 보여주고자 한다. (일본의) 고지라가 (미국의) 고질라라는 '안전한 공포secure horror'로 순치될 뿐 아니라,Tudor 1989 브루스 리도 마지막 영화에서는 할리우드 주류의 쿵푸 스타로 길들여진다. 고지라핵 실험 반대나 브루스 리일본 제국주의 반대와 연관된 정치학은 순수한 오락과 이념적 봉쇄를 위해, 억압되지는 않을지언정 결국에는 지워지게 된다. 요컨대, 괴수와 용은 길들여지고, 미국화되고, 탈정치화되었다.

왜 고지라는 항상 도쿄로 회귀하는가?

고지라는 핵 방사능에 노출되어 탄생한 괴수이며, 일본 어선 〈다이고 푸쿠루 마루Daigo Fukuryū Maru, Fifth Lucky Dragon, 第五福龍丸, 제5 복룡환〉의 실제 사건에 영감을 받아 탄생한 괴수이다. 다이고 푸쿠루 마루는 1954년 3월 1일 비키니 산호섬에서 진행된 미국의 수소폭탄 실험 낙진에 노출된 일본의 참치잡이 어선이다. 단순한 하나의 역사적 사건 반영을 넘어 〈고지라〉는 다양한 차원에서 읽히고 해석되어야 한다. 바락 쿠쉬너Barak Kushner의 주장에 따르면, 일본의 '전후 최초 미디어 사건'인 〈고지라〉는 그 역사적 탄생이 여러 가지 면에서 전례가 없는 것이었다. 그것은 일본의 국제 무대 복귀를 알리는 최초의 영화였으며, 미군정의 검열을 벗어난 전후 최초의 영화였으며, 프랜차이즈 시리즈를 탄생시킨 최초의 영화였다. 더구나 쿠쉬너가 보기에 〈고지라〉는 "1931년에서 1945년까지 일본의 제국주의 전쟁과 전후 시기를 연결하는 가교의 관점"을 재현한다.41쪽 수전 네이피어Susan Napier는 예컨대 징후발견적 독법을 통해 고지라를 '역사 다시 쓰기'라고 읽는다. 이 역사 다시 쓰기는 대중문화 속에서 일본과 미국의 권력관계를 일시적으로, 감정적으로 전도시킨다.1993:327쪽 이 영화에는 산소탄 발명가인 '선한' 일본 과학자 다이스케 세리자와Daisuke Serizawa, 芹沢大助가 등장한다. 세리자와는 (전시처럼) 국가를 위해서만이 아니라, '악한' 미국의 핵 야망 구현체인 고지라를 퇴치하기 위해, 인류 전체를 위해 자신을 희생한다. 이 점에서 고지라는 내가 '상징적 반미감정symbolic anti-Americanism'이라고 부르는 것을 재현한다. 상징적 반미감정은 미국인들에 대한 일본의 도덕적 우월성 주장을 가능하게 해 줄 뿐 아니라, 그것의 반핵 평화주의 메시지는 민주적이고 평화 애호적으로 새롭게 탄생하는 전후 일본의 정체성과 결합하기도 한다.[4]

일본 문학평론가 가토 노리히로Katō Norihiro, 加藤典洋는 고지라를 반핵, 반전으로 읽어내는 주류 해석에 맞서는 자신의 독법을 통해, 가해자이자 동시에 피해자라는 애매한 지위로 인해 편히 잠들지 못하는 일본 전몰자들을 고지라가 구현하고 있다고 주장한다.2010 가토는 간단한 질문을 제기한다. "왜 킹콩과 고지라는 각각 뉴욕시와 도쿄로 반복적으로 회귀하는가?" 가토는 프로이드의 '언캐니uncanny'* 개념을 사용하여 이 두 괴수를 '매우 소중하지만 억압된 어떤 것'으로 읽어낸다.2010 : 166쪽 두 괴수가 섬뜩하고 무시무시한 것은 사실이지만, 가토의 주장에 따르면 즉각적인 안도와 약간의 회한과 함께 일단 두 괴수가 퇴치되거나 죽임을 당하고 나면 슬픔을 유발하는 그 무엇이 남아 있다. 고지라의 경우, 영화는 고지라/전몰자들의 이중성을 억압하는 일본 무의식의 '보호 기제'로 작동한다. 고지라/전몰자의 이중성은 전후 일본 사회가 자신의 과거와 대면하기를 거부하는 한 끊임없이 일본의 영혼을 괴롭히는데, 가토는 전후 일본의 이 증상을 지칭하기 위해 '뒤틀림twistedness'을 뜻

---

* 프로이드 등의 정신분석에서 사용하는 용어로, 친밀한 대상에게 느끼는 낯설고 두려운 감정, 곧 낯익은 두려움을 말하며 억압된 욕망의 회귀를 보여주는 징후이다.

하는 유명한 네지레nejire, 捻れ라는 신조어를 만들었다.1997 가토는 〈고지라〉 영화의 디에게시스가 제시하는 고지라의 움직임과 도쿄 지역 파괴를 전시의 도쿄 대공습을 상기시키는 것으로 비유한다. 느릿느릿 움직이다가 가끔 동작을 멈추거나, 고통 속에서 몸을 뒤트는 고지라(와 일본 전몰자들)는 문자 그대로 이렇게 말하는 것만 같다. "우리가 죽음으로 충성을 바친 국가는 어디에 있는가? 우리의 조국은 어디로 갔는가?"2010:153쪽

가토의 독법에서 고지라는 반복해서 도쿄로 회귀하는데, 그 정확한 이유는 전후 일본이 전몰자들과의 관계를 정면으로 대면하지 못했기 때문이다. 이 희생자들은 국가를 위한 희생의 가치와 아시아 해방에 대한 믿음 속에 동원되었다. 그러나 일본의 패전과 더불어 반미감정에서 친미감정으로 국가 영혼의 '전도'가 발생했다. 가토에 따르면, 이 전도로 인해 해결되지 못하고 남은 것이 전쟁에서 살아남아 평화와 민주주의라는 새로운 가치를 인식하게 된 사람들과 성전의 이름으로 죽어간 사람들의 관계였다. 〈고지라〉가 50년 동안 스물여덟 편의 영화로 계속 리메이크된 것은 고지라와 일본 전몰자들에 의해 재현되는 언캐니를 일본 사회가 "살균하고, 소독하고, 중화하고, 정상화"하기 위한 시도이다.2010:169쪽 가토는 자신의 고지라 분석에 다소 엉뚱한 결론을 덧붙이면서 이렇게 생각한다. 만약 자신이 고지라 영화의 다음 감독으로 요청받는다면, 고지라를 (일본 전몰자를 추모하는 논란 많은 바로 그 장소인) 야스쿠니 신사로 가서 "야스쿠니를 파괴하게" 할 것인가 말 것인가!

가토의 고지라 해석은 가토 자신의 좀 더 논쟁적인 과거 저서『패전후론 Haisengoron, On War Defeat, 敗戰後論』의 논리를 따르고 있다. 이 책에서 가토는 태평양전쟁의 (일본인을 제외한) 2천만 아시아 희생자들에 대한 진정한 공식 사죄를 위해서는 무엇보다 먼저 일본 사회가 3백만 일본 전몰자 추모 과정을 통해 국

가적 주체를 형성할 필요가 있다고 주장한다. 가토의 이와 같은 논리는 전후 일본의 '분열된 자아split personality'에 대한 자신의 언급에 기초해 있다. 이 분열된 자아 속에서 지킬 박사는 전시 일본의 공격을 옹호하는 하이드 씨의 행동에 대해 사죄한다. 이와 같은 '뒤틀림'은 태평양 전쟁이 나쁜 전쟁으로 논박되고, 아시아 해방을 위한 대동아전쟁의 이름으로 죽어간 사람들과 국가가 맺는 관계가 무시된 전후 '전도'의 결과이다. 가족을 잃은 사람이나 전몰자를 동정하는 사람들을 위한 야스쿠니 신사와 전몰자를 기리는 신사 관련 의식들은 극우파들의 온상이 되었다. 가토에 따르면, 그 결과 야스쿠니식 극단주의의 책임이 일본 좌파들과 진보주의자들에게 덮어 씌워진다. 그래서 가토는 이른바 야스쿠니 논리를 약화시키기 위한 방법으로 진보주의자들에게 일본 전몰자들을 기리라고 당부한다. 언캐니와 유령같은 고지라/전몰자의 형상을 집단적으로 대면하고, 고지라로 하여금 야스쿠니 신사를 파괴하게 해야만 일본과 일본 국민이 스스로의 네지레를 떨쳐버릴 수 있다는 것이다.

빅터 코쉬만Victor Koschmann 등이 지적하듯이, 가토의 수사학은 일본의 20년 장기불황 상황과 불가분의 관계에 있다. 코쉬만에 따르면, "다른 아시아인들을 대상으로 한 일본의 공격과 잔혹 행위에 대한 사죄 필요성의 인식마저도 국가적 동원을 위한 변명으로 활용될 수 있다".2006:123쪽 가토의 처방은 일본 정부를 위한 알리바이가 될 수도 있으며, 궁극적으로 일본 정부의 사죄와 보상을 항구적으로 '지연deferral'시키는 결과를 초래하게 된다. 일본 전몰자 애도를 통해 '일본의 국가적 주체'가 응집될 수 있다는 보장이 없을 뿐 아니라, 국가 주체의 형성은 오히려 어떠한 진정한 화해도 불가능하게 만들 '자아'와 '타자'의 구성 및 물화reification를 필요로 한다. 이 문제의 가토식 '처방'에 대한 코쉬만의 비판에 나도 동의하지만, 그럼에도 가토의 분석은 진지하게 검토되어야 한다고 나는 생각한다. 그러나 내가 앞으로 이 책에서 밝히고자 하는 것처럼, 이 문제가 일본의 전쟁 책임에만 놓여있는 것은 아니다. 오히려, 나는 일본의 모순적인 식민성/근대를 은폐하고 억압해온 것이 바로 일본과 과거 식민지 모두에서의 '탈식민화'의 결핍 때문이라고 주장하고자 한다. 간단히 말하자면, 여타의 몇몇 식민 권력들과 달리 일본의 경우 패전이 제국의 종말을 의미했다. 뒤따른 냉전과 일본의 급속한 경제 부흥을 지원한 미국의 패권은 똑같이 식민의 상처들을 '망각'하는 데 기여했다. 한편으로 타이완과 한국의 (분단된) 탈식민 국민국가가 일본과의 정상화 조약에 서명했고, 이에 따라 일본의 군사 공격에 대한 모든 보상과 배상은 해결된 것으로 간주되었다. 그러나 이 두 나라는 진정하고 심심한 반성에 기초한 정치적 화해의 욕망보다는 경제적 요구에 이끌려 조약에 서명한 것이다. 이와 같은 불완전하고 유보된 탈식민화와 탈제국화의 결과, 비록 나라마다 강도의 차이는 있지만 반일감정이 이 지역의 강력한 정서로 남아있는 것이다. 이들 국가의 국가 장치는 국내 문제와 사회 모순을 은폐하거나 딴 곳으로 돌리기 위해 반일 정서를 자주 활용한다.

브루스 리는 왜 웃통을 벗어 던지는가?

고지라가 일본의 탈식민성을 정의하고 역사를 다시 쓰기(일본 과학자가 세상을 구한다) 위한 '상징적 반미감정'을 정의하려는 노력을 재현한다면, 브루스 리는 일본 제국주의 권력의 손에 의해 수백 년간 저질러진 중국과 아시아의 수모에 복수를 가하는 반식민, 반일 정서를 구현한다. 고지라가 다양한 독법을 초래하듯이, 브루스 리도 마찬가지이다. 그러나 브루스 리가 영화로 반일감정을 재현하는 것은 사실이지만, 이 사실 하나만으로 브루스 리가 일본에서 오늘날까지도 엄청난 인기를 끌고 있다는 사실을 설명해 주지는 못한다. (이 주제에 대해서는 나중에 논의할 것이다.) 비록 1973년에 타계했지만, 브루스 리는 문화적 차원의 중국과 특정 형태의 중국 민족과 중국 민족주의를 나타내는 가장 강력한 아이콘으로 남아있다는 스티브 포어Steve Fore의 지적은 타당하다. 영웅적 반제국주의 인물 브루스 리와 중국 민족주의의 등장에 모두 중요한 요소는 중국의 문화적 상상계cultural Chinese imaginary 속에서 브루스 리의 등장과 1970년대 초반 최초의 댜오위 분쟁이 역사적으로 일치한다는 사실이다. 포어는 반일감정에서 브루스 리가 갖는 지속적 타당성을 강조해 주는 하나의 예로 이 분쟁의 섬을 둘러싸고 1996년에 벌어진 사건 하나를 얘기해 준다. 1996년 9월 26일, 열일곱 명의 타이완, 홍콩 활동가 집단이 마흔두 명의 취재진과 함께 댜오위/센카쿠 열도에 대한 일본의 영유권 주장에 항의 시위를 하기 위해 녹슨 화물선 〈키엔화 2호Kien Hwa no. Two, 建華二號〉를 탔다. 이 선상 시위는 그해 얼마 전에 비등점에 달한 해묵은 분쟁의 결과였다. 그해 7월 14일, 일본 청년사Japan Youth Association, 青年社라는 우익 단체가 댜오위 열도의 한 섬에 상륙하여 5미터 높이의 태양열 알루미늄 등대를 설치하고, 일본해상보안청Japanese Maritime Safety Agency, 日本海上保安廳에 이 등대를 공식 항해 표지로 지정할 것을 요구하였다. 1996년 9월의 반일 시위자들은 일본 함선에 의해 감시당하고 저지당했다. 9월 26일 오전 여덟 시 반경, 오랜 댜오위 활동가인 데이비드 챈David Chan 등 다섯 명의 활동가가 영유권 회복을 위한 하나의 상징적 제스처로 배에서 섬까지 헤엄쳐 가기 위해 바닷속으로 뛰어들었다. 예상치 못한 거친 바다가 활동가들을 삼켜버렸다. 챈은 익사하여 곧 사망한 것으로 발표되었다. 생존자 한 명이 일본 해안 경비대에 구조되어 오키나와의 한 병원으로 이송되었다. 회복 기간에 이 생존자는 홍콩 언론에 "전통 중국 옷이나 브루스 리 티셔츠를 입고 홍콩으로 돌아가길" 원한다고 말했다.Fore 2001:118쪽

　1970년대 초반의 반일운동은 대체로 중국 본토 바깥의 중국어 사용 지역들, 즉 홍콩, 타이완, 동남아시아, 그리고 미국 내 중국 유학생들 사이에서 조직되고 실행되었다.[5] 마오쩌둥이 브루스 리 영화를 은밀히 즐겼다는 소문이 있기는 하지만, 브루스 리 영화는 1980년대 초반까지도 중국 본토에서는 금시되었다. 이 사실이 말해주는 것은, 냉전의 징치힉과 중국 사회주의와 동아시아 자본주의의 불균등 발전에 기인한 1970년대 초반의 반일 정서제2장의 주제보다 중국 본토의 현재 반일 정서가 훨씬 나중의 현상이라는 점이다. 브루스 리는 문화민족주의cultural nationalism를 재현한다. 왜냐하면, 문화민족주의는 중국 본토나 중국 정권을 외세에 의한 수모의 중국 근대사 극복에 바탕을 둔 무정형의, 그럼에도 포괄적인 상상의 조국에 대한 애정을 대표하는 것으로 제시해주지는 않기 때문이다.

　브루스 리의 완성작 영화 네 편 중에서 〈정무문〉이 명실공히 동아시아에서 가장 인기가 많은 작품이다. 〈정무문〉이 중국의 문화적 상상계에서 오늘날까지도 계속 영감의 원천이 되고 있다는 사실은 성룡Jackie Chan,成龙, 주성치Stephen Chow,周星馳, 이연걸Jet Li,李连杰, 견자단Donnie Yen,甄子丹 등의 스타들이 등장하는 수많은 리메이크와 패러디와 속편과 전편prequel에 의해 증명된다.[6] 〈정무문〉의 어떤 점이 〈고지라〉와 다르지 않게 중국어 관객들에게 큰 반향을 불러일으키며, 긴 수명과 사후의 수명마저 보장해 주는 것일까? 나는 두 가지 가능성을 제시하고자 한다. 첫째, 점령당한 1920년대의 상하이라는 이 영화의 역사적 배경이 중국의 수모 백년사의 절정을 이룬다. 서구와 일본 제국주의자들은 중국과 중국인들을 물질적으로 패배시켰을 뿐 아니라, 문화적으로도 중

국인들, 특히 남성들에게 수치를 안겨주었다. 이 사실은 결코 증명은 되지 않았지만 공통적으로 인정된 두 가지 문구, 즉 '아시아의 병자The Sick Men of Asia, 東亞病夫'와 '개나 중국인 출입 금지No Dogs or Chinese Allowed, 狗與華人不得入內'라는 경멸적 문구로 대표되는 일화들에 의해 증명된다. 기억에 남을 만한 영화 장면 두 개가 브루스 리가 이 두 문구를 물리적으로 제거해 버리는 모습을 압축해서 보여주고, 따라서 집단적 수치의 정서를 상징적으로 격파해 버린다. 일본 도장dōjō 안에서 브루스 리는 '아시아의 병자'라고 적힌 나무 간판을 일본인들에게 돌려줄 뿐 아니라, 특유의 기합과 눈빛을 한 채 무술 동작과 유명한 쌍절곤으로 일본인들을 모두 격퇴해 버린다. 게다가 마치 수모를 일본인들에게 되돌려 주려는 듯, 브루스 리는 '아시아의 병자'라고 적힌 그 종이를 구겨서 일본인들에게 먹여버린다. 그것은 브루스 리의 사부 장례식에 일본인들이 간판을 들고 왔을 때 공언한 그대로이다. 자신이, 그리고 확대 해석하면 중국 사람들이 병자도 약자도 아닐뿐더러, 복수와 폭력을 행사할 수도 있다는 사실을 일본 제국주의자들에게 증명해 보이고 나서, 브루스 리는 이제 중국의 수모에 대한 두 번째 표현에 맞서러 간다. 일본 도장을 나서자마자 브루스 리는 서양 사람들이 여유롭게 산책을 즐기고 있는 도시의 공원 입구에 걸려있는 '개나 중국인 출입 금지'라는 안내판을 마주치게 된다. 시크교도 경비원이 이 표지판을 가리키고 일본인들이 개처럼 기어서 공원으로 들어오라고 손짓하자, 브루스 리는 날아오르면서 특유의 하이킥으로 그 표지판을 박살내 버린다. 시크교도 경비원과 일본 식민주의자들은 혼비백산한다. 그러자 중국인 구경꾼들이 갈채를 보낸다. 이 강력한 복수 장면들은 관객들, 특히 중국어 사용 관객들에게 지금까지 억압되고 실현 불가능했던 카타르시스를 경험하게 해준다. 이 카타르시스는 일본/서양 제국주의자들과 중국 사람들의 권력관계를 적어도 일시적으로나마 전도시키는데, 이것은 고지라가 일본 관객들에게 승자의 편에 설 기회를 제공하는 것과 다르지 않다.

중국어 사용 관객들에게 정동적 반향을 제공하는 〈정무문〉의 또 한 가지 측면은 순교에 대한 언급이다. 〈정무문〉은 브루스 리가 배역을 맡은 첸젠Chen Zhen, 陳眞이 경찰과 일본의 심문으로부터 무술 도장을 보호하기 위해 걸어 나오는 장면으로 끝난다. 기억에 남을 이 마지막 장면에서 브루스 리는 자신에게 사격 사세로 총을 겨누고 있는 경찰과 일본군 무리를 향해 한 걸음 한 걸음 천천히 걸어나온다. 브루스 리 배역은 턱을 높이 든 채 당당하면서도 우아하게 특유의 괴조음 기합을 넣으며 무리를 향해 날아오르고, 우리가 여러 발의 총소리를 듣는 순간 공중에서 정지한다. 그때 영화가 끝난다. 첸젠은 필경 총을 맞아 죽었을 것으로 추측되지만, 이 정지 화면은 생과 사 사이의 정지 상태, 저항의 가능성을 내포한 역사의 중지 상태를 가리킨다. 요컨대, 아시아의 병자나 개의 등가물이 아니라, 주저하는 그러나 능력 있는 남성 존재로서 브루스 리 또는 문화적 중국에 대한 그의 무술적 재현은 해외 중국인들에게 절실하게 필요한 출구를 제공했다. 이 출구를 통해 해외 중국인들은 오랫동안 억눌린 비분과 일본과 여타 제국주의 세력들을 향한 적대감을 투사했다. 더욱 중요한 점은, 〈정무문〉이 브루스 리가 최초로 웃통을 벗어 던지는 영화라는 사실이다.

브루스 리의 시각미학 요소들은 유연하고 민첩한 발차기와 주먹, 브루스 리가 소개하기 전의 전통 무술영화에서는 흔히 보기 힘들었던 무기(예컨대 쌍절곤)의 사용, 그리고 그의 고유한 괴조음 기합 소리이다. 그러나 브루스 리가 선배Jimmy Wang Yu, 王羽들이나 후배성룡, 이연걸, 견자단들과 다른 점은 상체를, 특히 격투 장면에서 노출시키는 경향이다. 아시아의 여타 남성 인물들의 시각

〈그림 I. 1〉〈정무문〉(1974)에서 날아오르는 브루스 리

적 재현과 달리, 브루스 리는 언제나 의도적으로 웃통을 벗어 던지고 조각으로 빚은 것 같은 체격을 드러내 보인다. 게다가 이 육체적 이미지는 정태적인 것이 아니다. 크리스 베리Chris Berry가 주장하듯이, 브루스 리의 육체는 오히려 지역적 환경에 따른 상이한 시간과 공간들 속에서 여러 가지 상이한 해석을 제시해주는 '초국적 프레임transnational frame'이다. 더구나 이 초국적 프레임 속에서 중요한 의미를 갖는 것은, '박해받는 자의 승리triumph of the underdog'라는 서사의 매개가 중국 남자라는 사실과, 브루스 리가 구현하는 특유의 남성성이 성애화된 남성 육체eroticized male body를 전경화한다는 사실이다. 베리는 따라서 이렇게 주장한다. "브루스 리의 육체는 이중 규제double-bind에 갇혀서 번뇌하는 육체이다. 이 이중 규제는 한편으로 현대 미국의 남성성에 대응하려는 강박이고, 다른 한편으로는 이 대응 능력의 전제조건으로서 동성애공포증homophobia과 인종적 표기를 동시에 갖는 자기혐오self-hatred이다." 베리는 또한 문예의 문wen, 文과 무술의 무wu, 武라는 중국 남성성의 역사를 지적한다. 문무라는 중국의 남성성은 아시아계 미국인들의 중성화asexualized된 남성성 이해

와 서양이 기대하는 여성화feminization의 양극화를 모두 거부한다.2006 : 219쪽

　브루스 리의 시위적 육체 전시가 이전의 모든 무술영화 컨벤션과 단절하는 지점이 바로 여기이다. 브루스 리가 보여주는 무라는 중국의 남성성과 미국식 남성성의 혼종화hybridization는 브루스 리 영화의 박해 서사에 대한 다양한 민족주의적, 반식민주의적 해석들과 분리된 것이 아니라 오히려 긴밀하게 연관돼 있는 것으로 읽힐 수 있다.226쪽 요컨대, 브루스 리의 육체가 보여주는 가시성은 이전의 부술영화 스타들이 갖는 남성 육체의 비가시성과 현격한 대조를 이룬다. 그러나 베리가 앞서 지적했듯이, 이렇게 남성화된 육체는 동시에 중국의 육체이기도 하다. 브루스 리가 웃통을 벗고 보여주는 육체의 노출은 렌ren, 견디다, 참고 억누르다,忍이라는 중국의 오랜 금제 관습을 따르고 있다. 이 금제는 영웅은 맞서 싸워서는 안 된다고 교육받는 기제로서 긴장과 기대를 고조시킨다. 홍콩에서 제작된 세 편의 영화에서 어머니〈당산대형(The Big Boss, 唐山大兄)〉, 1971, 도장〈정무문〉, 그리고 숙부〈맹룡과강(The Way of the Dragon, 猛龍過江)〉, 1972의 이미지는 모두 브루스 리 배역이 싸우거나 무술 실력을 드러내지 못하도록 억제하는 위계적 관계를 재현한다. 물론 이와 같은 억제는 오래 지속되지도 않고, 지속될 수도 없다. 예측할 수 있듯이, 그리고 상당한 감정 분출과 함께 브루스 리 배역들은 우월한 실력을 보여주며 적들을 격퇴시키고, 관객들은 소리를 지르며 환호하고 갈채를 보낸다. 요컨대, 이와 같이 실력을 발휘할 때 브루스 리는 흔히, 그리고 특유의 방식으로 웃통을 벗어 던진다. 이렇게 옷을 벗는 행위는 중국인을 나약하고, 여성적이고, 봉건적인 '아시아의 병자'라고 생각하는 서양의 인식을 와해시킨다. 베리는 이것을 다음과 같이 간결하게 묘사한다. "왼쪽 뺨을 더 이상 내줄 수 없는 바로 이 순간은 최대치의 분노와 함께 전형적인 무의 방식으로 적에 맞서는 것으로 표출된다. 그것은 또한 문자 그대로 셔츠가

벗겨지고 브루스 리가 근육질 상체를 드러내 보이는 순간이다."227쪽

무술로 단련된 이 육체는 바로 중국인의 육체 또는 인종화된racialized 육체이며, 당연히 관객은 엄청난 카타르시스적 동일시를 경험하게 된다는 사실을 강조하는 것이 중요하다. 그러나 이 영화들이 개봉되었을 당시 콰이-청 로 Kwai-Cheung Lo, 羅貴祥가 홍콩인들을 옹호하며 지적했듯이, 이와 같은 동일시가 자연적이거나 직접적인 것은 아니다.1996:104쪽 홍콩인들에게 브루스 리가 인기 있는 이유는 (예컨대 M. T. Kato가 2007년에 주장한 것처럼) 탈식민화에 대한 홍콩 사람들의 열망에 있는 것이 아니라, 자신들이 동일시할 수 있는 상상의 중국에 대한 열망에 있다. 다르게 표현하자면, 관객이 갈망한 것은 구체적인 홍콩의 정체성이 아니라, 서양인들과 일본인들의 손에 의해 고통받은 판타지화된 텅 빈 '중국' 또는 '중국적인 것'이며, 따라서 그것이 브루스 리를 통해 재현된 '중국' 영웅과의 동일시를 가능하게 해주는 것이다. 이처럼 1세기에 걸친 외세의 수모에 기초한 판타지화된 중국과 상징적 반식민주의가 바로 브루스 리의 최초 영화 세 편이 아시아와 그 너머의 이산diasporic 중국인들에게 호소력을 갖는 이유이다.

고지라는 어떻게 고질라에게 패배하고, 아시아의 애국자는 어떻게 미국 첩보요원이 되는가

〈고지라〉의 상징적 반미감정과 브루스 리의 상징적 반식민주의에도 불구하고, 이 둘의 재현 투쟁(과 그 정치적 가능성)은 냉전체제와 미국의 패권에 의해 봉쇄되고 순치되었다. 개봉 2년 뒤인 1956년에 〈고질라〉로 더 잘 알려진 미국판 〈고지라〉가 미국 극장에서 개봉되었다. 미국의 기존 괴물영화 장르는

새로 등장한 교외 청년 관객들의 구미에 부합하는 장르였는데, 〈고질라〉의 제작팀은 이 기준에 맞추기 위해 엄청난 재량으로 편집, 삭제를 거친 뒤 고지라를 고질라로 변형시켰다.Guthrie-Shimizu 2006 나중에 내가 좀 더 자세히 논의하겠지만, 일본의 〈고지라〉에 대한 미국 제작진의 이와 같은 자유재량은 냉전 시기 두 나라의 권력 편차를 보여주는 징후이다. 〈고지라〉가 수소폭탄 실험에 대한, 따라서 미국의 폭력에 대한 딱히 숨기지 않는 비판을 재현한 반면, 〈고질라〉는 히로시마와 나가사키를 언급하는 30분 분량의 장면 식제를 통해 핵무기의 정치학과 미국의 대일본 범죄의 정치학을 은폐했다. 〈고지라〉가 일본에서 상영될 당시 대부분의 일본인 의식 속에는 '〈제5 복룡환〉 사건Fifth Lucky Dragon Incident, 第五福龍丸の事件' 이 생생하게 남아있었지만, 〈고질라〉는 단순히 '안전한 공포secure horror' 의 오락거리로만 제시되었다.[7]

미국과 일본의 비대칭적 권력관계는 두 영화 버전의 언캐니하거나 (무의식적으로) 젠더화된 재현에 의해 예증될 수 있다. 〈고질라〉에는 위협적인 이 괴수의 파괴 행위를 목격하고 묘사하기 위해 미국 기자 스티브 마틴Steve Martin 역의 레이먼드 버Raymond Burr가 삽입되어 있다. 또한 미국판 리메이크에는 아시아계 미국인 프랭크 이와나가Frank Iwanaga가 연기하는 아시아계 경비원 토모 이와나가가 레이먼드 버의 짝패로 삽입되어 있다. 여기서 우리가 관심을 기울여야 할 부분은 마틴과 이와나가의 관계이다. 두 영화의 평행 장면 하나에서 우리는 의도하지는 않았지만 뚜렷한 미국과 일본의 재현을 보게 된다. 원작 〈고지라〉에서는 이 장면이 괴수의 등장을 알리기 위해 동네 주민이 종을 울리는 것으로 시작된다. 야마네 박사Dr. Yamane와 그를 따르는 기자와 주민들은 산을 올라가다가 처음 나타난 고지라와 마주치게 된다. 놀라서 혼비백산한 그들은 급히 산을 내려간다. 그들이 살려고 도망칠 때, 야마네 박사의 딸

에미코Emiko가 발을 헛디뎌 넘어진다. 바로 그때, '숙녀를 구출하는 영웅Hero-Saves-Dame'이라는 고전적 이미지로 에미코의 연인 오가타Ogata가 나타나 그녀를 구하고, 사랑스런 포옹으로 그녀를 껴안는다. 둘은 함께 걱정스러운 눈길로 괴수 쪽을 바라본다.

〈고질라〉에서도 똑같은 장면이 반복되지만, 하나의 변주가 가미된다. 에미코가 넘어지기 전에 우리는 레이먼드의 아시아계 남성 짝패인 이와나가도 넘어지는 것을 보게 된다. 그리고 오가타가 에미코를 구하러 오는 바로 그 순간, 레이먼드의 건장한 캐릭터가 나약하고 운이 나쁜 이와나가를 땅바닥에서 들어 올린다. 이때 묘사된 이 언캐니한 평행 장면은 동성애적 포옹이 아니라, 젠더와 성차의 명백한 이성애규범적heteronormative 행위이다. 이 흑백 영화 속에서 왜소하고 패기 없는 아시아 남성 위로 우뚝 솟아오르는 건장한 레이먼

〈그림 I.2〉 〈고지라〉(1954)에서 에미코를 껴안는 오가타

<그림 I.3> 〈고질라〉(1956)에서 아시아 남성을 구하는 레이먼드

드의 배역은 일본의 항복 직후에 키가 작고 굳어있는 히로히토 천황 옆에 위
풍당당하게 서 있는 맥아더 장군의 아이콘과도 같은 사진과 유사하다.

〈고질라〉에서처럼, 이 사진 속에서도 일본은 여성화되고, 거세되며, 반공주
의 동아시아에서 미국의 패권을 지원하는 배우자로 표현된다. 이 '결혼'과 그
후의 역전 과정이 미국 군사주의의 지도와 보호하에 일본이 경제 강국으로 회
복되고 복구되도록 허용해 준다. 이 결혼은 한국이나 타이완과 같은 미국 주
도 권위주의 정권들의 유사한 협력과 더불어, 미국 스스로의 잔혹 행위와 전
쟁범죄만이 아니라 히로히토와 일본의 전시 책임과 식민주의 책임들을 사실
상 면제해 주며, 결국에는 탈식민화를 무력화시킨다. 아메리카 제국이 일본
제국을 간단하게 대체해버린 것이다. 〈고지라〉의 비판적 가치들은 오래 가지
못했다. 이 영화의 놀랄 만한 성공 이후에, 그리고 떠오르는 소비주의와 탈정

〈그림 I.4〉 1945년 9월 27일 히로히토와 맥아더 장군의 첫 만남 가에타노 파일라이스 중위 촬영

치화된 문화와 더불어, 고지라는 프랜차이즈 시리즈가 되었다. 최초의 〈고지라〉는 미국판 영화와 아주 유사하게 자본주의와 미국의 군사주의 논리에 굴복하게 되고, 패배하여 심해 속으로 꺼진 뒤로 결코 다시는 깨어나지 못한다.

영화 커리어를 추구하던 브루스 리가 인종주의 때문에 미국을 떠나 홍콩으로 갔다는 사실은 잘 알려져 있다. 더구나, 그가 아시아에서 성공한 것은 홍콩에서 찍은 그의 영화 세 편이 '박해받는 자' 페르소나에 호소하고, (일본인과 백인에 대한) 반세국주의와 (해외 중국인 악당들에 대한) 반-악당적 공감에 호소한다는 사실과 깊은 연관이 있다. 따라서, 브루스 리의 전 세계적 배급과 지명도 측면에서 폭발력을 가진 영화인 〈용쟁호투〉가 할리우드에서 만들어졌다는 사실은 아이러니이다. 많은 사람의 지적처럼, 〈용쟁호투〉는 홍콩을 배경으로 하고 있으며, 무술에 대한 브루스 리의 훨씬 유명한 철학을 보여주고 있지만, 과거 브루스 리의 문화적, 민족적 페르소나에 관한 것이라기보다는 그저 잘 만들어진 무술 선수권 대회 관련 오락거리 이야기이자 첩보 서사에 불과할 뿐이다. 여기서 브루스 리는 촌뜨기나 하층계급이나 애국자가 아니라, 선수권 대회에 잠입하여 마약조직을 소탕하고, 노예를 해방시키고, 선수권이 열리는 황량한 섬에서 중국인 두목을 격퇴하는 제임스 본드와 같은 첩보요원 역할을 한다. 앞서 언급한 〈고지라〉/〈고질라〉 장면처럼 극적이지는 않지만, 브루스 리가 박해받는 애국자에서 무술 사범 겸 첩보요원으로 변신하는 것은 제임스 본드 프랜차이즈 시리즈에 재현된 친숙한 냉전 서사와 함께 브루스 리의 쿵푸 기술을 어떻게 엮어서 활용할 것인가에 관한 할리우드의 시각에 대한 명백한 긍정이다.

그 유명한 시푸/센세이/사부sifu/sensei/teacher, 師父/先生/師父-학생/제자 장면에서 브루스 리는 어린 입문자 하나를 가르치는 모습을 보여주는데, 나중에 이것은 특히 〈베스트 키드The Karate Kid〉 프랜차이즈 시리즈와 같은 무술영화가 따라서 모방하는 장면이다. 사부와 제자 간에 몇 합이 오고 간 뒤에 우리는 브루스 리의 홍콩영화 세 편에는 없는 인물, 즉 쿵푸 사부로서 브루스 리의 이면, 곧 앞서 베리가 문 또는 문예적인 것으로 묘사한 모습을 목격하게 된다. 브루스 리는 특유의 중국식 영어 발음으로 제자를 꾸짖는다. "생각하지 말라고, 그냥 느-끼-라-니-깐!" "달을 가리키는 손가락 같은 거라고. 손가락에 집중하지 말란 말이지. 그러면 자넨 하늘의 저 모든 광채를 못 볼 테니까." 여기서 어린 제자는 무술만이 아니라 인생의 교훈을 배운다. 브루스 리 영화 제작이 처음으로 미국화된 세계적 순환 속으로 진입하면서, 아시아 관객에게 활력을 주었던 교육받지 못한 하층계급의 반제국주의적 인물은 이제 미국 정부를 위해 은밀히 일하는 세계시민적이고 철학적인 비밀 요원에게 자리를 내주게 되었다.

여기서 중요한 것은 브루스 리의 수용 시기가 미국과 일본에서 평행을 이룬다는 사실을 강조하는 일이다. 전쟁 직후 시기 미국과 일본의 비대칭적 권력관계를 반영한 〈고지라〉/〈고질라〉의 언캐니하게 젠더화된 관계와 달리, 브루스 리에 대한 미일 두 나라 각각의 관심이 유사한 지점은 아시아에 대한 미국과 일본 두 나라의 공모와 상이한 권력관계를 모두 보여준다. 브루스 리 영화가 서양과 일본 시장에 뒤늦게 소개되었다는 사실은 전후 냉전 시기 일본과 아시아 이웃 국가들 사이의 단절을 두드러지게 보여준다. 1970년대 초반의 브루스 리 영화 세 편은 홍콩, 타이완, 동남아시아에서 극히 성공적이었다. 나중에 할렘에서 토리노까지, 런던에서 베이루트까지 브루스 리의 인기가 세계화되기는 하지만,Prashad 2001 그 시기가 전 세계적으로 균등하게 공유되지는 않는다. 요모타 이누히코Yomota Inuhiko, 四方田犬彦가 지적하듯이, 2005 (제

3)세계의 여타 부분과 비교해 봤을 때 브루스 리 영화가 일본에서는 상대적으로 늦게 상영되었다. 〈용쟁호투〉의 최초 상영은 1973년 12월로, 브루스 리의 갑작스런 죽음 5개월 후의 일이다. 아시아의 다른 나라 대부분과 달리, 일본에 최초로 들어간 브루스 리 영화는 미국에서 제작(워너 브러더스)된 것으로 영어판이었다.[8] 그의 영화는 "미국에서 온 동양 액션 영화로 홍보되었으며, '쿵푸'와 '브루스 리' 같은 단어는 일본어 외래어 표기법인 가타카나로 쓰여 있었다".2005:20쪽 이와 대조적으로, 한국은 브루스 리를 한글 발음으로 '이소룡Yi So Ryon'이라고 읽는다. 이 역사적 '사건'이 의미하는 바는 '아시아'나 '제3세계'와 달리 일본의 브루스 리 수용은 미국과 훨씬 더 긴밀히 연관돼 있었고, 나아가 일본과 '아시아'의 시간적 공간적 비대칭성을 두드러지게 보여준다는 사실이다.[9] 요컨대, 1960년대 후반과 1970년대 초반 일본은 '아시아' 여타 지역과 공유된 의식을 갖지 못했을 뿐이다. 흔히 사용되는 조하네스 페이비언Johannes Fabian의 용어를 빌려서 표현하면, 일본은 아시아와 '동시대성 co-evalness'을 결하고 있었다는 말이다.2002 전도된 질서와 미국화된 브루스 리 영화의 일본 수용은 〈정무문〉과 같은 영화에 나타난 반일 정서와 문화민족주의 정서에 대한 일본 관객들의 반응을 무디게 만들었다. 일본 관객들은 어색한 가발 모양이나 일본식 하카마hakama*를 거꾸로 입은 배우들을 지적하며, 이 영화의 일본인 악당 묘사를 희화화나 잘못 묘사된 전형에 불과한 것으로 치부해 버렸다. 요컨대, 브루스 리 영화의 반일 요소들은 웃어넘겨졌고, 역사적 의미도 전치되거나 은폐되었다. 일본의 〈정무문〉 수용은 이 영화가 반일 정서와 민족주의 정서에 미친 장기간의 영향과는 극적으로 대조된다. 브

---

*   일본식 전통 통바지

루스 리가 발차기를 하고 주먹을 날리며 일본 관객의 심장을 파고들어도, 그의 벗어던진 상체는 반일감정이나 반제국주의의 상흔을 더 이상 전달하지 못한다.

문화적 재현으로서 고지라와 브루스 리는 동아시아 전후 체제의 정치적인 불가능성 속에서 저항의 가능성들을 보여주는 징후들이다. 실질적 대항이 가능하지 않거나 허용되지 않는 문맥 속에서 상징적 반미감정과 반일감정은 각각 욕망과 판타지의 공간을 재현해주며, 역사적 현실 속에서는 '교정'될 수 없는 사회적 불안의 투사이기도 하다. 해결되지 못한 탈식민화 문제(일본 전몰자로서의 고지라와 중국 문화민족주의로서의 브루스 리)가 오늘날까지 여전히 우리에게 남아있다는 사실은 이 지역에서 어떠한 화해나 통합의 과정도 지속적으로 방해하는 정치적 수렁이 존재한다는 사실을 더욱 강조해 줄 뿐이다. 식민과 탈식민 문제는 단순히 과거에 관한 것이 아니다. 아리프 딜릭Arif Dirlik이 경고했듯이, "식민주의와 그 유산에 대한 집착은 당대 현실에 미치는 과거의 영향력에 대해 과장된 관점을 갖게 하고, 당대의 권력 재구조화, 그중에서도 특히 이미 식민지 과거에 대한 재고를 요구하는 자본주의와 국민국가의 역할 변화에 따른 과거 유산의 재인식 필요성을 간과하게 할 여지가 있다".2002:429쪽 동아시아 문맥에서 반일감정의 형식을 띠게 되는 식민주의와 제국주의 문제는 경제적 불균형에 대한 사회주의-이후 중국의 강화된 인식, 가부장적 민족주의에 대한 한국의 공정성 요구, 계엄령 이후 타이완의 문화적 정체성에 대한 재강조 등과 본질적으로 연관되어 있다는 것이 앞으로 이 책의 남은 장들에서 내가 주장하고자 하는 바이다. 그런데, 타이완의 경우에는 반일감정이 동시에 그것의 억압된 대타자repressed Other, 곧 친일감정도 함의한다. 이와 같은 모든 정서는 문화주의적인 것도 아니지만 시간을 초월한 것도 아니다. 이와 같은 정서는 변화하는 역사적 국면들에 의해 조건 지워지고, 문화적 재현을 통해 매개된다. 내가 주장하고 싶은 것은, '일본'에 대한 이런 모순적 느낌들이 실제 일본이나 일본 제국과 관계가 있다기보다는, 지역적 위기와 불안을 둘러싼 투사나 동원과 더 깊은 관계가 있다는 사실이다. 간단히 말하자면, 반일감정(또는 타이완의 경우 친일감정)이 동아시아의 집단적 영혼 속에 구체적으로 남아있는 이유는, 그것이 일본 제국의 실패한 탈식민화를 반향하기 때문에, 그리고 동시에 오늘의 시구 자본주의하에서 증가하는 위기들에 대응하기 위한 민족주의 정서에 활력을 주기 때문이다.

다른 어떤 형식의 저항도 불가능하다는 사실을 고려하면, '민족주의'가 영화라는 형식에 내용을 제공한다는 사실이 놀랍지는 않다. 고지라(반미감정)와 브루스 리(반일감정)는 이 내용에 따라 읽히는 것이 가능해진다. 내가 '민족주의'를 인용부호 속에 표기하는 것은 고지라와 브루스 리를 둘러싼 민족주의, 또는 좀 더 적절하게 표현해서 민족주의 정서라는 것이 이론화하기에는 매우 복잡하다는 사실을 적시하기 위해서이다. 남은 장들에서는 반일감정과의 연관 속에서 민족주의가 갖는 한계를 지적하고, 탈식민화의 국가 내적, 초국적 절합articulation을 향한 모색을 제시하고자 한다.

제2장

일본귀신
중국 내 반일감정의 조건과 한계

2005년 중국 여러 도시에서 발생한 반일 시위는 광범한 가시성visuality과 가상현실성virtuality으로 인해 반일감정의 새로운 시대를 열었다. 이 대중 시위는 공중파를 통해 텔레비전으로 널리 중계되었으며, 유튜브로도 소개되고 인터넷에 비디오로도 중계되었다. 시위의 동원은 휴대전화로 이루어졌으며, 채팅방과 온라인 포럼에서 논쟁도 벌어졌다. 중국 당국에 의해 시위가 진압되고 나서도 한동안 계속해서 인터넷 블로거들과 영상 블로거들이 이 반일운동에 관해 의견을 올리고, 영상 클립을 올리고, 음성 파일을 올리고, 플래시 영상을 올렸다. 중국의 열정과 일본에 대해 수그러들지 않는 분노를 보여주는 시각적이고도 가상현실적인 장면과 이미지들이 압도적으로 대중에게 쏟아졌다. 일본의 어떤 뉴스 영상은 상하이에서 일제 자동차를 타고 가다가 대부분 젊은 남성들로 구성된 군중으로부터 계란과 욕설 세례를 받으며 눈물을 글썽이는 중국 여성의 모습을 보여주었다. 그녀가 군중들에게 지나가게 해 달라고 읍소하는 동안 카메라는 방향을 돌려서 그녀의 백미러에 비친 "일제 상품 불매하자!"라는 작은 스티커를 비춰준다. 인터넷에 올라온 수천 개의 무작위 이미지들 중 또 다른 하나는 "일본 군국주의 타도하자!"라는 깃발들이 나부끼는 모습을 배경으로 아버지의 어깨에 목마를 타고 장난감 자동소총을 든 꼬마 소년의 모습을 보여준다. 또 다른 사진 하나는 "민족의 수모를 잊지 말자!"라고 적힌 포스터를 들고 있는 소년의 모습을 보여준다. 어떤 플래시 영상은 또 랩 음악과 애니메이션 만화와 난징 대학살의 섬뜩한 사진들을 섞어서 보여주며, 일본인들을 모두 죽여서 국가적 수모에 대해 복수하자고 모든 중국인에게 역설한다.

2005년의 시위는 분출된 속도만큼이나 신속하게 사그라졌다. 그것은 대체로 항의시위가 난폭해져 일본과의 쌍무관계에 돌이킬 수 없는 손상을 입히지 않을까 하는 중국 정부의 염려 덕분이었다. 그럼에도, 2005년의 사건들은 일반적인 정치 시위와 특수한 중국의 반일 시위에 대해 생각해 볼 몇 가지 새로운 패러다임을 제공해 준다. 첫째, 인터넷과 뉴 미디어 시대의 정치 운동은 필연적으로 다층적지방, 국가, 지역, 세계이고, 그 조직들 또한 과거에 비해 덜 위계적이고 덜 중심적인 반면, 더 리좀적rhizomatic이고 더 분산적이다. 컴퓨터, 휴대전화, 비디오카메라와 같은 멀티미디어와 모바일 기술은 전통적 단어의 의미 그대로 기록해 줄 뿐 아니라, 예측할 수도 없고 의도되지도 않은 방식으로 사건들을 포토샵하고, 퍼 나르며, 새로운 의미를 부여하기도 한다. 블로그, 채팅방, 비디오 게임 등이 정치적 전투의 새로운 장소가 되었으며, 이런 곳에서 전투적 용어나 상처를 입힐 수 있는 이미지나 모의 살해가 상호작용을 통해 생산되고, 유통되고, 소비되며, '의도'나 '진실'이나 '사실'은 괄호 처리되거나 연기된다.

둘째, 교과서 논쟁을 두고 벌어진 1980년대 반일 시위가 대부분 학생 주도로 대학 캠퍼스에 한정되었던 데 반해, 2005년의 사건들은 새롭게 떠오르는 중국의 중산층 전문가들이 동원하고 참여했다. 이 시위들은 고층 건물과 쇼핑몰과 개방된 대로들이 모여있는 주요 도심에서 발생했다. 중국의 '평화로운 부상'을 알리는 이 새로운 이미지들은 대부분의 일본 사람들이 가지고 있던 중국에 대한 틀에 박힌 인상, 곧 저발전의 공산주의 국가라는 인상과는 근본적으로 불일치하는 모습을 보였다. 오히려 2005년의 사건들은 전후 시기에 강화된 중국에 대한 일본인들의 전통적 생각들을 산산조각 내버렸다. 미조구치 유조Mizoguchi Yūzō, 溝口雄三가 주장하듯이, 이와 같이 실제로 존재하는 중국과 중국에 대한 일본의 인식 간의 균열은 일본이 지구 남반구와 공유된 경험을 갖지 못한다는 역사적 사실을 보여줄 뿐 아니라, 나아가 일본의 아시아 이해가 철저히 시대에 뒤졌다는 사실도 보여준다.2005[1]

셋째, 도시 공간과 사이버 공간에서 분출된 시위자들의 감정, 예컨대 분노, 격노, 열광, 그리고 심지어 쾌락과 같은 감정들은 우리로 하여금 감정, 정열, 희망, 또는 단순한 쾌락마저도 심각하게 간주할 것을 요구할 뿐 아니라, 대중적인 민족주의 정서의 좀 더 놀랄 만한 양식들이 갖는 힘을 인정할 것을 요구한다. 정치적 동원의 해석적 차원만이 아니라, 이와 같은 정동적 차원까지도 인정한다는 것은 기억과 트라우마에서 열정과 의분으로의 전환을 인지하는 것이며, 따라서 역사적 사건들이 사람들의 대중적 의식 속에서 기-억re-member되는 방식을 인지하는 것이기도 하다. 요컨대, 지정학적 측면the geopolitical이 삶정치적인 것the biopolitical과 동시에 분석되고, 이해되고, 이론화되어야 한다.

비판적 식민주의 연구critical colonial studies는 우리에게 식민주의 담론이 사용하는 수많은 문화 기술들, 예컨대 이미지, 은유, 서사, 분류체계 등, 또는 데이비드 스퍼David Spurr의 용어로는 '제국의 수사학rhetoric of empire, 1993'에 대해 귀기울일 것을 경고해 왔다. 식민주의 담론은 피식민지의 제국 신민들이 열등하다는 허위의식을 날조하고 영속화해왔기 때문이다. 그러나 피식민자들이 압제자들에 맞서서 '자극적 연설excitable speeches, Butler 1997'을 수행해내는 방식들, 또는 식민주의자들의 야만성을 드러내거나 압제자의 폭력성과 잔혹 행위를 상기시키기 위해 선동적인 이미지를 사용하는 방식들에 대해서는 그동안 학문적 관심이 소홀했다.

이 장에서 나는 중일 관계의 한 가지 예, 곧 중국 대중문화에 나타나는 '리벤 귀지Iriben guizi, 日本鬼子, 일본귀신'라는 멸칭에 대해 살펴보고자 한다. 나는 이 '혐오 표현'이 제국주의 폭력의 불가피한 트라우마에서 파생되는 인정의 정동적 정치학affective politics of recognition을 수행한다고 주상하고자 한다. 무엇보다 중요한 것으로, 나는 중국의 반일감정이 일본에 관한 것이라기보다 오히려 근대사를 관통하는 일본과의 비대칭적 권력관계에 의해 매개된 중국 스스로의 자기 이미지에 관한 것이라고 주장하고자 한다. 마지막으로 나는 마쓰이 미노루Matsui Minoru, 松井稔의 다큐멘터리 영화 〈리벤 귀지Riben Guizi, Japanese Devils, 일본귀신, 日本鬼子〉2001를 분석하면서, 이 일본 감독과 이 영화에서 인터뷰하는 퇴역 일본 군인들이 인종적 멸칭을 채택함으로써 일본의 전쟁범죄에 대해 중요한 자기비판과 용감한 증언을 수행하고 있다고 제안하고자 한다. 가해자들의 고백과 인정은 가해자와 피해자의 대화 가능성을 열어주는 매우 긴요한 공간을 제공한다.

중화제국에서의 귀지

'리벤 귀지'는 아마도 '샤오 리벤xiao riben, little Japan, 小日本'과 더불어 중국 대중 담론에서 가장 일상적으로 그리고 흔히 사용되는 구절 중 하나로, 일본인들을 낮춰서 지칭하는 것이다. 이 발화는 정확히 얼마나 자극적인가, 그리고 경멸, 반대, 혐오, 질투의 감정을 얼마나 불러일으키는가 하는 정도만큼 정치적,

사회적으로 유용하다. 하지만, 혐오 표현의 경우 그것의 인식이 이름이나 언어를 남에게 강제하여 복속을 영속화하는 반면, 이와 같은 반일 멸칭들은 일본인과의 관계에서 종속적인 중국인들의 지위를 적어도 상징적으로나마 전복하려는 시도이다. 이런 의미에서 '샤오 리벤'과 '리벤 귀지'는 일본과 일본인들을 지칭하기보다는 오히려 열등하고 야만적인 일본이나 일본인들에 비해 중국이 우월하다는 관점을 확인 또는 재확인하고자 하는 의제화된 문맥을 환기시키는 것이다. 오늘날 일본 대중문화의 세계적 소비와 매우 유사하게, 반일감정은 우리에게 일본 그 자체보다는 반일감정 발화자들의 주관적 지위에 관해 더 많은 것을 말해 준다.Ko 2003 일본 대중문화의 소비도 일본이라는 하나의 정체성에 관한 소비가 아니라, 소비자들의 마음속에 환기되는 일본이라는 관념에 관한 소비이다. 이런 의미에서, 이 모욕적인 언급들은 내적 대화를 구성할 뿐이다. 그 열정과 정동은 닫힌 공동체 내에서 의제적으로 생산되고, 유통되고, 소비된다. (이런 내부적 언급은 일본인 청자들이 사실은 중국말을 알아듣는다는 것을 중국인 화자들이 갑자기 인식하게 되는 경우 흔히 당혹감과 함께 와해되고 만다.)

'귀지'는 죽은 사람의 유령 또는 귀신을 뜻하는 단어 '귀gui, 鬼'에서 유래되었다. '귀'라는 단어는 또 기괴한 것과 미지의 것이라는 개념을 떠오르게 한다. '귀팡guifang, 鬼方' 또는 '귀구오guiguo, 鬼國'는 '오랑캐들'이 사는 먼 이국땅을 의미하게 되었다. 고도 제국주의 시기, 특히 아편전쟁 이후에는 근대적 의미의 '귀지'가 외국인들에 대한 경멸적 용어로 광범하게 사용되었다. 청 왕조 시기에는 '양귀지yang guizi, 洋鬼子, 서양 귀신들'라는 구절이 지칭하듯이 '귀지'가 주로 바다 건너에서 온 서양인들을 지칭했다. 여기서 '중국인'/'귀지'의 구별이 '중화-오랑캐hua-yi, 華夷' 이분법이라는 전근대 지형학에 기초하고 있다는 사실을 인식하는 것이 중요하다. '중화-오랑캐'라는 이분법은 인종적 분류에 근거한 근대 서양의 식민주의 위계와는 다른 것이다. 제국주의적 유럽 중심주의가 문명화 사명civilizing mission의 정당화를 위한 인종 담론에 의존했던 반면, 중화제국 중심주의는 중화 패권주의의 문명 담론에 더 크게 의존했다. 중국 대륙에 대한 일본의 침략과 더불어 일본인들이 '양귀지yang guizi'와 구별되는 '동양 귀지dongyang guizi, 東洋鬼子, 동양 귀신들'와 '리벤 귀지'로 알려지게 되었다. '귀지'가 '일본인'과 동의어가 되어 오늘날까지 대중적 멸칭으로 남게 된 것은 항일전쟁War of Resistance against Japan 기간, 그리고 항일전쟁 승리 이후의 일일 뿐이다.

그러나 심지어 일본이 중국을 공격하고 있는 동안에도 일본인들이 항상 귀신같은 존재로 여겨진 것은 아니었다. 타케다 마사야Takeda Masaya, 武田雅哉가 보여주듯이, 제1차 중일전쟁부터 항일전쟁 시기까지 일본인들을 묘사하기 위해 더 선호된 용어는 '워렌woren, 倭人, 예속된 인간, 왜소한 인간'이나 '워구오woguo, 倭國, 노예 인간들의 나라, 왜소한 인간들의 나라'의 경우처럼 '워wo, 倭'였다. 이 용어들은 1세기 이후 중국 고전 서적들에 기록되어 있다. 다시 말하면, 자아/타자Self/Other의 구분은 근대의 주권적 국민국가 또는 국민에 근거한 것이 아니라 중화 중심주의적 화이hua-yi, 華夷 우주관에 의해 결정된 것이라는 사실을 강조하는 것이 중요하다. 타케다에 따르면, 10세기 경부터 일본에 관한 공식 담론은 '워' 사용으로부터 멀어지게 되고, 좀 더 지리적인 성격을 갖는 '리벤', '리벤구오rebenguo, 日本國', '동잉dongying, 東營' 등의 명칭으로 대체되게 된다. 중일전쟁이 발발하고 나서야, 중국 동쪽의 적을 지칭하기 위해 다시 한번 '워'가 뚜렷하게 복원되는 행운을 맞게 된다. 타케다가 이와 같은 '워'의 부활 원인에 대해 논하고 있지는 않지만, 우리는 이 지역의 질서에서 중화 중심의 모델을 유지하기 위한 거만한 시도를 보여준다고 주장할 수 있다. 타케다가 연구를 위해 의존한 『점석제화보Dianshizhai Pictorial, 點石齋畵報』에는 청나라 군대가 우월하고 일본이 문화적으로 열등하게 묘사된 선전화가 있는데, 이 그림은 아편전쟁 이후 와해 중이었고 중일전쟁으로 인해 완전히 파괴된 중화제국 질서의 외형이라도 유지하려는 욕망을 증명해 주고 있다. 항일전쟁 시기가 되면 '워'가 대중 어휘에서 거의 완전히 사라지고, '귀지'와 '침략자', '적', '왜구' 등의 근대적 멸칭들로 대체되게 된다. 내가 제안하고 싶은 것은 중일전쟁 시기 일본인과 일본을 지칭하기 위해 사용된 '워렌'과 '워구오'라는 구체적 명칭들이 화이 체계에 기초한 중화제국에서 근대 국민국가에 기초한 식민 제국으로의 전환적 국면에 기여했다는 사실이다.

화이 질서는 화hua, 漢族 또는 華를 이yi, 夷, 고대 중국의 동쪽 부족 또는 오랑캐로부터 구별하기 위한 정치 지형학이다. 화이 질서는 정태적인 것이 아니다. 중국의 영토가 역사적으로 팽창하게 되면서 이가 화 속으로 '동화'될 수 있다는 사실이 인식 가능하고 인지 가능해진다. 그럼에도 우주의 중심을 나타내는 화가 도전받거나 침해되어서는 안 된다.Sun Ge 2010 : 18쪽[2] 요컨대, 화는 대체될 수 없으며, 중화제국 내에서 일본에 대한 워렌과 워구오라는 지칭은 차이를 통제하기 위한 중화 중심 사상으로 남게 된다.

그러나 일본 유학자들은 이 화이 질서를 좀 더 유동적인 개념으로 이해했다. 지리적으로 상대화된 문명과 오랑캐 사이의 중심-주변부라는 질서 대신에, '화'와 '이'라는 용어가 호환성이 있는 두 가지 '정치 문화의 척도들'로 이해되는 것이다. 예컨대 오규 소라이Ogyū Sorai, 荻生徂徠는 화와 이가 고정된 범주가 아니라고 주장했다. 그는 고대 현자들의 가르침을 각자가 준수하는가 아닌가에 따라 화가 이로 퇴행하거나, 이가 화로 고양될 수 있는 잠재력을 가지고 있다고 주장했다.Sun Ge 2010 : 18쪽에서 재인용 항일전쟁 시기 '귀지'라는 용어의 등장은 일본과 일본인에 대한 근대의 구체적 개념만이 아니라 중국이라는 상상의 공동체를 의미하기도 한다. 요컨대, '워'가 중국의 우주관 속에서 일본의 (종속적) 위치에 대한 중화 중심적 이해를 의미했다면, '귀지'는 그와 같은 세계관의 종말과, 새롭게 재구조화된 근대 제국주의 체제 내에서 스스로의 (종속적) 지위에 대한 중국의 암묵적 인식을 가리킨다. 요컨대, '전근대' 중화 중심적 세계관을 지칭하고 경계 짓던 '워'는 시대착오적인 것이 되어버렸다.

항일전쟁에서의 귀지

1937년 「항일전쟁의 의미The Meaning of the War of Resistance, 抗日战争之意义」라는 연설에서 천두슈Chen Duxiu, 陈独秀는 항일전쟁이 일시적인 감정적 반응이 아니라, 장구한 역사적 의미를 갖는 것이라고 주장한다. 그는 반일 전쟁을 중국 근대사의 정치 변혁을 위한 일련의 혁명적 시도들 속에 위치시킨다. 그런 시도들은 예컨대 리훙장Li Hongzhang, 李鴻章의 자강운동Self-Strengthening Movement, 自強運動에서 캉유웨이Kang Youwei, 康有爲와 량치차오Liand Qichao, 梁啟超의 무술변법 Wuxu Reform, 戊戌變法까지, 그리고 쑨원Sun Yat-sen, 孫文의 공화주의 혁명Republican Revolution, 辛亥革命에서 북벌Northern Expedition, 北伐에까지 이어진다. 나아가 천두슈는 세계 제국주의 문맥 속에서 항일전쟁의 역사적 의미를 정의한 뒤, 반제국주의 전쟁 속의 일본 제국주의자들을 의도적으로 일본인들로부터 구분한다. 천두슈는 이렇게 말한다.

이 반일 전쟁은 일시적인 감정이나 민족적 복수에 기초한 것이 아니다. 그것은 정의나 인본주의나 평화와 같은 공허한 구호를 위해 싸우는 것도 명백히 아니다. 오히려 그것은 제국주의에 맞서는 피억압 민족/국민의 혁명전쟁이다. 우리의 저항

대상은 일본 제국주의이다. 그러나 우리가 싸우는 대상은 일본 제국주의자들이지, 일본 국민이 아니다. 왜냐하면 우리를 억압하는 것은 일본 군국주의와 그 정부이지, 일본 국민이 아니기 때문이다. 이 전쟁의 역사적 의미는 중국의 독립과 통일을 위해 제국주의의 억압과 족쇄로부터 우리를 해방시키는 것이다.5쪽

천두슈에게 있어 항일전쟁은 난징과 도쿄에 있는 두 정부 사이의 전쟁으로 이해되어서는 안 되며, 전체 중국 인민의 동원을 필요로 하는 반일본제국주의 전쟁으로 이해되어야 한다. 일본 제국주의에 대한 승리는 또한 중국 인민에 대한 여타 제국주의 국가들의 억압도 저지할 것이다. 천두슈의 사회주의/국제주의 관점에서 보면, 제국주의의 해악으로부터 고통받는 평범한 일본 국민을 제국주의자들과 구분하는 것이 매우 중요하다. 이 구분은 물론 그 후 1972년에 두 정부 사이의 외교 관계 정상화를 위한 외교 성명에서 저우언라이Zhou Enlai, 周恩來가 반복한 것으로도 유명하다.

　일본 제국주의자들과 일본 대중 사이의 구분은 또 항일전쟁 시기에 출판된 소위 반일 만화에서도 발견된다. 뻐드렁니에 콧수염을 한 일본 군국주의자들을 풍자한 수많은 캐리커쳐와 더불어 지루하게 이어진 전쟁으로 인해 고통받는 일본 국민을 묘사한 만화도 있다. 그런 만화들은 극심한 식료품 분배, 산화한 병사들의 유골 귀환, 일반 국민의 전면적 희생을 묘사한다. 이런 많은 만화에서 강조되는 것은 패색이 짙어가는 일본 국민의 고통과 더불어 일본 군국주의의 사악하고 착취적인 속성이다. 전쟁 노력과의 연계 속에서 창작된 시각 매체로서 반일 만화는 중국 인민의 끈질긴 저항으로 인한 일본 군사작전의 궁극적 파멸을 강조한다. 딱 한 가지, 부역자들에 대한 묘사를 제외하고는 중국인들이 영웅적이고 활기차게 묘사된 것이 이해할 만한 일이다.

부역자들은 흔히 탐욕스럽고 개처럼 비굴하게 묘사되었다.

　일본 국민이 아니라 일본 제국주의자들이 명백한 적으로 정의된다면, 그 적의 가장 직접적인 표시는 일본군 병사들이 된다. 항일전쟁 시기 대중가요가 누가 적인지를 명백히 표현한 것은 이와 같이 확인 가능한 전투요원들이 있다는 문맥 속에서이다.Sun Shen 1995 앞서 언급한 만화처럼, 대중가요의 음성 매체는 이 전쟁 동원 시기에 중요한 정동적, 정치적 역할을 수행한다. 애국수의 가사를 넣은 행군 가락은 중국 인민의 역사와 투쟁을 친양한다. 이 시기 대부분 가요는 일본 제국주의에 저항하는 중국 인민의 정신을 칭송하고, 인민들이 떨쳐 일어나 적들에게 맞설 것을 독려하고, 중국 인민과 국가에 영광을 돌리고, 새 중국의 여명을 선포하는 식으로 되어있다. 일본인들을 구체적으로 지칭하는 가요도 있다. 이런 가요에서 일본과 일본인은 '적diren, 敵人', '귀지/귀신quizi', '리벤 귀/일본귀신riben gui', '왜구rikou, 日寇', '일본 제국주의riben diguo zhuyi, 日本帝國主義', '샤오 리벤/왜놈xio dongyang, xio riben; 小東洋, 小日本', '일군rijun, 日軍', 그리고 '침략자quinluezhe, 侵略者' 등으로 다양하게 불린다. 일본인들에 대한 이런 모든 선동적인 지칭 중에서도 '귀지'와 '리벤 귀'는 일본인 살해와 직접적으로 연관된 강한 감정을 노래로 불러일으킨다. "'귀지'의 머리를 향한 장검", "우리 땅에서 '귀지'를 축출하자", "'귀지'를 죽여서 그들의 머리를 쪼개자", "끝까지 '귀지'와 싸우자" 등의 가사에서 '귀지'는 단순히 '적'이나 '일본군'을 넘어서 (실제 또는 가상의) 일본귀신의 살해 행위를 자극하는 분노와 열정을 불러 일으킨다. 중국 군대의 불굴과 용기를 칭송하는 노래에서 '일본 제국주의'나 '일본 군국주의'가 노래되는 반면, '일본귀신'은 일본 병사들에 대한 구체적 폭력 행위를 자극한다. 이와 같은 만화와 대중가요를 통해서 우리가 내릴 수 있는 결론은, 중국 본토에서 전쟁이 임박해지자 중화제국 시대의 '워'라는 용어는 일본 군국주의와 제국주의자들에 대한 좀 더 구체적인 지칭에게 자리를 내 준다는 사실이다. '귀자'는 일본 제국주의를 묘사하는 여타 멸칭들과 더불어, 죽음의 정치학과 연관된 감정과 정서가 가미되면서 지구적 제국주의라는 문맥 속에서 등장한다. 그럼에도 일본 국민을 일본 제국주의자들로부터 분리하는 신중함이 엿보이며, 이런 정서는 사회주의 시대까지도 이어진다.

사회주의 상상계 속에서의 귀지

전후 사회주의 시기에는 중국 공산주의 국가의 정당화 속에 항일전쟁의 기억들이 생생하고 중요하게 남아있다. 항일전쟁은 지구적 반제국주의 투쟁과 중국의 통일 모두를 위해 필수적이었다. 이 전쟁은 공산당과 국민당이 모두 중국 인민의 생명력의 정점과 중국 민족주의의 상징이라고 주장한 성취이다. 공산당에게 항일전쟁은 일본과 국민당에 맞선 오랜 투쟁 끝에 스스로의 정당성을 확보하기 위해 필수적이었다. 1950년대와 1960년대에는 반일 투쟁을 주제로 한 대중 영화가 많이 제작되고 광범하게 상영되었다. 이와 같은 이른바 반일 영화들은 일본에 맞선 공산주의자들의 투쟁을 공공연히 재현하여 그들의 게릴라 전술과 사회주의 이데올로기를 정당화했다. 다른 말로 표현하면, 이 반일 영화들은 일본에 관한 것이라기보다는 현대에 형성된 중국이라는 국가에 관한 것이다. 더구나, 이들 영화에서 '귀자'와 '리벤 귀지'가 일본 사람들을 지칭하기 위해 흔히 사용되기는 하지만, 이 용어들은 일본귀신들을 틀에 박힌 우스꽝스러운 인물들로 묘사하는 경향이 있다. 그들은 두려움의 대상이 아니라 조롱거리이다. 그들의 죽음은 과장되는 경우가 많고 심지어 우스꽝스러워서, 청중에게는 우리가 실제 항일전쟁 시기에 목격한 것과 같은 비분보다는 오히려 웃음을 자아내는 경우가 많다. 우스꽝스럽고 때로 터무니없는 묘사가 사람들에게 전쟁의 트라우마를 웃어넘길 수 있게 해 주었다.Xu 2007:66쪽

항일전쟁 절정기를 배경으로 제작된 고전 영화들, 예컨대 〈지뢰전Landmine Warfare, 地雷戰〉1962이나 〈터널전Tunnel Warfare, 地道战〉1965 같은 영화는 집단주의, 대중주의, 성평등, 자조self-reliance, 게릴라 전술 등의 사회주의 미덕을 칭송한다. 이런 영화들의 제목이 암시하듯이, 주로 마을 주민이나 농민과 같은 일반 인민들은 기술과 지리를 영리하게 활용한다. 예컨대, 여성의 긴 머리카락을 기폭장치로 활용해서 지뢰를 터뜨린다거나, 개인별로 지하 터널을 파서 연결하고 그 속에 숨어서 일본 군대를 파괴한다. 인민들의 투쟁은 팔로군Eight-Route Army, 八路軍에 의해 보완되고 강화되어 일반 인민과 공산주의자들 사이의 협력과 공조가 더욱 강화된다. 이와 같은 협력이 중국을 저항할 수 있게 하고, 궁극적으로 더 우수한 장비를 갖춘 근대화된 일본 제국주의 군대를 물리칠 수 있게 된다.

이들 영화에서 반복적으로 등장하는 또 한 가지 모티프는 중국인 부역자들이다. 반역자hanjian, 漢奸 또는 zougou, 走狗의 역할은 '선량한' 중국인들을 '악한' 중국인들과 구분하여 묘사하는 데 필수 불가결하다. 부역자들은 중국인의 영웅적 주체성과 반대되는 부정적 본보기로 계속 활용된다. 반역의 인물들은 또한 일본인들의 생각을 표현하기 위해 사용되기도 하며, 통역사나 비굴한 중개자로서 일본인들의 명령을 전달해 준다.

이들 영화에 묘사된 귀지는 전형적이고 개별화된 군대의 중대장이나 지휘관으로서, 마을을 공격해서 주민들을 굴복시키려고 하는 자들이다. 이런 일본인들은 항일전쟁 시기의 만화에 처음 등장한 사악한 모습에, 권위적이며 간사한 인물 재현에 기원을 둔 것이다. 그들은 알아들을 수 없는 일본말로 불

평을 늘어놓는 경우가 많으며, 일본 제국주의 전체의 만행을 의인화한다. 우리가 예상할 수 있듯이 이런 지휘관들은 영화의 마지막 부분에서 죽음을 맞이하게 되며, 관객은 중국 인민의 영웅적 승리를 축하하게 된다. 여기서 흥미로운 점은 죽어가는 이런 일본 악당들의 모습이 터무니없지는 않을지라도, 우스꽝스러워 보이는 경우가 많다는 사실이다. 영화는 승리를 축하하는 행군가와 함께 끝난다. 대화에서는 '귀지'가 더 자주 사용되지만, 이 행군가에서는 일본인들이 포괄적인 '침략자'로 지칭된다.

〈지뢰전〉과 〈터널전〉에서는 모두 일본 제국주의자들이 개별 병사에 의해 죽임을 당하는 것이 아니라 상상의 집단적 노력을 통해 죽임을 당한다. 〈지뢰전〉 마지막 장면에서 중대장 나카노는 자신의 말이 여성 전사의 총에 맞자 도망을 친다. 그는 마을로 들어가는 유일한 길 어귀의 커다란 바위 위로 꼬꾸라지는데, 그 바위에는 '요괴퇴치석Suppress Demon Rock, 鎭妖石'이라는 말이 새겨져 있다. 나카노 중대장은 '침략자들의 무덤Grave of the Invaders, 侵略者的坟墓'이라고 새겨진 높이 솟은 널빤지를 쳐다보며, 유령처럼 자신을 둘러싸고 있는 폭탄의 환영을 보게 된다. 그는 장검을 미친 듯이 휘두르며 폭탄을 피해 보려 애를 쓰다가 폭사하고 만다. 그 후에 카메라는 전장을 보여주고, 침략자에 맞선 인민의 지혜와 활력을 축하하는 승전가가 뒤따른다.

〈터널전〉에도 이와 유사한 죽음이 일본군 중대장을 기다리고 있다. 게릴라 전사들에 의해 거대한 동굴 속에 갇힌 중대장은 여러 차례 무기를 버릴 것을 요구받는데, 그 무기는 전형적인 무사도bushido, 武士道 검이다. 중대장은 요구를 거부하고, 우리는 일제사격이 가해지는 소리를 듣는다. 그 후 영화는 개활지 장면을 보여주는데, 개활지에서 주인공이 그 중대장을 움켜잡고 중국 인민들이 승리를 축하하는 모습을 목격하게 만든다. 침략자들에 맞서는 인민의 용기를 칭송하는 음악 장단과 함께 축하 장면이 뒤따른다. 여기서 중요한 사실은 일본귀신의 개별적 죽음 재현이 중국 인민의 집단적 용기와 창의성을 통해 발현한다는 점이다. 확인 가능한 한 명의 중국인 등장인물에 의해 주로 제거되는 부역자들의 몰락과는 반대로, 일본귀신은 통일된 공통의 노력을 통해 상징적으로 제거되어야만 한다.

'일본귀신들'의 풍자적 묘사를 통해 구성되는 것은 항일전쟁의 영웅적이고 긍정적인 기억이다. 일본군 지휘관의 우스꽝스럽고 터무니없는 묘사는 공산주의의 집단적 노력의 의기양양하고 미래지향적인 묘사를 강조하는 데 기여할 뿐이다. 사회주의 국가 건설 시기에 이와 같은 귀지는 마오쩌둥과 공산당 지도하의 중국 인민들이 보여주는 활력과 창의성을 고무하는 데 기여할 뿐이다. 중국인들에게 제2차 세계대전의 역사는 항일전쟁의 역사 그 자체이며, 이것은 수십 년의 '민족적 수모' 이후 중국의 자기 이미지를 위해 필수 불가결한 것이다. 그들에게 항일전쟁은 낡은 중국에서 새로운 중국으로의 전환을 나타내며, 사회주의의 승리를 예고한다. 그것은 중국 전체 인민의 애국 투쟁이었으며, 모든 중국인의 통일의 중요성을 보여주었다. 항일전쟁은 또 파시즘에 맞선 세계적 투쟁의 일부였기 때문에 세계사적으로도 중요한 의미를 갖는다.Dirlik 1991:51쪽

사회주의 이후 민족주의에서 귀지

1950년대와 1960년대의 이와 같은 항일전쟁의 긍정적 역사가 1980년대와 1990년대에 들어서는 중국의 희생이라는 부정적 역사에 점차 자리를 내주었다.Callahan 2007:2020 전후 냉전 시기에 항일전쟁은 중국의 통일과 공산

주의의 정당성을 보여주는 지표가 되었다. 그러나 1970년대 이후 사회주의 경제의 급격한 와해는 사회주의 이후 지구화 시대에 중국의 시장경제 수용이 초래한 불평등과 불만에 대처하기 위해 또 다른 이데올로기를 필요로 하게 되었다. 마오쩌둥 이후의 개혁이 문제에 봉착했다는 신호들이 1980년대 중반에 이미 나타나기 시작했다. 그리고 민족주의 정서는 발전을 위한 노력에 새로운 활력을 불어넣기 위한 수단을 제공했다. 일본 스스로가 느끼게 된 경제력과 정치력 사이의 불균형(교과서와 야스쿠니 논쟁에서 증명되었다)과 더불어 중국의 고통 효과를 더 크게 감지하는 대중 민족주의가 중국에서 등장했으며, 그것은 '난징 대학살'을 통해 정점에 달했다.[3] 사회주의에서 민족주의로의 전환은 다양한 반일 시위에 대한 국가의 암묵적 승인과 중국 국민의 타오르는 감정 사이에서 작동하는 미묘한 균형 장치의 일부가 되었다. 따라서 1980년대와 1990년대의 반일감정은 떠오르는 일본의 민족주의를 봉쇄하면서, 대대적인 경제 개혁에 따른 대중적 불만 속에 국가 권력을 정당화하는 데 기여하게 되었다.

1980년대의 반일 시위는 주로 학생들의 항의시위 형식을 띠었으며, 대체로 대학 캠퍼스 내에 한정되었다. 2005년에는 전국 규모로 시위가 발발했으며, 인터넷과 뉴 미디어 기술을 통해 동원되고 유지되었다. 인터넷은 물론 휴대전화와 같은 모바일 장치는 점점 더 중요한 정치 행위의 장이 되었으며, 이것이 소위 네트워크 사회의 일반적 현상이다. 그러나 이 기술은 또 이른바 고도로 발달한 국가들에서 상업, 통신, 엔터테인먼트, 사회운동의 필수 불가결한 요소가 되었다. 그것의 무정부적 성격, 비선형적 구조, 그리고 상대적으로 개방적이고 초국적인 특징들은 적어도 이론적으로는 어떤 사용자건 접속하여 지역적 이슈나 지구적 사안에 관한 자신의 정치적 의견을 표출할 수 있게 해준다. 그러나 기술은 사회적인 것이다. 게다가 일견 중립적이고 보편적인 것처럼 보이는 메커니즘에도 불구하고, 기술의 이용과 효과는 사용자의 구체적인 문화적, 역사적 문맥에 의해 중층결정된다. 인터넷 문화는 일본과 중국 모두에서, 특히 역사의식이 결여되었다고 흔히 질책을 받는 젊은 세대와의 관계 속에서 대중 민족주의의 등장과 관련된 다양한 해석을 촉발시켰다. 예컨대 루미 사카모토와 맷 앨런Rumi Sakamoto and Matt Allen은 일본에서 인기가 높아지고 있는 빈아시아적 '만가manga'를 일본 젊은이들 사이의 민족주의 강화와 동일시하지 않도록 주의해야 한다는 주장을 설득력 있게 제기한다.2007 선동적인 『켄칸류Kenkanryū, Hating the Korean Wave, 嫌韓流, 혐한류』같은 책들의 인기는 한국과 한국인들에 대한 만화가의 비하를 지지하는 열광적인 젊은 민족주의자들에 의해 주도되는 것이 아니다. 오히려 그것은 네티즌들에 의해 주도되었다. 네티즌들은 주요 출판사들에 의해 웹툰으로 처음 출판된 이 만화에 대한 일견 공모된 듯한 검열에 대해 혐오를 느꼈던 것이다. 네티즌들이 대중 동원 운동을 전개하자 『켄칸류』는 출판되기도 전에 이미 아마존의 탑텐 리스트에 오르게 되었고, 전통적인 광고주들은 꿈에서나 볼 법한 엄청난 소란이 이 작품을 두고 벌어진 것이다.

그러나 중국에서는 상황이 완전히 다르다. 잭 키우Jack Qiu가 주장한 것처럼2004, 인터넷의 팽창은 발전도상 국가인 중국이 기술력 확보를 통해 국가를 재건하려는 명시적인 노력의 일환이었다.106쪽 이와 같은 기술-민족주의techno-nationalism는 오랜 전통을 가지고 있으며, 쑨원에서 마오쩌둥까지 이어지는 중국 지도자들의 주요 목표였다. 중국 국가는 컴퓨터 네트워크를 주로 경제 영역에서 활용하고자 하였으나, 일반 대중 사용자 네트워크는 신기술을 추상적인 사이버 공간으로부터 사회적 중요성이 있는 유의미한 장소로 계속

변화시키고 있다. 수없이 많은 일반 대중 단체가 중국 네티즌들의 네트워크 속에서 온갖 사회 세력들 간의 복잡한 상호작용의 만화경을 탄생시키고 있다.102쪽 이들 민간단체에는 웹 기반 민족주의 운동, 해커 연합체, 청년 문화, 게이/레즈비언 집단, 그리고 채팅방, 온라인 게임, P2P 기술과 같은 다양한 채널을 활용한 인터넷의 반체제적 활용 등이 있다.

중국에서 온라인 시위는 1996년에 처음 발생했다. 그것은 그해 9월 일본의 댜오위 열도 점령에 초점을 맞춘 북경대학교의 제목이 없는 어떤 전자 게시판에 의해 촉발되었다. 그때 이후로 주요 온라인 운동들이 인도네시아1998년 여름, 나토1999년 5월, 타이완1999년 7월, 일본2000년 1월·2001년 2~3월, 그리고 미국 2001년 4~5월을 공격 목표로 삼았다.Qui 2004:116쪽 이런 온라인 활동들은 동원을 조직하고 공격 노력을 구상하기 위해 위기 발생 첫 주 이내에 주로 발생한다. 흥미로운 사실은, 많은 운동이 조심스러운 국가 당국의 압력으로 인해 온라인 애국 연대가 맺어지는 속도보다 더 빠른 속도로 급속히 증발해 버렸다는 사실이다. 이렇게 갑자기 나타났다가 급속히 사라지는 현상은 중국 사이버 공간의 대중 민족주의가 시민 참여의 조직적 양상이나 지속가능한 사회적 세력이 되기보다는 단기적인 정치적 충동에 그치고 만다는 사실을 암시한다. 그럼에도 키우에 따르면, "민족주의 담론은 중국의 인터넷 정치 영역에 침투해서 개인적 차원의 문화 정체성 형성에 핵심적 역할을 하는데, 그 이유는 이것이 좌우의 근대화 이데올로기와 달리 유일하게 국가가 조장하고 네티즌 대다수에게 호소력을 갖는 서사들을 가지고 있기 때문이다".116쪽

채팅방이나 블로그에서의 논쟁들과 달리, 인터넷은 텍스트와 이미지와 음향의 결합을 가능하게 해주며, 텍스트에 기반한 재현 그 이상의 것을 제공하는 공간들을 만들어낸다. 비디오캐스트나 팟캐스트나 플래시 영상들이 지속

적으로 생산되고, 뒤섞이며, 복사해서 붙여지고, 소비되면서 정치 행위와 엔터테인먼트의 경계선을 허물어 버린다. 2005년 반일 시위 기간과 그 후에 탄생한 현상은 인터넷상의 플래시 기반 쇼츠 클립들이 넘쳐났다는 점인데, 이것들은 다양한 방식으로 일본인들에게 모욕을 주고 민족주의 정서를 조장하는 것을 목적으로 하고 있다. 이 짧은 영상들에서 '리벤 귀지'나 '귀지'는 이전의 양상들과는 결정적으로 다른 방식으로 일본인을 지칭하는 공통의 명칭이 되었다. 앞서 살펴본 것처럼, 중국 근대사 내부분을 동들어서 일본 제국주의자들을 일본인들로부터 구별하려는 의도적인 시도가 있었다. 사회주의 이후 대중 민족주의는 지금까지는 뚜렷이 구별되던 일본과 일본인이라는 범주들을 조장하고, 자극하고, 나아가 합성해낸다. 이제 민족의 적들은 더 이상 제국주의자들 그 자체가 아니라, 일본인들이다. 이전 시기에는 '귀지'가 항일전쟁과 사회주의 혁명의 긍정적 측면을 강조하려는 의도를 가졌다면, 이제 '귀지'는 명백한 적, 곧 일본과 일본인들을 향한 것이 되었다.

두 가지 예를 들어보기로 하자. 〈다 귀지Da Guizi, Whac-a-Devil, 打鬼子〉라는 인터넷 게임은 비디오 게임 아케이드에서 인기가 있는 두더지 게임Whac-a-Mole, モグラ退治의 포맷을 따르고 있다.[4] 스타트 키를 누르면, 플레이어에게 4×4줄의 격자가 나타나고, 터널처럼 생긴 이 격자 속에서 애니메이션으로 된 일본 군인들이 두더지처럼 튀어나왔다가 들어가곤 한다. 플레이어는 마우스를 움직여서 오른쪽 클릭으로 이 병사들을 죽이라는 안내를 받는다. 게임을 시작하기 전에 메인화면 왼쪽 위에는 중국을 상징하는 붉은 별에 밧줄로 묶여서 앞뒤로 몸부림치는 일본군 병사를 보여준다. 메인화면 우측에는 게임의 원리를 해설해 주는 글이 적혀있다. 그 해설은 막대한 인적, 물적 손실3천 5백만 명의 사상자 끝에 항일전쟁을 통해 민족적 승리와 독립을 쟁취한다는 내용을 담고 있다. 그

러나 치열한 승리 이후 오늘날에는 일본의 팽창하는 군비 증강, 댜오위 열도에 대한 뻔뻔한 영유권 주장, 난징 대학살에 대한 인정 거부 등의 새로운 현실이 도사리고 있다. 이 게임은 나아가 "모든 뻔뻔한 행동 하나하나가 우리에게 마침내 모든 일본인과 일본 군국주의 정신이 가지고 있는 '중국심리支那情神'에 대해 인식할 것"을 선언한다. 일본 군국주의를 일본인들로부터 구별하던 지난날의 공통된 노력과 달리, 오늘날의 반일감정은 이 두 가지를 하나의 공통의 적으로 뭉뚱그린다.

〈일본에 저항하고 귀신들을 타도하자Resist Japan and Whack the Devils, 抗日打鬼子〉는 제목의 플래시 영상은 사이버 공간에서 '귀지'를 일본인들과 동일시하는 또 하나의 예를 보여준다. 이 영상의 영어 제목은 〈적들을 함께 죽이자Kill Them Together〉이다.[5] 애니메이션과 랩을 결합한 이 짧은 영상은 뻔뻔한 일본인들에게 복수하여 애국심을 보여줄 것을 호소한다. 이 4분짜리 클립은 중국 중심의 세계 속에서 일본이 가졌던 굴종적 지위의 긴 역사와 일본의 중국 침략, 난징 대학살, 그리고 전후 일본의 미국 의존을 회고한다. 이 클립은 용의 필연적 비상과 복수 준비에 대해 말한다. 랩 음악은 일본에 떨어진 두 개의 핵폭탄은 너무도 가벼운 처벌이라고 분노에 차서 노래한다. 그 후 이 영상은 군사적인 것에서 '문화'로 바뀌고 있는 전쟁터에 관해 이야기한다. 그리고 중국 국민들에게 일본 회사나 대중문화 같은 일본 '쓰레기'에 대해 저항할 것을 강조하며, 일본 대중문화를 소비하는 중국 젊은이들을 역사의식이 결여된 반역자와 동일시한다.

인터넷 기술 자체의 형식과 구조를 볼 때, 인터넷 반일감정을 평가하는 것은 어려운 일이다. 위에 언급한 예들은 민족주의 아젠다를 고취하는 동시에, 민족주의와 놀이(게임과 랩)를 명백히 연결시키고 있다. 소비주의와 민족주의라는 두 가지 경향은 오늘날 중국 사이버 세계의 집단 정체성 형성과정에 필수적이다.Qiu 2004:114쪽 재현의 형식을 고려할 때 이 '소비자 민족주의consumer nationalism'의 효과를 평가하는 것은 극도로 어렵다. 그럼에도 명백한 것은, (제한과 한계에도 불구하고) 민족주의가 사이버 공간에서 계속 무성할 것이라는 사실이다. 왜냐하면 민족주의는 국가가 보장하는 유일한 이데올로기로서, 그 속에서 감정과 열정이 응결되고, 적응하고, 발산되는 것이 허용되기 때문이다. 더욱 중요한 사실은, 네사 모리스-스스키Tessa Morris-Suzuki가 멀티미디어 시대의 역사 편찬에 관해 관찰한 것처럼 디지털 하이퍼텍스트는 짧은 주장이나 이미지나 클립들의 결합체를 제시하기에 적절한 탁월한 매체이며, 이를 통해 동일 사안에 대한 다양한 관점들을 표출할 수 있기 때문이다. 그러나 하이퍼텍스트는 종합하기보다는 파편화하는 경향이 있고, 제국주의, 식민주의, 또는 일반적 갈등의 복잡한 역사가 제기하는 광범한 개념적 질문들을 다루는 데는 사용될 수가 없다. 더구나 슬라보예 지젝Slavoj Žižek이 관찰한 바처럼, 순수하고 억제되지 않은 것으로 상정된 사이버 공간에서는 '실제-삶'의 상호작용을 규제하는 규칙들이 잠정적으로 중단되기 때문에, 사용자는 허용될 수 없는 자신의 충동마저도 '자유롭게' 표출할 수 있다.2006 따라서 인터넷 정체성은 실제-삶의 무기력에서 벗어나는 단순한 상상의 도피가 아니다. 오히려, 허구를 가장하여 자신에 관한 진실이 표현된다. 이 사이버 공간을 관통하는 것은 지속적인 불확실성이다. "나는 그들이 누구인지 결코 확신할 수가 없다. 그 사람들은 스스로 자신들을 묘사하는 것처럼 실제로 그럴까, 스크린 페르소나 뒤에 '진짜' 사람이 있기는 할까, 하나의 스크린 인간은 많은 사람을 위한 하나의 가면일 뿐일까, 또는 내가 상대하는 것이 '진짜' 사람을 나타내는 것이 아니라 그저 디지털화된 실체에 불과한 건 아닐까?" 인터넷 매체와 그 활용의 속성이 불확실하다는 점을 고려하면, 인터넷상에 민족주의 정서가 널리 퍼져있음에도 불구하고 그 실제 효과를 측정하는 것이 불가능하지는 않을지라도 어려운 것이 사실이다. 중요한 것은 현재의 역사적 국면에서는 대중 민족주의가 반일감정의 형식을 띠고 있다는 사실을 인식하는 것이다.

나는 중국의 반일감정이 동아시아 유일의 비서구, 비백인 제국주의 세력인 일본과의 관계 변화 속에서 중국이 차지하는 상대적 위치를 표현하기 위한 다양한 역사적 시도들을 재현한다고 주장한 바 있다. 반일감정은 따라서 일본에 관한 것이라기보다는 이 지역과 그 너머에서 차지하는 자기 위치의 문맥 속에서 중국 스스로가 갖는 자기 이미지에 관한 것이다. 나는 쇠퇴하는 제국, ㄱᄃ 제국주의, 사회주의 국가-건설, 그리고 자본주의 세계화라는 네 가지 역사적 순간에 '귀지'가 일본에 대한 선동적 표현으로 어떻게 활용되었는가에 대해 분석했다. 이를 통해 나는 '귀지'의 의미가 일본 군국주의를 일본인들로부터 구별하고자 하는 노력에서 이 두 범주를 흐리게 하고 융합하는 쪽으로 변화했다고 주장했다. 나는 또 인터넷과 같은 뉴 미디어 기술이 부상하는 중국 민족주의 정서의 새로운 형식을 만들어냈다고 주장한다. 이 민족주의 정서는 동시에 구체적이면서도 포착하기 어렵고, 수렴되면서도 확산적이다. 이 장의 마지막 섹션에서는 '일본귀신'의 의미가 바뀌어 일본인 자신들을 비난하는 용어로 사용되는 경우를 보면서, 나는 자기 반성적이고 비판적인 방식으로 사용될 때 이 멸칭이 가질 수 있는 생산적인 측면을 제시해 보고자 한다.

중국 법정의 귀지와 일본의 전쟁범죄

갈채를 받은 마츠이 미노루의 다큐멘터리 영화 〈리벤 귀지〉는 어느 8월 15일 야스쿠니 신사 장면으로 시작한다. 이 장면에서는 군국주의 옹호자들과 반전 시위자들 두 집단이 각각의 주장을 외치며 서로 충돌한다. 일부 퇴역 군인들은 전사한 동료들을 추념하기 위해 군복을 입고 있으며, 일부 우익 활동가들은 시위자들을 저지하며, 일본에서 떠나라고 소리치며 위협한다. 남녀 사람들이 평화와 일본의 전쟁에 대한 반성을 집단적으로 요구하자, 극우 민족주의 집단은 점점 더 흥분하고 과격해진다. 이 혼란 속에서 우리는 한 사내가 위협적인 폭도들에게 "우리는 유족입니다, 유족이라고요!"라고 애원하는 소리를 듣는다. 전후 번영을 만끽하는 듯한 젊은이들의 이미지와 엄숙한 음악을 배경으로 다큐멘터리 감독은 아래와 같은 말을 화면에 겹쳐 보여주며 이 영화의 의도를 알려준다.

우리 아버지와 할아버지들은 성전의 이름으로, 사실은 침략 전쟁을 위해 무기를 들었다. 그들은 전쟁에서 무엇을 했는가? (⋯중략⋯) 이 전쟁이 일본 사람들을 어떻게 희생시켰는가에 대해서는 많은 말이 있었지만, 우리가 다른 사람들을 어떻게 희생시켰는가에 대해서는 침묵과 부인만 있었다. 이 전쟁을 기억하면서 우리가 당한 희생을 말하기는 쉽지만, 우리 스스로가 한 공격에 대해서는 말하기가 어렵다. 그러나 그런 공격이 전쟁의 진정한 모습을 드러내 보여준다. 끔찍한 인간의 약한 본성을 폭로해 주기 때문이다. 우리는 미래 세대들에게 우리의 진실을 보여줌으로써 그들이 우리의 범죄를 되풀이하는 저주에서 벗어나게 해 주어야 한다.

자기 반성적이고 비판적인 입장은 접어두더라도, 아마도 이 영화가 가장 통렬하게 반향을 주는 부분은 "그 사람들이 그 전쟁에서 대체 무슨 일을 했는가?"라는 단순한 질문일 것이다. 〈리벤 귀지〉는 이어서 중국 동북부에서 열네 명의 과거 일본군에 의해 저질러진 폭력, 잔혹 행위, 강간, 그리고 여타 잔혹 범죄들에 대한 고백을 기록해 나가기 시작한다. 이 참전 병사들은 현재 대부분 80대이며, 스스로의 전쟁 경험으로부터 반세기나 떨어져 있다. 비록 일부는 노쇠해 보이지만, 은발에다 그러나 용기 있는 모습의 이 참전 병사들은 통상적인 중국의 재현이 보여주는 '일본귀신'을 닮지는 않았다. 한나 아렌트 Hannah Arendt의 아돌프 아이히만Adolf Eichmann 묘사와 매우 흡사하게, 이들은 민간인 복장을 하고 친숙한 분위기 속에서 '악의 평범성banality of evil'을 보여준다.1963 많은 감정 표현 없이, 이 사람들은 군대에서 겪은 자신들의 여러 경험과 더불어 무차별 살해, 참수, 강간, 방화, 생물학 무기 개발을 위한 생체실험, 그리고 인육 먹기에 이르기까지 자신들이 저지른 개인적, 집단적 비행들을 그저 담담하게 진술한다. 이 가해자들의 솔직하고 진지한 고백은 무엇보다 그들의 행위를 가능하게 해 주거나 정당화했던 조건들 또한 폭로해 준다. 그 조건들은 천황제, 중국인에 대한 비인간화, 동료들의 압박, 폭력에 대한 무감각이나 심지어 쾌락 같은 것들이다.

과거 제국 병사들의 설명은 신문 헤드라인, 기록물 영상, 사진들과 함께 뒤섞여 있다. 한 여성 해설자가 일본의 중국 본토 침략 확대, 일본 제국주의의 동남아시아 진격, 미국과 연합군에 대한 전면전, 그리고 마침내 원자폭탄 투하와 일본의 항복에 대해 해설한다. 전쟁 과정의 연표는 익숙한 것이다. 그럼에도 불구하고, 잔혹 행위에 대한 퇴역 군인들의 상세한 묘사는 전후 일본 서사에서 대체로 무시되었던 간단한 질문, 즉 "그 사람들이 전쟁에서 대체 무슨 일을 했는가?"라는 단순한 질문에 대해 하나부터 열까지, 그리고 개인들 간의 차원에서 답을 제시해준다. 영화의 막바지에 이르러서야 우리는 이 사람들이 고백하게 되는 배경과 동기를 이해하게 된다. 이것은 또한 이 영화의 가장 논쟁적인 측면을 구성하고 있을 뿐 아니라, 나아가 이 영화가 성취하고자 하는 정치적 사명을 손상할 위험을 안고 있다. 해설자가 원자폭탄 투하와 일본의 항복을 시간대별로 해설하는 동안, 우리는 그 당시 중국에 머물고 있던 일본군 병사 약 57만 5천 명의 곤경에 대해 알게 된다. 그들은 곧 소련에 의해 시베리아에 억류되어 강제노동에 처해졌다. 5만 5천 명의 일본군이 귀국하지 못하고 그곳에서 죽었다. 소련은 1950년 7월에 시베리아의 일본군 969명을 반중 전쟁범죄자로 중화인민공화국에 넘겨주었다. 그들은 랴오닝성Liaoning, 遼寧省의 푸순 전범관리소War Criminals Management Center in Fushun, 抚顺战犯管理所에 억류되었다. 패전 후에도 산시Shanxi, 山西에 남아 국민당과 함께 공산주의자들에 맞섰던 140명의 일본군 병사들은 타이유안Taiyuan, 太原의 산시전범관리소Shanxi War Criminal Administration, 太原战犯管理所에 억류되었다. 우리는 〈리벤 귀지〉에 등장하는 열네 명의 증언자들이 이 시설들에 억류되었던 사람들이라는 해설을 듣는다.

그다음에 우리는 치료를 받고, 충분한 식료품을 공급받으며, 운동을 하고, 문화 활동까지 누리는 전쟁 포로들의 장면을 보게 된다. 해설자는 이 참전 병사들이 주언라이 수상과 중국공산당CCP의 영도하에 인간적인 대우를 받고 있음을 강조한다. 이 장면에서 우리는 일본 병사들이 비록 억류 시설의 경계 안에서이긴 하지만 음식을 먹고, 목욕도 하고, 놀이도 하고, 웃음을 터뜨리며 살아가고 있음을 보게 된다. 차츰차츰 해설자는 중국 공산당의 자비로운 대우가 범죄자들을 너무도 크게 감동시켰으며, 범죄자들이 자신들의 전시 행위에 대해 후회하기 시작했다는 이야기를 우리에게 전해 준다. 많은 포로가 점령기간 동안 자신들의 범죄를 인정하기 시작했으며, 중국인들에게 사죄문을 쓰기 시작했다. 중국에 억류된 지 6년이 지난 1956년 6월, 이 포로들의 '귀신에서 인간으로devils to men'의 변신Kushner 2006에 정점을 찍으면서, 인민공화국 최고인민법원Supreme Court of the People's Republic, 中华人民共和国最高人民法院下에 특별군사재판Special Military Tribunal, 特別军事法庭이 열리게 된다. 억류된 1,062명의 일본인 중에서, 그리고 사망하거나 자살한 사람을 제외하고 45명만 기소되었다. 그 나머지는 이 재판 직후 바로 일본으로 돌려보내졌다.

이 재판 기간에 우리는 참전 병사들이 자신들의 범죄를 상세하게 고백하며, 피해자들의 상처입은 육체들을 대면하자 평정을 잃고 울부짖는 모습을 보게 된다. 우리가 중국인 생존자들의 목소리는 들을 수 없지만, 그들의 신체적 부상은 물론 그들의 분노와 감정은 가해자들과 영화 관객 모두에게 명백히 드러난다. 그러나 가해자들의 목소리만 들리고, 그것마저 울부짖으며 고백하는 그들의 이미지 위에 겹쳐 있기 때문에 이 영화는 흔히 이런 대면과 연관된 정서와 감정은 배제돼 있다. 기소된 사람들은 8년에서 20년 사이의 형을 선고받았지만, 대부분은 형기를 모두 채우기 전에 석방되었다. 1956년 6월에서 8월 사이에 모든 전쟁 포로들이 석방되어 일본으로 돌려 보내졌다.

이 병사들이 돌아왔을 때 일본은 그들이 떠날 때의 일본과는 달랐다. 해설자는 1956년을 '전후'의 종말이자, 그 후 몇십 년간 진행된 일본 '경제 기적'의 새벽을 알리는 해라고 설명한다. 민족적 자신감이 커지고 일본의 아시아 전쟁에 대한 의식이 희미해지면서, 귀환자들은 공산주의자들의 손에 의한 세뇌와 이념적 전향의 의심을 받게 된다. 냉전의 심화와 더불어 많은 참전 병사는 결혼은커녕 일자리 찾기에도 실패하며, 경찰의 감시하에 놓이게 되고, 곧

경에 직면하게 되고, 조롱을 감내해야 하게 되었다. 이 다큐멘터리 영화는 몇몇 병사들이 일본에서 일본의 전쟁 잔혹 행위에 대해 침묵을 깰 것이라고 주장하면서 끝난다. 특히 그들은 기성세대의 범죄에 대해 속죄하기 위해서는 젊은 세대들이 전쟁의 공포를 되풀이하지 말아야 하기 때문에 젊은이들에게 침묵을 지키지 않을 것이라고 주장한다.

이 사람들이 중국 시설에 억류되었다는 사실이 갈채를 받지는 못해도 공개적으로 인정되었으며, 그들에게 인간적인 대우가 주어졌다는 사실은 오히려 그들의 증언의 '신빙성'에 의심을 드리울 뿐이었다. 예측 가능한 일이지만, 민족주의자들은 그들의 고백을 세뇌와 허위라고 반박했으며, 심지어 자유주의자들과 그들에게 공감을 가진 사람들마저 조심스러워했다. 피해자들에 의한 것이건 가해자들에 의한 것이건, 모든 증언이 다양한 차원의 의심의 눈초리로 보여진다는 사실은 전혀 새로운 것이 아니다. 한국의 과거 '위안부'들이 공유하고 있는 세세하고 반복적인 설명들^{제3장을 볼 것}은 자신들의 집단 경험의 진정성을 알리려는 노력이며, 또한 자신들의 학대와 고통에 대한 반박할 수 없는 사실들을 제시하려는 노력이다. 공산주의자들의 너그러운 용서가 유리한 홍보를 위한 정치적 계산에 근거한 것이라는 점은 의심할 여지가 없다. 그렇다고 해서 속죄하는 이 병사들에 의해 중국 대중에게 폭력 행위가 가해졌다는 사실이 배제되는 것은 아니다. 그들의 고백이 전후 일본인들에게 불편하다거나 타당해 보이지 않는다는 사실은 냉전 시기 미국 패권하에서의 탈제국주의화의 결핍과 신속한 민주주의와 탈군국주의로의 '부활'에 대해 수없이 많은 것을 말해 준다. 고백의 진실성은 잠시 접어두더라도, 우리는 다음과 같은 명백한 질문들을 제기해야 한다. 중국 공산주의자들은 왜 일본군 전쟁 포로들에게 복수를 가하는 대신 인간적으로 대했을까? 전쟁범죄 재판을 진행하고도 곧이어 일본 병사들을 석방한 공산주의자들의 동기는 무엇이었을까? 중국에서 열린 일본 전쟁범죄 재판의 역사적 배경을 검토함으로써, 우리는 동아시아에서 탄생한 냉전 구조의 효과와 이 재판 이면에 있는 동력과 그에 따른 일본군 병사들의 증언을 더 잘 이해할 수 있다. 나의 주장은 그 퇴역 군인들의 고백이 더 큰 역사적, 정치적 요구에 의해 조건 지워진 것이라 할지라도, 그들의 목소리는 전달되어야 하고 반추되어야 한다는 것이다. 오늘날 일본과 중국 본토 사이의 군사적, 민족주의적 긴장이 커져가는 와중에 특히 더욱 그렇다.

제목이 적절한 저서 『인간에서 귀신으로, 귀신에서 인간으로─일본의 전쟁범죄와 중국의 정의Men to Devils, Devils to Men: Japanese War Crimes and Chinese Justice』2015에서 바락 쿠쉬너Barak Kushner는 일본의 제국주의 행태들을 법적으로 심판하기 위한 전후 중국 문맥에서의 법률적 실천들에 대해 상세하고 포괄적인 분석을 제시한다. 캐롤 글럭Carol Gluck은 기억의 네 가지 영역, 즉 공공 기념과 교과서를 통한 공식 기념, 영화와 문학을 통한 지방적 기억, 개인적 기억, 그리고 기억에 대한 대중적 논쟁들을 제시한 바 있는데, 여기에다 쿠쉬너는 다섯 번째 영역, 곧 법률적 제도적 기억을 하나 더 추가한다. 쿠쉬너는 법률적 기억이 중요하다고 주장하는데, 그 이유는 "그것이 미래에 대한 구체적이고 기속적인binding 영향력, 예컨대 평화 조약이나 법률 분쟁이나 소송 그리고 법률적 판례 등에 영향을 미치기 때문이다". 더구나, "법률적 기억은 법정에서 기록되고, 국제 관계의 기초로 활용되며, 따라서 외교 정책에 영향을 미칠 결정의 초석을 형성한다. 이 요소들이 국제법과 맺는 연결 고리 때문에 그 영향력은 더욱 가치가 있다".2015 : loc. 488 of 8886 쿠쉬너는 따라서 시작 단계부터 중국의 재판을 초국적 수행으로 이해한다. 이 초국적 수행을 바탕으로, 새로 탄생한 인민 공화국은 국제법을 매개로 스스로를 전후 세계무대 위에 기입해 넣고자 한다. 일본의 전쟁범죄에 대한 공산주의의 너그러운 정의를 세계에 보여준 것은 일본이 미국의 지원에 등을 돌리도록 유혹하기 위한 중국 공산당 선전 운동의 필수 요소가 되었다.

우리가 비록 푸순 재판을 공산주의 선전이라고 인정하더라도, 중국의 재판이 갖는 중요성은 이 재판들이 도쿄 재판에 대한 비서구적 비판을 제공했다는 사실에 있다. 쿠쉬너는 서구 중심의 도쿄전범재판Tokyo Trial, 東京戰犯裁判과 1956년의 공산당 재판을 대비시킨다. 그는 이렇게 주장한다.

> 도쿄전범재판은 평화에 대한 범죄, A급 전쟁범죄를 중심축에 두었다. 그 결과 전통적인 전쟁범죄와 인류에 대한 범죄는 대중적 관심을 끌지 못했다. 전체적인 법률적 초점은 전쟁의 시작, 또는 전쟁 시기의 책임에 대한 논쟁, 그리고 전쟁 지속 정책들에 맞춰졌다. 그러다 보니, 그 공적이 없지는 않지만 극동국제군사재판 International Military Tribunal for the Far East, IMTFE, 極東國際軍事裁判은 본질적으로 정치적 지향성을 갖는 논쟁이었고, 따라서 전시 잔혹 행위들에 관한 논쟁이나 잔혹한 군사적 행위는 대부분 서사의 영역 바깥으로 밀려나서 최근까지도 여전히 역사의 울타리 너머에 있다. 2015 : loc. 5620-25 of 8886

다시 말하자면, 중국의 재판은 B급과 C급 범죄에 초점을 맞춤으로써 승자인 서양(미국)의 정의와 대조를 이룬다. 그리고 그것은 도쿄 재판이 전반적으로 무시했던 바로 그것, 즉 중국 민간인들에 대한 일본의 전시 폭력을 대면할 수 있었다. 히로히토 천황을 재판에서 면제시키고 극소수 A급 전범들에게만 초점을 맞춤으로써, 전후 일본과 미국이라는 일본의 대지배자는 모두 아시아에서 저지른 각각의 전쟁범죄로부터 스스로를 무죄로 만들 수 있었다.

재판에 대한 공산당의 선전 활용에도 불구하고, 중국의 재판은 전후 일본의 극동군사재판이 결하고 있는 핵심 문맥을 전면에 제시해 준다. 그것은 자기 행위에 대한 자기 반성과 생존 피해자들에 의한 대면이다. 중국에서의 형사 재판은 아이러니컬하게도 퇴역 군인들에게 공개적으로 말할 수 있는 용기를 주었다. 린다 호우글런드Linda Hoaglund는 참전 병사들이 카메라에 대고 자유롭게 증언할 수 있다고 느끼게 된 한 가지 이유는 일본의 전쟁범죄에 가담한 대부분의 하급 병사들과 달리, 그들은 비록 중국에서이긴 하지만 실제로 특별군사법정의 재판을 받았고, 또 이미 중국의 피해자들에 의해 대면되었기 때문이라고 추론한다.2003 : 9쪽 호우글런드는 이것을 전후 독일의 상황과 비교한다. 그러면서, 나치 전쟁범죄에 대해서는 한계를 규정한 법령이 따로 없기 때문에 만약 전직 나치가 자신의 범죄를 인정하고 나서면 나이나 범죄와의 거리와 관계없이 당연히 투옥되고 기소될 것이라고 지적한다. 일본의 증인들은 법률적으로 기소와 투옥을 면제받았고, 이 사실이 아이러니컬하게도 일부로 하여금 일본 군국주의에 대해 반대 증언을 하게 만들었으며, 자신들의 개인적 범죄를 인정하게 만들었다.9쪽

과거의 제국에 억류되었던 퇴역 군인들의 경험을 귀국해서 전후의 폐허와 번영을 겪으며 살았던 사람들의 경험과 비교해 보면 시사하는 바가 많다. 하라 카즈오Hara Kazuo, 原一男 감독의 영화 〈천황의 군대는 진군한다The Emperor's Naked Army Marches On, ゆきゆきて神軍〉1987는 예컨대, 퇴역 군인인 주인공 오쿠자키 켄조Okuzaki Kenzō가 설명되지 못한 동료 두 명의 죽음에 관해 상관들을 찾아서 대면하는 노력을 추적한다. 이 다큐멘터리 영화에서는 희생자들이 중국 민간인들이 아니라 일본 병사들이지만, 우리가 보게 되는 것은 오쿠자키의 독특

한 진실 추구 방법과 폭력적 성향만이 아니다. 그 외에도 우리는 동료 병사들에 대한 흉악 범죄식인에 책임이 있는 자들의 지속적인 부인과, 회피와, 거부를 보게 된다. 일본 정부가 단 한 명의 퇴역 군인도 전쟁범죄로 법정에 세운 적이 없기 때문에, 오쿠자키는 동료 병사들에 대한 정의를 추구하기 위해 비전통적 방법에 의존해야만 한다.

쿠쉬너와 호우글런드는 모두 일본군 병사들과 중국 관리인들 사이에 형성된 우정이 심지어 귀국 후에도 이어졌다는 사실을 언급한다. 짧은 기간 지속된 중국귀환자연락회Chinese Returnees' Association, Chūkiren, 中国帰還者連絡会, 추키렌, 1956~2002는 젊은 세대들이 똑같은 실수를 반복하지 않도록 하기 위해 퇴역 군인들이 자신들의 범죄에 관해 출판하고 공개적으로 말할 수 있는 플랫폼을 제공했다. 중국의 재판에 관한 쿠쉬너의 법률적 기억과 전후 일본 제국의 망각 속에 가해자들의 증언을 위치시키는 호우글런드의 노력은 〈리벤 귀지〉에 관한 세뇌와 선전의 이야기를 구원과 화해, 용서와 치유의 문제로 전환시킨다. 리사 요네야마Lisa Yoneyama는 나아가 명목적인 정의와 화해의 절차를 벗어나 있는 중국의 정책과 귀환자들의 경험이 가져오는 '미필적 결과'를 옹호하기도 한다. 그녀는 이렇게 주장한다.

귀환연추키렌 회원들의 회오는 그들이 전시의 적인 대타자에게 가한 엄청나고도 절대로 회복할 수 없는 손상을 직접 대면한 결과로 탄생한 것이다. 그들의 자기학습 속에서 일본인들은 용서할 수 없고, 일본의 전쟁범죄는 회복을 넘어서는 것이었다. 그들에게 관용은 피해자들이 그들을 용서했다는 것을 의미하지는 않았다. 그것은 단지 일본의 범법자들이 '영원히 용서받지 못한 자the forever unforgiven'로서 자유롭게 살아갈 수 있다는 것을 의미할 뿐이다. 피해자를 화해의 지평과 용서의 경제 속으로 들어오라고 요구하는 대신에, 자기 판단의 실천은 피해자와 범법자 사이에 근본적인 통약불가능성을, 그리고 그에 따른 무조건적 박애unconditional fraternity를 성취해냈다. 그것은 일본인 전쟁 포로들을 국가 선전의 의도된 변증법으로부터 영원히 분리시키는 하나의 수수께끼, 데리다가 말한 '해결불가insoluble'를 낳았다. 2016:134쪽

쿠쉬너의 용어를 사용해서 말하자면, 일본귀신들이 다시 한번 인간이 되게 해주는 것이 바로 이 '무조건적인 박애unconditional fraternity' 이다.

제3장

수치스런 육체, 육체의 수치

'위안부'와 한국의 반일감정

들어가며

나로서는 '위안부'에 관한 글을 쓰는 게 쉬운 일이 아니다. 2007년 3월 나는 내가 가르치고 있던 대학의 한 학생 단체가 과거 위안부였던 김옥순Kim Ok-Sun 할머니를 초청연사로 모신 자리에 토론자로 참석해 달라는 부탁을 받았다. 김 할머니는 증언하는 사이사이 자주 눈물을 흘렸다. 증언이 끝난 후에 내 동료 패널리스트가 인권에 관해 길게 이야기했다. 내가 말할 차례가 되었을 때 나는 약간의 분노까지는 아닐지라도 극도의 불편함을 느꼈다. 나는 자기 생각에 도취되고 과잉 특권을 가진 학생들이 이 행사를 스스로의 반성 없는 독선과 도덕적 우월감을 조롱하는 계기로 활용하는 것에 대해 화가 치밀었다. 나는 김 할머니에 대한 배려나 감수성도 없이 김 할머니의 경험을 인권 담론의 하위 범주로 강등시켜 버린 내 동료의 (의도한 것은 아니지만) 은혜를 베푸는 듯하고 보편화하는 태도에도 짜증이 났다. 내 생각에 김 할머니는 필경 똑같은 증언을 반복하면서, 그 끔찍한 경험을 수도 없이 되풀이하며 살았을 것이다. 대실 김-깁슨Dai Sil Kim-Gibson처럼 나도 유괴되기 전의 삶은 어떠했냐고, 일생에서 좀 더 행복한 시절은 언제였냐고 김 할머니에게 물어보고 싶었던 게 사실이다.Kim-Gibson 1997 : 255쪽 나는 그 대신에 내가 이 행사 직전에 잠깐 그녀와 일본말로 대화를 나눌 수 있었던 아이러니와 제국주의의 흔적에 관해 이야기했다. 세대와 대륙을 떠나서, 김 할머니와 내가 소통할 수 있는 유일한 수단이 그녀에게 성노예가 되라고 명령한 바로 그 제국주의의 언어 속에 있었던 것이다.

개인적 경험을 제외하더라도, 위안부 문제에 대해 글을 쓰기가 어려운 이유는 역사적 진실 추구와 이 여성 사신들을 피해자나 증인으로민 주변화하려는 경향 사이의 긴장 때문이다. 역사적 진실 추구는 일본 제국의 폭력을 폭로하고 그에 대한 사죄와 보상 요구를 정당화한다. 이 여성들을 주변화하려는 경향은 이들 스스로가 공개적으로 증언하면서 내면화한 것인데, 그것이 그들이 호소할 수 있게 하는 유일한 담론이자 출구이기 때문이다. 레이 차우Rey Chow의 용어를 빌리자면, 위안부들은 그들이 피해자라는 사실 때문에 희생당해야만 한다.2012 : 86쪽 변영주Byun Young-Joo의 10년에 걸친 삼부작 다큐멘터리가 위안부들의 삶에 대한 가장 흥미로운 연구 중 하나가 되는 이유는 바로 이와 같은 문맥 속에서이다. 이 이슈에 대한 명목상의 다큐멘터리들과 달리 변영주의 삼부작에는 사실성을 가미하기 위해 통상적으로 사용되는 역사적 장면들이 완전히 배제돼 있다. 그 대신에 변영주의 영화는 한 무리의 여성들을 추적하는데, 예컨대 매주 수요집회 참가를 포함한 그들의 일상적 활동을 기록하고 있다. 이 다큐멘터리 영화는 인터뷰 형식을 통해 위안부 여성들이 성노예 시절과 해방 후 고통의 경험에 관해 이야기하게 만든다. 영화가 전개되면서 감독과 증언자들 사이의 딱딱한 구분이 사라지기 시작한다. 여성들은 자신들이 영화에 찍히고 있다는 사실을 인식하기 시작할 뿐 아니라, 능동적으로 카메라에 관여하기도 한다. 〈낮은 목소리 3 ─숨결My Own Breathing〉에서는 과거 위안부였던 이용수Lee Young Soo 할머니가 영화 대부분에서 감독 역할을 대신 떠맡아서, 이곳저곳 다니면서 다른 위안부 출신 여성들을 인터뷰한다. 선정성과 감상주의를 배제한 결과 이 영화는 날것 그대로의 감각을 보여주는데, 그것이 아이러니컬하게도 이 영화를 더욱 사실적으로 만들고, 인정과 보상과 배상을 위해 투쟁하는 복잡하고 협동적인 존재로 이 여성들을 인간화해낸다. 변영주의 삼부작에 나타난 수치와 육체 문제의 분석에 들어가기 전에 우리는 한han, 恨이라는 지배적 정동을 검토하는 것이 유용할 것 같다. 한은 격동의 한국 역사에 대해 비통해하는 한국인들에게 고유한 문화주의적 정서로 간주되는데, 동시에 한국 민족의 활력을 옹호해 주는 것이기도 하다.

극단적 민족주의와 그 불만

한국에서의 다음과 같은 두 가지 반일감정 관련 행동을 검토해 보자.

2001년 8월 13일 비가 억수로 쏟아지는 가운데 서대문형무소 앞에서 반일 시위를 하던 스무 명의 젊은 한국 남성들이 "사죄하라, 사죄하라!"라고 외치며 자신들의 새끼손가락 끝을 잘랐다. 서대문형무소는 일본 식민통치 기간에 한때 해방 투사들을 수감하는 감옥으로 사용되었다. 이 격노한 젊은이들은 일본 전몰자들을 추도하기 위한 고이즈미 준이치로 일본 총리의 말썽 많은 야스쿠니 신사 참배 계획에 항의하고 있었다.

2005년 3월 15일 서울의 일본 대사관 앞에서 시위를 하던 중 박경자라는 67세 여성은 잡초 가위로, 조성규라는 40세 남성은 칼로 각자 자신의 손가락을 하나씩 잘랐다. 이것은 한국 사람들과 일본 사람들이 각각 독도Dokdo, 獨島와 다케시마Takeshima, 竹島라고 부르는 고독한 그러나 논쟁적인 일련의 섬에 대한 일본의 영유권 주장에 대한 항의 표시였다.

여타 형식의 반일 시위에는 일본 대사관 앞에서 분신하거나, 260,000마리의 꿀벌로 자기 몸을 감싸거나, 가금류의 목을 치는 행위 등이 포함되어 있었다. (평범한 것과 대비되는) 이와 같은 극단적 민족주의 행위들Billing 1995은 일본에 대한 한국의 뿌리 깊은 비분과 트라우마를 폭력적으로 실현한 것이다. 그것은 일본의 35년간의 한반도 식민통치와, 그 후 전쟁 책임에 대한 일본의 호도와 부인, 그리고 식민주의의 해로운 유산으로 인한 것이었다. 손가락 절단의 상징적 의미는 차치하고, 감정적 표현으로서의 이와 같은 신체 손상 행위들은 탈식민적 현재 속에서 유지되는 '일본'에 대한 적대감에 대한 우리의 관심을 요구한다. 일부 여성들도 열광적 시위 행위에 참여하는 게 사실이지만, 아마도 이런 행위들은 '남성적'이거나 '과잉남성적hypermasculine'인 것이라고 묘사하는 것이 가장 좋을 것이다. 민족주의가 언제나 젠더화된 담론이었다는 사실은, 특히 과거 피식민 민족들에 있어서 놀랄 만한 일이 아니다. 제국주의 폭력과 그에 대한 저항은 젠더 경계선을 따라서 구성되는 경우가 많고, 여성에 대한 폭력이 남성 적들에게 모욕을 주기 위해 실행되고 활용되기 때문이다. 이런 점에서 극단적 (또는 초극단적) 남성 반일 민족주의는 그 상징성과 수행적 효과에도 불구하고, 궁극적으로는 일본 제국주의와 공모 관계로 남는다. 반일감정이 단선적이고 외부 지향적인 것으로서 식민의 상처를 과잉 보상받고자 하는 카타르시스로만 남는다면, 그것은 가부장적 국가의 이름으로 스스로의 내부 폭력과 모순을 흐리게 만든다. 일본과 한국의 남성적 묵인 가운데 가장 잘 알려져 있지만 여전히 해결되지 못한 문제는 필경 위안부 문제일 것이다.[1]

정확한 숫자에 대해서는 여전히 논란이 있지만, 1932년부터 1945년 사이에 수만 또는 수십만 명의 젊은 여성들이 여러 나라에서, 그러나 80~90퍼센트는 한국에서, 일본 제국 군대에 의해 유괴되고, 강간당하고, 동원된 것으로 추정된다. 제국 내 여러 곳의 '위안소comfort station'에서 성노예로 봉사하기 위해서였다.[2] 여성들의 증언과 역사 기록들은 감금되어 있는 동안 그들이 심리적, 육체적으로 고문과 학대를 당한 수많은 사례들을 보여준다. 그들은 보상이나 적절한 의료 처치도 없이 하루에 열 명 내지 스무 명의 남성들에게 '봉사'하게 되어 있었다. 이 여성들의 70퍼센트는 종전 전에 사망한 것으로 추정되며, 상당수는 결코 귀환하지 못한 것으로 추정된다. 살아남아서 '해방' 이후 한국으로 귀환한 사람들마저도 '정상적인' 삶으로는 귀환하지 못했다. 성병과 육체적 학대로 인한 신체적 질환들이 심각한 심리적, 정서적 트라우마와 겹쳤기 때문이다. 성에 대한 엄격한 유교 윤리가 수치와 죄책감을 초래했고, 독립 후 경제에 집중한 한국의 군사 권위주의 정권하에서 수치와 죄책감은 이 여성들로 하여금 천민이 되지 않기 위해 침묵하도록 강요했다. 1991년 8월 4일 여성단체, 종교단체, 기타 민간단체들의 지원을 받은 김학순이 일본군 성노예로 겪은 자신의 시련을 자세히 공개하자 마침내 이 침묵이 깨졌다.

전쟁과 해방 후의 일본과 한국은 냉전 구조에 포위되었고, 베트남과 한반도의 열전 속으로 빨려 들어갔으며, 이 지역의 자본주의 재구조화로 인해 발생한 요구들 앞에서 위안부 문제는 억제는 아닐지라도 거의 잊혀지고 묵인되었다. 1990년대 초반 김학순 할머니의 공개 증언 이후 이 문제가 국제적 관심을 끌게 되자, 일본 정부는 어떠한 비행도 부인하고 두 나라 사이의 외교 관계를 정상화한 1965년의 한일기본조약을 언급하며 대한민국에 대한 모든 식민주의의 보상은 이미 완료된 것이라고 주장했다. 한국 정부도 더 이상의 어떠한 배상 요구도 포기한다는 데 합의했다.[3] 오늘날까지도 공식 담론으로 지속되고 있는 이와 같은 정당화는 1960년대에는 위안부 문제가 금지까지는 아닐지라도 은폐되었다는 사실만이 아니라, 인류에 대한 범죄crimes against humanity는 외교 협상에 의해 간단하게 상쇄될 수 있는 것이 아니라는 사실을 무시하는 것이다. 2005년에 한국 정부는 40년간 기밀로 유지되었던 1,200쪽의 외교 문서들을 공개했는데, 이 문서들은 1920년부터 1945년까지의 일본 식민통치에 대한 배상으로 한국 정부가 8억 달러의 청구권자금과 연성차관soft loan을 일본으로부터 받은 후에는 정부 자원이건 개인 차원이건 더 이상의 보상을 요구하지 않기로 합의했다는 사실을 폭로해 주었다.[4]

식민지 문제에 대해 화해한 것으로 간주한 이와 같은 두 국가 사이의 합의는 이 지역에서 개발중심주의와 반공주의라는 미국의 정책을 준수하도록 요구한 전후 냉전기 자본주의 재구조화의 문맥 속에서 이해되어야 한다. 한국에서는 군사적 권위주의하의 '압축 근대화compressed modernization'가 하층 계급과 여성과 저교육층과 노인들에게 끔찍한 결과를 초래했다. 비록 외교적 선의가 식민통치와 제국주의 폭력에 대한 국민의 트라우마적인 기억들을 지울 수는 없지만, 국가는 일관된 목적과 계급 특권적 경제 발전을 위해 반일 정서를 활용하고자 했다. 그것은 내부의 차이를 억압하고 국가 정책과 관계된 모순을 흐릴 수 있도록 국가 스스로 내세운 남성적 민족주의 형식을 성취하기 위한 것이었다.Cho 2001 위안부 문제는 따라서 전쟁과, 여성에 대한 젠더화된 폭력gendered violence against women과, 인종화된 폭력racialized violence에 관한 세 겹의 이야기이다. 그것은 대부분 아시아의 여성들, 주로 빈곤층과 저교육층 가정 출신 여성들에게 가해졌다. 이런 점에서 인종(제국주의), 계급(자본주의), 젠더(성차별주의)가 복잡하지만 명백한 방식으로 뒤엉켜 있다. 그러나 민족주의가 반식민, 반제국주의 충동의 유일한 행위자이자 결정자인 한, 그 획일적인 힘은 젠더 문제(가부장제)와 계급 차이(자본주의) 문제를 억압할 뿐이다. 위안부 문제는 이와 같은 '가부장적 식민 자본주의patriarchal colonial capitalism'라는 문맥 속에서 고려되어야 한다. 서정희Chunghee Sarah Soh가 이것을 현명하게 표현하고 있다.

한국의 위안부들은 이것을 가부장적 식민 자본주의 문맥 속에서 구체화한다. 경제적, 정치적, 문화적 세력들에 의해 행사되는 구조적 폭력, 주로 젠더, 계급, 인종, 민족적 불평등과 권력 불균형 등의 폭력이 일상생활 속에 깊이 뿌리박힌다. 그것은 위계적으로 조직된 사회관계 상황 속에서 한 범주의 사회적 행위자나 집단이 다른 행위자나 집단에 대해 통상적으로 가하면서도 처벌은 받지 않는 권력의 학대적, 비하적 행사에서 명백히 드러난다. 한국의 위안부들은 성차별주의, 계급주의, 인종주의, 식민주의, 군국주의, 그리고 자본주의적 제국주의가 서로를 상보적으로 강화하는 수렴 현상의 피해자들이다.2008:xiii쪽

과거 위안부들의 1991년 12월 '폭로'는 동아시아에서 탈냉전 시대의 도래를 알렸다. 최소한 냉전 구조하에서는 미국의 패권과 일본의 공모로 인해 일본의 식민주의와 제국주의적 폭력에 대한 심문이 억압되었다는 사실을 고려하면 그렇다.

이 장에서 나는 위안부의 주체성에서 필경 가장 두드러진 두 가지 특징, 즉 수치의 정동과 육체의 비유를 통해 위안부에 관한 변영주의 삼부작 〈낮은 목소리The Murmuring〉1995, 〈낮은 목소리 2Habitual Sadness〉1997, 〈낮은 목소리 3 − 숨결 My Own Breathing〉1999을 분석하고자 한다. 첫째, 나는 순응과 묵종 속에서 사회적으로 강제되고 젠더화된 '수치shame'라는 정서는 침묵을 깨기로 결정하는 이

여성들의 딜레마와 용기를 관객들에게 가시화해서 보여준다는 사실을 주장하고자 한다. 한국 민족주의 담론에서의 문화주의적 정서인 '한'과 달리, 수치 또는 차라리 다르게 표현해서 수치감의 극복은 협상의 잠재력을 가지고 있을 뿐 아니라 화해의 정치학을 향해 나아갈 수 있는 잠재력도 가지고 있다. 물론 그 협상과 화해는 (이 여성들의 주장을 부인하는) 일본이라는 국민국가가 아니라 가족과 사랑하는 사람들과의 협상과 화해를 말한다. 둘째, 만약 수치가 이 여성들의 존재에서 가장 두드러진 정동적 차원을 구성한다면, 그들의 늙어가는 육체는 그들의 고통의 물질성을 우리에게 상기시키며, 탈식민 폭력의 잔혹상을 뚜렷이 드러내는 피할 수 없는 시간의 흐름을 우리에게 상기시킨다. 눈에 띄게 늙은 이 여성들의 육체를 죽어가는 그러나 은폐되는 히로히토 천황의 육체, 그리고 그의 죽음을 둘러싼 국가적 애도를 병치시키고 연결함으로써 나는 육체가 차별적인 가치를 갖고 또 그렇게 평가된다고 주장할 뿐 아니라, 제국 체제의 비겁이 일본 제국주의와 식민주의에 대한 쇼와 천황Showa Emperor의 책임을 다시 한번 폐기시켜 버린다고 주장하고자 한다.

한과 문화적 민족주의

문화민족주의는 언제나 젠더의 정치학에 의해 고취되어 왔다. 전쟁과 해방 이후의 한국도 예외가 아니다. 나는 젠더와 문화민족주의의 중첩은 지구 자본주의 속에서의 한국(과 기타 후발 산업화 국가들late-industrializing state)의 '압축 근대compressed modernity'라는 문맥 속에서 이해되어야 한다고 주장한다. 한국에서는 획일적 경제발전 드라이브가 문화민족주의가 흐리게 하고 억압하고자 하는 불평등과 사회 모순을 탄생시킨다. '따라잡고' 근대화하기 위해 한국 사회는 유리한 자본 흐름과 미국의 냉전 정책과 더불어 민족주의적, 발전론적 모델을 진수시켰다. 이것은 1997년 11월 IMF국제통화기금, International Monetary Fund 위기 때 와르르 무너졌다. 조한혜정Cho Han Hae-joang의 주장처럼, 국민kukmin, 국가의 구성원과 가족kajok 개념은 그가 '식민지적 압축성장compressed colonial growth'이라고 칭하는 한국의 현대 삶의 구성에 있어서 가장 큰 힘을 발휘하는 두 가지 기표였다. 압축적 발전의 요구는 거대한 국가 권력과 가부장적 가족만 있고 시민과 독립적 개인은 없는 사회를 만들어냈다. 그다음에 국민은 가족과 더불어 압축성장을 가능하게 했다. 여기서 중요한 것은 많은 후발 산업화 국가들처럼, 한국에서도 민족주의가 세계화와 모순되지 않는다는 사실이다. 사실은 이 두 가지 개념은 서로를 강화해 주며, 적대적이라기보다는 구성적인 것으로 보인다.Lee and Cho 2009 그러나 IMF 구제와 같은 위기의 순간에 민족주의는 국가를 구하기 위해 동원된다.

반일 정서와 반공주의는 해방 이후 한국 민족주의를 떠받치는 추동력이었다. 소위 탈식민, 탈냉전 시기에도 이와 같은 적대감은, 냉전 시기에는 권위주의적 개발중심주의 국가, 그리고 좀 더 최근에는 지구화 체제하의 신자유주의적 개발중심주의 국가의 요구와 욕구에 따라 민족주의적 동원을 위한 강력한 원천으로 살아남는다. 역사적인 식민주의의 폭력과 현대의 경제적 혹독함이 한국의 남성성과 가부장제로부터 권력과 권위와 정당성의 의미를 박탈해 버렸다. 식민지 시대에는 아버지가 가정과 국가에 대한 유교적 영향력을 박탈당해서 식민주의적 근대화나 과학과의 관계에 있어서 전통적이라거나 맞지 않는 것으로 간주된다. 압축 근대 시기에 아버지는 생계 제공자로 격하되었지만, 동시에 가족 중에서 가장 도구화되고 고립된 구성원이 되었다. 많은 학자가 주장했듯이, 남성성의 위기는 모욕과 거세의 불안에 대처하기 위해 문화 영역에서 김경현Kyung Hyun Kim이 '재남성화remasculinization'라고 부르는 현상을 통해 스스로를 드러낸다.Kim 2004[5] 한국의 거장 임권택Im Kwon-Taek에 대한 비판적 평가에서 최정무Chungmoo Choi는 임권택의 미학과 한국의 문화민족주의 사이의 구조적 유사성을 설득력 있게 보여준다. 최정무가 주장하는 더 중요한 사실은, 식민 치하 한국 남성들이 민족 정체성과 남성성 박탈에 대응하기 위해 식민 치하의 동족 여성이나 거세된 자아에 대해 폭력을 가했다는 사실이다. 임권택의 가장 유명한 작품인 〈서편제Sopyonjie〉1993에서 송화의 양아버지 유봉은 송화의 한을 더 깊게 만들기 위해 눈을 멀게 한다. 한은 불평등한 권력관계에 갇혀서 억압, 소외, 착취의 느낌을 표출할 수 없거나 표출이 허용되지 않을 때 생겨나는 정서이다. 분노, 고통, 슬픔의 느낌 또는 표현되지 못한 정서는 한으로 전환된다. 한은 외세의 억압과 내부 충돌로 인해 한국인들이 갖게 된 풍부하고, 집단적이며, 공유된 정서라고 알려져 있는데, 한국 근대사에서 한은 두 측면이 교차하는 지점에서 나타난다. 그것들은 근대라는 통약불능의 경험을 표현할 수 없다는 측면과, 압축 근대화 과정에서 나타난 상상의 안정된 과거 상실에 대한 한탄의 측면이다.[6] 여기서 중요한 것은 한의 담지자가 토착 여성이라는 사실이다. 최정무는 이렇게 말한다.

이 영화는 식민지 남성의 시각과 이 시각에 반응하는 타자화된 여성 주체라는 두 가지 관점을 취하고 있다. 스스로를 원초주의화primitivizing하고 내면화하는 이 식민지 남성의 시선 아래서, 딸은 문화민족주의적인 예술의 완성을 위해 눈이 멀게 된다. 그 예술은 자본주의 발전의 주변부로 떠밀려 나간 아버지의 남성적 욕망을 충족시킨다. 이 영화는 민족 정체성 회복의 짐을 지고 있는 피해자 여성의 한을 부각시킴으로써, 식민지 이전의 미학적 소통 방식인 **판소리**p'ansoro 복원을 통해 민족적 한을 승화시키려고 노력한다(…중략…). 피해자 여성에게 민족의 구원자 역할이 주어진 것이다.2006 : 116쪽

남성성 회복과 집단적 정서의 승화라는 유사한 두 과정은 대중 영화에서도 발견된다. 프랜시스 게이트워드Francis Gateward는 서사 영화, 액션 영화, 스포츠 영화라는 구체적인 세 장르가 식민지 과거를 지속적으로 소환하면서, 반일 이미지의 정형화를 통한 한국의 집단 정체성 형성에 함께 작동한다고 주장한다. 게이트워드는 반일 정서를 투사하는 이런 영화를 성 평등의 확산으로 인한 남성성의 위기와 전통적 젠더 역할의 쇠퇴로 인한 불안 속에 위치시킨다. 이들 '남성' 장르는 피해자 상태의 비유를 집단적으로 거부한다. 게이트워드는 이렇게 설명한다. "피해자 상태를 거부하고 애국심과 불복종을 강조하여 식민지 과거를 수정함으로써 이 영화들은 패배의 트라우마적인 사회적 기억을 능동적 투쟁의 기억으로 변형시킨다. 커져가는 민족주의의 광범한 사회적 문맥 속에서 이 영화들은 대중기억 연구단Popular Memory Group*이 이른바 '지배적 기억dominant memory'이라고 부른 현상을 만들어내는 데 도움을 줌으로써 '상상의 공동체imagined community'를 위한 일종의 문화적 아교 역할을 한다."205쪽 게이트워드가 비판적이고도 강력한 개입인 변영주의 위안부 다큐멘터리 영화에 관심을 돌리는 것은 바로 이와 같은 '과잉남성성hypermasculinity'과 그것의 역사적 담론의 문맥 속에서이다.

내가 일본 식민주의와 성노예제의 역사적 부정의와 대면하는 방식으로 수

---

* 대중기억 연구단(Popular Memory Group)은 신좌파 성향의 대중문화 연구소인 버밍햄 대학 현대문화 연구센터(CCCS : Birmingham Centre for Contemporary Cultural Studies)의 산하 연구집단이다.

치와 육체를 생각하면서 관심을 두었던 것도 변영주의 작품이다. 게이트워드가 지적하듯이, 변영주의 삼부작은 한국의 오래된 진보적 다큐멘터리 제작 전통에서 나온 것이다. 그것은 위안부에 관한 영화에 흔히 나타나는 감상주의와 역사적 서사를 피하고 있다. 편재되어 있고 '민족주의화된' 한과 달리, 나는 이 다큐멘터리 영화들이 가부장적, 유교적 권위에 의해 구조화되고 과거 위안부 여성들에 의해 내재화된 '수치' 관념에 대해 예리한 통찰을 제시해 주고 있다고 주장하고자 한다. 가부장적 문화를 반영하지만, 여성의 수치는 그 자체의 방향을 가부장제 국가 비판 쪽으로 돌릴 수 있는 잠재력도 가졌다는 것이 내가 주장하고자 하는 바이다.

수치

앞에서 논의했듯이, 한의 형성과 인정은 여성 육체의 손상을 필요로 한다. 고통 없이는 집단적 한국 정서라고 추정되는 한도 없다. (자신들에게 폭력을 가한 사람들에 대해 원한과 분개를 품는다는 사실로 보아) 과거 위안부들 사이에서 한이 지속적이고 끈질기게 남아있음은 부인할 수 없다. 한국 문화에서 한이 편재해 있고 또 일반적으로 여성의 고통과 연결돼 있다는 사실에도 불구하고, 서정희는 한으로 가득찬 일부 생존 위안부들의 증언은 역설적으로 한국 근대화 문맥 속에서의 여성들의 한을 보여준다고 주장한다. 이것은 부분적으로 가정 내 억압, 예컨대 여성의 교육 수혜 금지에 맞서서 그들이 취한 개인적 행위의 실천에서 나타난다. 일부 경우에는 여성들이 교육을 받고 근대적 자아를 형성해낼 수 없어서 품게 되는 바로 그 한이 그들로 하여금 일자리와 교육을 약속해 주는 한국 브로커들과 일본 군부에게 기만당하게 한 것이다.2008:82~85쪽 이렇게 되고 나면, 한국에서 여러 차례 반복되고 또 가부장적 유교 전통 속에서 구체화되는 수치심이 바로 이 여성들을 무력화시키게 되는 것이다.[7] 여기서 수치는 명백히 성폭력을 당하는, 또는 한 여성의 표현에 따르면 '몸이 찢어지는disfigured' 것에서 오는 당혹감과 모욕을 지칭하는 것이다. 그러나 이 여성들로 하여금 민족주의와 제국주의라는 이중적 억압 속에서도 일말의 능동성과 존엄을 획득하게 해주는 것이 바로 이 수치의 느낌 또는 그것의 극복이다. 위안부 문제를 근본적으로 하나의 식민주의 문제로 만드는 것은 남성과 여성의 성sexuality에 대한 가부장적 이해이다. 이런 이해는 위안부 문제를 부인하고 따라서 피해자가 스스로 사죄하게 만드는 자기수치화self-shaming 메커니즘을 재기입하는 일본과 한국의 가부장제 모두에 대해 책임을 묻게 해 준다.Yang 1997:65~66쪽

　　루쓰 리스Ruth Leys는 수치(와 파렴치shamelessness)가 서양의 지배적 감정의 준거인 죄책감guilt을 대체했다고 주장한다. 1940년대부터 현재까지 홀로코스트 생존자들의 임상적, 이론적 분석에 대한 꼼꼼한 평가를 통해 리스는 그때까지는 죄책감에 종속되어 있던 수치 감정을 재평가하게 된 것이 프로이드 정신분석에서 새로운 정동 이론으로의 좀 더 큰 변화를 보여주는 하나의 징후라고 지적한다. 새로운 정동 이론은 수치를 반의도적이고anti-intentionalist 본래적인built-in 것, 그리고 모든 의도적 대상에서 본질적으로 독립된, 여타의 유전적 심리 반응체계들과 동일한 범주에 속하는 것으로 간주한다.Leys 2007:125쪽 이 장의 의도는 인문학과 사회과학 분야의 '정동으로의 회귀the turn to affect'나 '의도 대 무의도intentionalist vs. nonintentionalist' 논쟁에 개입하려는 것이 아니다.[8] 그 대신에 나는 죄책감은 원칙적으로 불가역적irrevesible이거나 최소한 삭제할 수 없는 데 반해, 수치는 교정correction과 변화change에 반응하는 것으로 상상되는 자아의 여러 측면들에 관한 것이라는 리스의 관찰에 관심이 있다. 이

브 세지윅Eve Sedgwick은 일부 퀴어들에게 있어 "수치는 간단히 말해서 최초의 것이자 항구적으로 남는, 정체성을 구조화하는 요소"라고 주장한 바 있다.Leys 2007:129쪽 재인용 모종의 실재하는 또는 판타지화된 대타자의 시선에 이미 노출되었던 위안부들의 경우도 이와 다르지 않다.Leys 2007:130쪽 하지만 나는 정동이 무의도적 상태이며 자기목적적autotelic이라는 생각에는 반대하고 싶다.Leys 2007:133쪽 위안부들에게 찍힌 사회적 낙인이나 신유교적 성의식의 내면화를 고려할 때 그들이 경험한 수치는 침묵과 부인의 조건이 된다. 이런 측면에서 위안부들의 경험은 강간 피해자들의 경험과 유사하다. 강간 피해자들의 수치감shamefulness과 죄책감은 항상 개인적이고 가족적이지만, 동시에 민족적이기도 하다. 위안부 여성들이 수치심을 극복하고 자신들 안의 마귀들을 대면할 수 있는 것은 억압과 폭로, 인지와 대화라는 다양하고 모순적인 과정을 통해서이다.

〈낮은 목소리〉1995는 나눔의 집House of Sharing에서 살고 있는 과거 위안부 여섯 명의 일상생활을 추적하고 있다.[9] 영화 앞부분의 한 장면에서 박두리 Park Doo-ree라는 여성은 월례 집회에 나가는 것이 운동하러 가는 것과 같다고 영화 감독에게 말한다. 그녀와 함께 사는 박옥련Park Ok-nyon은 이 생각에 반대한다. 그녀는 "너무 챙피하기도 하고"라고 말한다. 그녀는 뭔가를 중얼거리더니 눈을 아래로 향한다. 그녀는 말한다. "얻다 대고 우리 살아왔다는 얘기를 햐. 우리 어머니한테도 못헌 말을." 데모하실 때 가끔 사람들이 쳐다보면 많이 창피하냐고 감독이 박옥련에게 질문하자, 박옥련은 고개를 숙이고 아래를 내려다보며 딴청을 하더니 뭔가 중얼거린다. "아이고 창피햐." 고개 숙인 얼굴과 아래를 내려보는 눈길은 당혹감과 모욕감, 심지어 자기 어머니에게도 말할 수 없는 비밀을 가리키는 수치의 전형적 표현이다. 곧 이어지는 대중 집회 장면은 이 여성들이 지지자들과 함께 노래하고 감동적 연설을 하는 것을 보여준다. 카메라가 클로즈업으로 다가가자 여성들은 카메라를 거의 쳐다보지 못하고 얼굴을 돌린다. 그러나 영화가 진행되면서 이 여성들은 확신을 얻고 카메라의 시선에도 좀 더 편안해진다. 그러나 이 초기 장면에서 이 할머니들은 자원봉사자들의 젊음과 에너지에 비해 지치고 야위어 보인다.

수치감은 많은 여성들이 나서서 일본 정부에 대해 증언하는 것을 막았다. 그러나 일본 사람들이 역사적 사실을 부인하자, 김덕영Kim Duk-yeong은 몇 안 되는 '살아있는 증인live witnesses'으로서 침묵을 깨기로 결심했다. 끔찍한 경험과 수치는 몇몇 여성들에게 자기혐오감을 심어주기도 했다. 예컨대 박두리는 자신이 '병자invalid'가 되었기 때문에 생을 마감하고 싶다는 얘기를 하고, 또 너무 오래 자기 인생을 저주해 왔기 때문에 죽는 것이 인생의 유일한 목표라고 말한다.

영화 제작진은 또 전쟁 후에도 한국으로 귀환하지 않은 세 명의 여성들을 찍기 위해 중국 허베이Hubei, 湖北로 간다. 유괴되었을 때 열일곱 살이었던 하군자Ha Koon-ja 할머니와 인터뷰하면서 감독은 전쟁 후에 한국으로 돌아가지 않기로 결심한 것이 수치 때문이냐고 질문한다. 감독이 자신의 감정을 드러낸다. "그래도 그때 가셨으면…… 그때 챙피하셨어도 고향에 가셨으면…… 좋을 뻔……." 이와 같은 연민의 감정에 대해 하군자 할머니는 그저 이렇게 말할 뿐이다. "가고 싶으면 뭐해, 챙피하잖여. 이런 데 있다가, 이런 데 있는 거 알게 되면…… 조선에서는……."[10] 챙피한/수치스러운 곳이란 당연히, 건강 관리나 복지에 대한 배려는 거의 없이 여성들이 하루에 열 명에서 스무 명씩 강제로 감당해야 했던 위안소를 가리키는 말이다. 게다가 가부장적인 한국의 유교 전통에 따르면, 이 여성들은 상황과 관계없이 성폭력을 당했기 때문에 더 이상 '순결'하지 않다. 수치는 따라서 공개적으로 말을 못 하게 할 뿐 아니라 '고향'으로의 귀환을 막는 장애물도 된다. 정조에 관한 유교와 가부장적 제약 외에도, 수치는 또한 여성의 육체에도 가해진다. 허베이의 다른 한 여성은 자신의 질이 남자들을 대하기에 너무 작다고 해서 찢어서 벌려졌다는 얘기를 한다. 그녀는 자신의 성기를 '챙피한 부분'이라고 부르며 '불쌍하다'고 말한다. 그녀는 이 말을 하면서 카메라에서 눈길을 돌려 아래를 내려다보며 눈물을 흘린다.

육체에도 유효기간이 있다

이 역사적 비극의 성격을 고려하여 최정무는 위안부 문제의 핵심에 여성의 육체적 경험이 놓여있다고 주장한다.[2001] 반복된 강간과 구타와 상해, 그리고 육체적, 존재론적 고통을 동시에 완화하기 위한 아르스페나민이나 아편 주사로 인한 고통이 그들의 육체와 기억에 각인되어 있다.[398쪽] 더구나 최정무는 위안부의 육체적 경험이 바로 성폭력의 경험이기 때문에 그들의 경험은 일본 식민주의가 한국 남성의 영혼에 상처로 남긴 상징적 거세를 극복하려는 한국 민족의 남성적 욕망을 직접적으로 공격한다고 지적한다. 그 결과, 이 여성들의 주체성은 이중으로 삭제된다. 그 삭제는 첫째, 여성을 남성의 소유물로 대상화하는 유교 이데올로기에 기인한 것이고, 둘째, 민족을 여성의 육체와 동일시하는 반식민주의적 민족주의에 의한 것이다. 그러므로 최정무의 주장에 따르면, 위안부 문제를 둘러싸고 있는 것은 남성주의적, 민족주의적 담론 내에서 여성 경험의 은유화metaphorization와 이 여성들의 고통의 삭제, 그리고 그에 따른 그들의 주체성의 삭제이다.

위안부 여성들의 육체가 제국 병사들의 육체를 질병으로부터 보호하고, 이와 같이 서로를 오염시키는 성 접촉을 통한 혼종 후손의 생산을 방지하기 위해 이용되었다는 사실을 강조하는 것이 중요하다. 일본 군부는 정기적인 위생 소독을 통해 한국 여성들의 육체를 의학적으로 규제하고 통제했다.[11] 따라서 이 여성들의 육체는 감금되어서 강간당했을 뿐 아니라 규제되고 의학적으로 관리되었으며, 그 결과 그들의 육체는 뿌리 깊고 지속적인 병을 앓고 악화되었다. 1991년 8월 김학순 할머니가 일본 군부의 성노예였다는 자신의 경험을 공개 증언했을 때 그녀는 이미 예순여덟이었다. 그녀는 1997년 12월에 타계했다. 변영주의 삼부작이 다루는 시간대 속에서 인터뷰를 한 여성들 대부분은 육십 대 후반이나 칠십 대였다. 몇몇 분은 자신들의 보상과 배상 요구가 충족되지 못한 채, 삼부작을 제작하는 동안에 타계했다. 모든 역사적 피해자들의 경우가 그렇듯이 육체는 시들고 죽기 때문에 시간이 핵심적이다. 그들의 젊은 육체는 폭력을 당하고, 상해를 당하고, 버려졌다. 그들의 늙은 육체는 방치되고, 무시되고, 경멸당했다.

〈낮은 목소리〉는 젊은 위안부들의 스틸 사진 두 장과 늙어서 피골이 상접한 또 다른 육체의 움직이는 이미지로 끝을 맺는다. 첫째 사진은 들 것 또는 간이침대 같은 것 위에 앉아있는 세 명의 위안부 여성(오히려 어린 소녀들 같다)을 보여준다. 두 명의 여인이 오른쪽 들것에 같이 앉아있고, 다른 한 여성은 알 수 없는 뭔가를 손에 든 채 들것에 걸터앉아 있다. 여름인 것 같다. 사진 속의 여성들은 모두 소매가 짧은 치마를 입고 있으며, 한 여성은 열기를 가리기 위해 머리에 수건을 얹고 있다. 오른쪽에는 두 명의 여성이 있다. 한 명은 카메라를 보고 있고, 다른 한 명은 마치 사진사의 프레임 속으로 들어오지 않으려고 애를 쓰는 듯 먼 곳을 바라보고 있다. 왼쪽에 혼자 앉아있는 여성은 무

표정하게 카메라를 정면으로 응시하고 있다. 추측건대 '일'을 하다가 쉬는 동안 찍은 것 같은 이 스냅 사진은 그들의 지쳐 있지만 젊은 육체를 보여준다. '한국의 딸들'이다. 이 사진은 일상성quotidianness의 느낌을 준다. 그리고 이 여성들의 얼굴 표정은 무덤덤하거나 어쩌면 감정을 드러내지 않는 분개를 보여준다. 이 사진이 찍히는 순간이 감추고 있는 것은 사진에 찍히지 못하고, 기록되지도 못하고, 말로 표현되지도 못한 채 계속되는 공포이다.

두 번째 사진은 중간 정도 거리에서 찍은 네 명의 젊은 여성을 보여준다. 오른쪽의 여성 세 명은 공책에 뭔가를 쓰는 데 몰두해 있는 듯하고, 왼쪽의 여성 한 명은 머리에 수건을 두르고 왼손을 턱에 괸 채 카메라의 렌즈를 벗어나 그저 먼 곳을 응시하고 있다. 다시 한번 우리는 사진 속 여성들의 젊음에 놀라게 된다. 그들의 젊음은 그들이 처해진 악몽같은 환경을 폭로해 준다. 그런 후에 영화는 위안부라고 해석되는 한 늙은 여성의 육체를 보여주는 장면으로 전환한다.

육체의 스틸 사진에서 움직이는 이미지로의 전환은 충격적이다. 마치 시간에 갇힌 듯 순수해 보이는 젊음으로부터 헐벗은 육체를 영화 카메라에 드러내 보이는 얼굴 없는 여성의 끔찍한 이미지로 전환하기 때문이다. 이 육체는 그러나 축 처진 가슴과 구김살과 주름살이 보여주는 단순히 늙은 육체가 아니다. 이 육체의 이미지 속에서 우리는 상처 자국이 있고 화상을 입은 것 같은 한쪽 손을 본다. 더 충격적인 것은, 우리가 배꼽 속으로 선회해 들어가는 듯한 형태의 주름진 살갗, 수술을 한 육체의 흔적을 관찰하게 된다는 사실이다. 카메라는 여기서 잠시 머물다가 다시 주름살과 처진 가슴을 보여주고, 그런 다음에 피부가 주름지고 오그라진 어깨와 팔 쪽으로 올라간다. 그 후 카메라는 이 여성의 육체 전체를 선회하여 비추다가 복부 근처의 박동을 통해 그녀의 낮은 숨결을 보여준 다음 다시 상처 자국이 있는 팔을 보여주고는 페이드아웃한다.

이 마지막 장면은 (시간 속에 갇혀서, 스틸 사진 속에 영원히 잃어버린) 일본 제국주의 국가에 의해 도둑맞은 위안부들의 잃어버린 젊음과, 비록 늙고, 고문받고, 상처 입고, 폭행당한 살덩어리이지만 그럼에도 박동하며 (비록 간신히 살아있긴 하지만) 아직도 살아있는 현재의 육체를 강력하게 포착한다. 이 여성들에게 가해진 폭력의 억압된 역사를 구현하는 것으로서의 육체를 그 물질성을 통해 드러냄으로써, 이 영화는 (우리는 모두 늙는다는) 육체의 생물학적 속성만이 아니라 그 신체적 존재에 새겨진 폭력 또한 우리에게 상기시켜 준다. 육체에 초점을 맞추는 것은 또 이 늙어가는 육체들이 어떤 사죄나 보상을 받을 수 있는 시간마저 제한돼 있음을 경고해 주기도 한다. 일레인 스캐리Elaine Scarry의 "육체적 고통은 육체의 경계 바깥에는 어떠한 대상도 가지고 있지 않다"는 개념을 빌려와서, 최정무는 여성의 육체적 고통을 재남성화된 민족적 수치에 결합시키는 데 대해 강력히 반대한다. 그것은 육체적 경험들을 변형시켜서 반식민주의적 민족주의 담론 속으로 욱여넣어 버리기 때문이다.2001:398쪽 스틸 사진과 움직이는 이미지를 사용하여 이 영화는, 그렇지 않았으면 가부장적 민족주의의 지배 언어 속에서 재현이 불가능했을, 고통을 당하고 수치스러운 육체를 재현해내는 강력한 시각 언어를 우리에게 제공해 준다.

성노예제의 폭력이 이 여성들에게 가한 것은 단순히 그들이 평생을 살아가면서 감내한 신체적, 심리적 손상만이 아니다. 젊음을 보여주는 사진들이 간접적으로 암시하는 것은 일본 제국주의가 그들로부터 앗아간 그들의 삶, 말하자면 폭력적으로 저지된 그들의 삶, 이루지 못한 그들의 꿈, 또는 어떤 위안부의 표현처럼 '빼앗긴 순정stolen innocence'과 같은 것들이다.[12] 늙은 육체가 보여주는 것은 너무나 손상이 심해서 대부분의 이 여성들이 아기를 갖지도 못하게 만들어버린 그런 성폭력과 '해방 후'의 가부장적 폭력의 흔적들이다. 많은 여성이 아기를 갖지 못한다는 이유로 남편들로부터 쫓겨나거나 이혼당했다. 영화 속의 육체가 보여주는 복부의 자국 매듭들은 이 여성이 아기를 낳을 수 없다는 사실을 은유적으로 암시한다. 아기를 낳는 것은 가부장적 민족주의 사회인 탈식민 한국에서 여성들의 본질적인 역할이다.

이 여성들이 나이가 들었다는 사실을 고려하면, 이 영화가 그들의 증언과 집회와 일상사만 기록하는 것만이 아니라 그들의 건강과, 죽어가는 육체와, 죽음에 대해서도 자주 보여주는 것이 놀라운 일이 아니다. 이 다큐멘터리 영화를 만든 이유에 대해 변영주 감독 자신이 간단한 설명을 한 후에 〈낮은 목소리〉는 1992년 1월 일본 대사관 앞에서 시작된 100번째 월례 수요집회와 함께 영화를 시작한다. 책임자들을 비난하는 도전적인 연설을 하는 동안에도 이 여성들은 자기들의 늙어가는 육체에 대해 날카롭게 인식하고 있으며, 자신들이 죽은 뒤에도 자신들의 비극에 책임이 있는 자들을 후손들이 계속 고발해 주리라 기대한다고 반복해서 말한다.

자신들의 경험을 이야기하면서 이 여성들은 대부분 유괴, 기만, 강간, 그리고 하루 열 명에서 스무 명까지의 다수 남성 상대에 관해 언급한다. 그들은 강제 삽입과 품행을 이유로 한 구타, 그리고 성병 감염으로 임신이 불가능해진 고뇌 등으로 인한 신체적 고통을 이야기한다. 촬영 당시 칠십오 세로, 전쟁 후에도 중국에 머물렀던 홍강림Hong Gang Lim은 자신의 성기가 너무 작아서 키우기 위해 절개를 당했다는 자신의 경험을 이야기한다. 〈낮은 목소리 3—숨결〉에서 김분순Kim Bun-sun은 예컨대, 또 다른 과거 위안부이자 인터뷰 담당자인 이용수Lee Young-soo에게 "사내들이 계속 몰려와서" 심지어 일어날 시간도 없었을 뿐 아니라, 자신의 육체가 더 이상 감당할 수가 없었다고 말한다. 한 사람 대 다수, 단 하나의 육체 대 밀려오는 수많은 다른 육체들. 〈낮은 목소리 3―숨결〉에서 칠십구 세의 심달연Shim Dal-yeon 할머니는 여러 명의 병사들에게 처음으로 강간당할 때 자신의 몸이 고통을 느끼기를 멈추었던 경험을 설명한다. 그녀는 그 일의 나머지 부분은 기억도 하지 못할 뿐 아니라, 줄을 서서 기다리는 사내들 무리를 얼마나 오랫동안 견뎌야 했는지도 기억하지 못한다. 그럼에도 그녀는 아침에 일어나면 온통 피범벅이었다는 사실은 분명히 기억한다. 낯선 육체의 냄새와 자신의 피와 뒤섞인 정액 냄새는 그녀를 몸서리치게 했다. 너무나 역겨워서 토하고, 두통마저 앓았다. 육체와 체액의 냄새는 폭력과 폭행과 역겨움의 냄새였다. 체액은 특히 피와 정액이 서로 동의하지 않고 도구적으로 뒤섞인 것이었다. 육체가 마비되고 반응하지 않을 때는 전신이 압도되고 숨이 막혔다. 그 당시 경험이 그녀를 정신적으로 불안정하게 만들었다. "미친 사람이 갈 곳이라곤 절밖에 없어서" '해방' 후에 그녀는 산사의 부엌데기가 되었다. 오늘날까지도 그녀는 남자의 팔짱을 끼고 있는 여자를 볼 때마다 그 여자가 미쳤다고 생각한다. 키득키득 웃으며 그녀는 이렇게 말한다. "어떨 때는 웃음이 나와. 나도 알아. 내가 미친 거지."

〈낮은 목소리〉가 아슬아슬하긴 하지만 증언과 삶에 대한 것이라면, 삼부작의 두 번째 작품인 〈낮은 목소리 2〉는 죽음에 관한 것이다. 자신이 영화에 나온다는 사실을 의식하면서, 그리고 어쩌면 카메라가 자신을 지탱해줄 힘이 있다고 믿으면서, 육십구 세의 강덕경Kang Duk-kyong은 감독에게 "아이구, 죽고 나면 못 찍는다, 실컷 찍어라"라고 말한다. 삼부작 첫 번째 영화에서 우리는 명랑하고 활발한 강덕경이 폐암 진단을 받고 죽어가고 있다는 사실을 알게 된다. 그녀는 끝까지 영화를 찍어달라고 부탁한다. 대부분의 여성들과 마찬가지로, 그녀도 일본에서 심지어 생리도 시작하기 전에 트럭 운전사에게 강간당한 이야기를 한다. 그 후 그녀는 군대 성노예 위안소로 끌려가서 일본 병사들에게 강간당하게 된다. 그녀의 육체는 "쓰라린 그런, 토요일, 일요일 되면 막" 쓰라린다. 그녀는 말한다. "이런 쓰라린 그런 생활을, 그러니까 1년 쯤 했나?"

객관적인 의도를 천명하는 다른 다큐멘터리들과 달리, 〈낮은 목소리 2〉는 위안부 여성들과 감독/카메라맨 사이의 상호작용들로 충만해 있다. 위안부 여성들은 자신들이 대상화된다는 사실을 충분히 인지하고, 감독에게 자기들을 사전에 계획되고 의도된 방식으로 찍어달라고 의식적으로 요구한다. 예컨대 김 할머니와 박 할머니가 호박을 들고 가다가 떨어뜨리는 쾌활한 장면에서 감독이 이렇게 묻는다. "할머니, 그런데 이 호박 가지고 가시는 거 왜 우리 보고 찍으라 그러신 거예요?" 여성들은 자기들이 이 호박들을 키웠으며, 촬영 팀이 수확 장면을 찍어주길 원했다고 대답한다. 감독이 영화 속에서 어떻게 보이길 원하시냐고 이 여성들에게 간곡히 물으면, 이 여성들은 이렇게 익살스럽게 대답한다. "딱 보면? 소모냥 일만 하는 사람으로 찍어 줘!" 비록 농담으로 전해지기는 하지만, 여기서 노동하는 육체에 대한 강조는 중요하다. 평생 열심히 일한 여성들로서, 그들은 노동하는 육체로 보이기를 고집하는 것이다. 일부 과거 위안부 동료 여성들이 무기력해지고 죽어가는 상황 속에서도, 이 여성들은 보상과 배상을 요구하는 자신들의 투쟁을 계속하겠다는 의지를 증명하기 위해 자신들이 열심히 일했다는 걸 세상에 증명해 보이고 싶은 것이다. 그녀들은 그저 일본과 한국 정부가 주는 안내문이나 기다리는 늙은 여성들이 아니다. 이런 방식으로 영화에 찍히기를 요구함으로써, 이 여성들은 영화를 자신들의 주체성 주장을 위한 매체로 활용하는 것이다.[13] 이와 유사하게, 목숨이 다해가는 강덕경도 이 영화를 보상과 배상이라는 자신들의 목표 성취를 위한 매체로 간주한다. 임종 순간에 눈에 띄게 쇠잔한 강덕경은 감독에게 말한다. "그러니까 깊이 생각할수록 이 영화, 나중에 볼, 볼, 다 볼 수 있도록, 내가 저 세상에 가서라도 내가 기도할 거고, 그래 가지고 좀 많이 시청자들이 생기 갖고, 좀 우리 도와주기를 제일로 간절히 바라요, 내가." 죽음이 임박했음에도 불구하고, 강덕경은 의지에 차 있고 당당하다. "우리 할머니들이 비록 나이가 많아도 따뜻하게 우리가 같이 모여서 이리 사는데, 일본 정신 똑똑히 채리고, 할머니들 돈 한 푼이면 될 줄, 얼마 던져 주면 될 줄 알아도, 천만에. 이리 아파도 다 살아날, 날 수 있고……. 우리 할머니들 소원은 그래도 꾸준히 200차가 넘도록 이렇게 수요시위를 하고, 이런, 우리 죽을 때까지, 한 사람이 남을 때까지라도, 너그하고 싸울 테니까, 일본 사람들하고 싸울 테니까. 그걸 온 전 세계 국민들에게 좀 알아줬으면 좋겠고. 우리 할머니들 그리 쉽게 안 죽고, 안 죽고 싶어요. 오래 좀 살 거예요. 독해졌어요. 일본이 그렇게 만들었어. 더구나, 갈수록 더할 거예요. 더 오래 살 거예요." 1997년 2월 2일에 강덕경은 소망이 이뤄지지 않은 채 세상을 떠났다.

제국의 육체와 제국화된 육체들

동료나 지지자들이 보여준 관심을 제외하면, 많은 과거 위안부 여성의 죽음은 큰 주목을 받지 못한 채 지나갔다. 그들의 죽음은 가부장적 제국주의와 민족주의가 그들에게 가한 잘못을 바로잡을 수 있는 시간이 부족하다는 사실을 두드러지게 할 뿐이다. 나이가 많긴 하지만, 그들은 너무 일찍 죽은 것이다. 이 여성들의 이름 없는 죽음은 이들의 고통에 가장 큰 책임이 있는 한 사람, 히로히토 천황의 단 하나의 죽음과는 너무도 큰 대조를 이룬다. 히로히토는 김학순의 공개 증언 2년 전인 1989년 1월 7일에 사망했다. 히로히토의 죽음은 (그리고 그의 예상 외의 긴 일생과 재위 기간은) 불행하게도 군대 성노예제의 제도화를 포함한 천황의 전쟁 책임에 대해 조사하려는 모든 시도를 무력화시켜 버렸다. 이 점에서 히로히토 또한 너무 일찍 죽었다. 여기서 중요한 것은 많은 죽음과 단 하나의 죽음이 좋지 않은 타이밍을 이룬다는 사실이 아니다. 오히려 수많은 사람의 고통과 한 사람의 회피를 전면에 드러내 주는 것이 바로 두 죽음의 연관성 또는 연관성의 결핍이다. 바로 그 한 사람은 많은 사람에 대한 책임을 져야 하는 사람이다. 위안부 여성들은 전쟁 이후에 대부분 수치와 침묵 속에 격리된 채 불행 속에서 살았지만, 히로히토는 (자신의 이름으로 자행된 비인간적인 행위들에도 불구하고) '인간'으로 부활해서, 미국이 기획한 냉전의 명령에 따라 평화주의적이고, 경제 지향적인 뉴 재팬을 상징하게 되었다. 노마 필드Norma Field가 간결하게 지적했듯이, "전후 시기에는 첫째는 살아남기, 둘째는 복구라는 요구가 중국 혁명과 한국전쟁 직후 미국의 안보 이해관계에 의해, 그리고 나중에는 고도성장 경제학의 흥분 때문에 강화되었다. 그리고 이 모든 것이 히로히토의 전쟁범죄 문제를 비현실적인 것으로, 궁극적으로는 금기로 만들어 버렸다.1991 : 183쪽 최초의 추축국Axis Powers, 樞軸國 사령관 중 유일한 생존자(무솔리니는 처형당하고, 히틀러는 자살했다)로서 히로히토는 전후 시기에 천-황God-Emperor과 일본 군국주의 최고 사령관에서 상징적 황제와 미생물학자로 변신하여 부활하였다. 그의 예상 외의 긴 재위 기간은 근대 일본의 극적인 3대 사건들을 포함했다. 그것은 일본 제국주의, 패전, 그리고 전후의 경제 복구이다.[14]

위안부의 육체는 단순히 젠더화된 육체가 아니라, 식민화된 육체이기도 하

다. 그것은 군수 물자로, 일본의 승리를 위한 자원으로 사용되었다.Yang 1997:65쪽
그러므로 우리는 위안부 문제를 식민주의 문제로, 따라서 제국주의적 폭력
과 남성적 폭력 모두의 구현인 쇼와 천황과 가부장제가 뒤엉킨 문제로 이해
해야 한다. 많은 위안부 여성들의 평범한 죽음과 달리, 히로히토의 죽음은 특
별했다. 예컨대 수혈받은 피의 양과 같은 그의 와병 상황이 상세히 보도되었
다. 실제로, 그의 상태를 기술하기 위해 천황에게만 고유한 새로운 어휘가 도
입되기도 했다. 그가 죽은 후에는 매체들과 상업 방송들이 천황에 대한 존경
을 표현하기 위해 자체 검열과 절제를 보여주기도 했다. 죽는 순간까지 카메
라에 찍혀지기를 바랐던 강덕경의 요구와 달리, 일본의 언론 매체들은 히로
히토의 죽어가는 육체에 대해서는 어떤 발표할 만한 정보에도 접근하지 못
했다. 우리는 임종 순간에도 여전히 사죄와 배상을 요구하는 강덕경은 봤지
만, 히로히토의 사망은 사죄는커녕 범죄의 어떠한 인정 가능성마저도 이래저
래 제거해 버렸다.

히로히토가 죽어가는 과정과 죽음은 아이러니컬하게도 오랫동안 억압되
어왔던 문제, 곧 그의 전쟁 시기 책임에 관한 문제를 다시 한번 제기했다. 『죽
어가는 천황의 나라에서 – 세기말 일본의 자화상In the Realm of a Dying Emperor:
A Portrait of Japan at the Century's End 』에서 노마 필드는 전후에 강제된 '국화 터부
chrysanthemum taboo, 菊タブー'*와 전쟁범죄에 대한 침묵의 강제에 용기 있게 맞선
평범한 일본 시민들의 이야기 세 가지를 설득력 있게 엮어내고 있다. 그 세
명은 일장기를 불태운 수퍼마켓 주인, 자위대 복무 중 사망한 남편의 신격화
거부 소송에서 패소한 미망인, 그리고 히로히토의 전쟁 책임을 공개적으로

---

* 천황과 황족에 대한 토론과 비판을 금기시하는 일본의 사회적 금기 문화를 가리키며, 특히
당시 죽어가는 히로히토의 상태에 대한 논란이 금기시되었다.

주장하는 나가사키의 소령 등이다. 히로히토와 달리, 필드의 책에 등장하는 이 사람들은 사회적 배척과 우익의 공격에도 불구하고 모두 과거 일본의 제국주의 역사를 직시하고, 그에 대한 전후 국가의 부인과 호도에 저항했다. 그들의 목소리는 1990년대 초반 이후 위안부들의 요구와 아주 유사하게 중요한 목소리들이다. 왜냐하면 그들의 목소리는 전후 일본의 평화와 번영에 대한 주장과 전쟁 시기의 식민주의에 대한 책임 사이의 모순을 폭로하고 대면하기 때문이다. 전후 일본은 전쟁 시기 책임을 편리하게 억압하고 있다.

2000년 12월, 여성단체들의 초국적 협력을 통해 도쿄에서 일본군 성노예 여성국제전범법정Women's International War Crimes Tribunal on Japan's Military Sexual Slavery, 女性國際戰犯法廷이 개최되어 수천 명이 참가하였다. 이 법정은 제2장에서 언급했던 일본 전쟁범죄에 대한 중국의 법정과 다르지 않게 극동국제군사재판에 대한 하나의 대항책으로 조직되었다. 극동국제군사재판은 전쟁 시기 군 위안부 제도를 구축하거나 집단 강간을 자행한 책임이 있는 사람들을 기소하거나 처벌하는 데 실패했다. 이 여성 전범 법정은 두 가지 중요한 판결을 도출했다. 첫째, 이 법정은 일본군 위안부 제도가 노예제 반대 규약들antislavery conventions과 당시의 국제법을 위반한 노예제 제도였다는 사실을 인정하였다. 둘째, 이 법정은 군 위안소로 징집되기 이전에 이미 매춘을 허가받은 일본 여성들 또한 인류에 대한 범죄의 피해자였음을 확정하였고, 따라서 일본군 성노예 제도하의 일본 여성과 다른 나라 여성들을 공통의 피해자로 포함시켰다. 아마 더 상징적인 것으로는, 히로히토 사망 1년 후 헤이그에서 열린 재판에서 고인이 된 히로히토가 유죄 판결을 받은 사실일 것이다.[15] 이에 못지않게 여성 법정이 중요한 것은, 리사 요네야마Lisa Yoneyama가 주장하듯이, 그것이 한계와 단점에도 불구하고 과거 전쟁범죄에 대한 판결들, 주로 도쿄 전범재판 판결들의 기만성을 폭로했다는 데 있다.[2006] 여성 법정은 히로히토가 책임이 있다는 사실을 밝혔고, 일본 제국 군대가 노예 제도와 강제 매춘을 금하는 국제법을 위반했다는 사실을 밝혀냈을 뿐 아니라, 위안부 제도에 관한 사실을 은폐한 데 대하여 연합국들마저 기소하였다. 마지막으로, 여성 법정은 동북아시아와 동남아시아 여성들에게 가해진 군사적 폭력을 '인류에 대한 범죄'로 기소함으로써 '인류'의 규범적 개념에 대해서도 이의를 제기하였다. 이와 반대로 도쿄 전범재판은 서양 남녀에 대한 일본의 범죄에만 배타적 초점을 맞추고 있었다.[126쪽] 내 주장의 취지에 가장 잘 맞는 것은 미래를 향한 지식 생산을 근본적으로 재구성하자는 요네야마의 주장이다. 요네야마는 이렇게 주장한다.

이 법정의 판결이 어떤 의미를 갖기 위해서는 방청객들이 그것의 정의가 현재나, 제도적 현실주의나, 현상 유지 속에는 있을 수 없다는 사실을 인식해야 했다. 오히려 그 의미는 미래나 아직 우리가 보지 못한 것, 또는 현재가 변해서 탄생하는 그어떤 것 속에서 추구되어야만 했다. 다시 말해서, 여성 법정의 역사적 효용성은 생존자들의 증언 기록에 반응하는 사람들이 초국적으로 그리고 국가 내적으로 참여하여 오래 전승되어온 제도와 지식에 대해 비판적으로 개입할 것인지 말 것인지, 그리고 또 어떻게 참여할 것인지에 달려있다.[127쪽]

나가며 - 청동 소녀상과 초국가주의

2011년 12월 14일 과거 위안부들이 수백 명의 자원봉사자, 지지자들과 함께 1,000번째 수요집회를 기념하였다. 이 집회에서 평화의 소녀상Peace Monument이 세워졌다. 평화의 소녀상은 미소를 띠지 않고 앉아있는 어린 소녀 형상의 120cm 높이 동상으로 모든 피해자들을 상징하기 위해 세워졌으며, 일본 대사관을 마주 보고 있다. 앉아있는 이 동상 옆에는 방문자들이 이 소녀와 함께 앉아서 대사관을 같이 응시할 수 있도록 빈 의자가 마련되어 있다. 두 발은 맨발로, 두 손은 무릎에 포개 얹은 이 소녀의 강렬한 두 눈은 서울 도심의 좁은 길 건너로 일본 대사관을 뚜렷이 쳐다보고 있다. 이 응시 자세는 우리에게 16년 전 서리가 똑같이 내린 12월 어느 날의 〈낮은 목소리〉 첫 부분을 연상시킨다. 이 영화 속에서 한 여성은 경비를 서고 있는 경찰관에게 대사관 정문을 '바라볼' 수 있게 좀 비켜달라고 요구한다. 이 '바라봄seeing' 또는 '노려봄glaring'은 일본 침략의 '상징'이나 '대체물'을 보려는 요청일 뿐 아니라, 책임 있는 자들에게 보여지기를 요구하는 행위이기도 하다. 대사관 정문을 바라볼 수 있다는 것은 일본 압제의 상징을 항상적으로 가시화하는 것이다. 그것은 또한 아래를 내려다보는 수치의 눈길을 요구를 담은 저항의 응시로 변화시키는 것이다. 전통 한복을 입은 이 소녀상은 한편으로는 성노예가 되었던 어린 피해자들을 재현하고 있지만, 다른 한편으로는 그것의 물질성이 늙은 위안부들의 강렬한 요구의 시선을 상기시키고 재충전해주기도 한다. 그것은 늙어가는 모든 여성의 불가피한 궁극적 숙명으로부터 어떤 영속의 느낌 또는 지속적인 시위의 느낌을 만들어낸다. 이 청동 소녀상 설치에 논란이 없었던 것은 아니다. 그 주말에 있었던 이명박 대통령의 도쿄 방문 바로 직

전에, 일본 정부의 주 대변인인 후지무라 오사무Fujimara Osamu, 藤村修 관방장관은 이 동상 설치가 "극도로 유감이"며, 일본 정부는 그것의 철거를 요구할 것이라고 말했다.[16] 일본 국회Japanese Diet, 國會 회기 중에 요시히코 노다Yoshihiko Noda, 野田佳彦 총리는 보수적인 자민당 소속 야마타니 에리코Yamatani Eriko, 山谷えり子 참의원의 질문에 대답하면서, "위안부가 강제로 성노예 생활을 했다는 건 전혀 사실이 아니"라고 말했다.[17] 일본 사회의 보수파들이 이것을 기회로 위안부들이 거짓말쟁이라고 비난하고, 동상 설치를 반대했다는 사실은 전혀 놀랄 일이 아니다. 2012년 6월에는 사십칠 세의 전직 의원 스즈키 노부유키Suzuki Nobuyuki, 鈴木信行가 신원이 파악되지 않은 다른 일본인 한 명과 함께 소녀상 다리에 "다케시마는 일본 영토다"라고 적힌 90cm짜리 말뚝을 묶었다. 다케시마, 또는 한국에서 독도라고 부르는 동해의 작은 섬은 이 두 나라 사이 영토 분쟁의 상징이 되었다. 스즈키는 유튜브와 블로그에 자신이 말뚝을 묶는 모습을 영상으로 올렸다. 그는 또 평화의 소녀상을 '창녀상prostitute statue'이라고 불렀다. 한 달 후에 이 나무 말뚝을 박은 데 대한 복수로 예순두 살의 한국 남자가 작은 트럭을 몰아서 일본 대사관 정문을 들이받았다.

1,000번째 주례 시위 기념 평화의 소녀상을 둘러싸고 벌어진 논쟁은 위안부 문제에 관한 지속적인 난국과 커져가는 갈등을 강화하는 데 기여할 뿐이다. 국가 간의 외교적 언쟁과 난투는 두 국가가 함께 공모하여 이 여성들에게 가해진 범죄를 무시하거나 주변화하기 때문에 명백한 해결책이 되지 못한다. 국가 간 언쟁은 정치적 목적을 위해 지지를 동원하거나, 위안부 지지자들을 악마화할 뿐이다. 그러나 이 말이 그러므로 국가가 상관없다는 말은 아니다. 국가만이 전쟁을 일으킬 수 있다면, 국가만이 또한 보상과 배상의 궁극적 책임을 질 수 있는 것이다. 일본 정부가 만들어낸 민간 기금은 속임수일 뿐이

다. 그것은 위안소를 제도화하고 어린 한국 여성과 다른 국적의 여성들을 노예화한 모든 책임으로부터 일본이라는 국가의 죄를 면제는 아닐지라도, 배제하는 것이기 때문이다. 20년 이상 지속된 항의와 시위와 증언과 교육과 기타여러 가지 활동들은 과거 위안부들이 겪어야 했던 부당한 행위에 대해 국가적, 초국가적 의식을 고양했다. 또 이를 통해 전쟁 시기 여성과 아동에게 가해지는 폭력 일반에 대한 인식도 고양했다.[18] 나미 킴Nami Kim이 기록하고 있듯이, 오랜 기간의 항의는 또 "한국의 시민권에 대한 제한된 개념에 이의를 제기함으로써, 소위 공평한 공동체 건설을 추구하는 국민국가의 한계도 폭로했다".[19] 위안부 문제에 대한 초국적 지지는 1,000번째 수요집회를 지지하고 기념하는 세계적 연대와 동시 집회에서 발견할 수 있다.

2015년 12월에 일본과 한국 정부는 위안부 문제를 해결하기 위한 합의에 도달했다. 양측은 이 협정이 '획기적이고' 또한 이 문제 해결을 향한 아베 행정부의 진정성을 반영한다고 자랑했다. 이 합의는 다음과 같은 것이다. 일본은 위안부 기금 설치를 위해 1회에 한해 10억 엔8백 30만 달러의 지원금을 제공하고, 그것의 관리는 한국 정부가 관장한다. 아베는 위안부들에게 사죄하고, 이 문제에 대한 책임을 인정한다.[20] 일본이 이 약속을 이행하고 나면, 한국은 이 문제를 '최종적이고 불가역적final and irreversible'인 것으로 간주할 것이다. 양국 정부는 국제 사회에서 이 문제를 두고 상대에 대한 비판을 자제할 것이다. 마지막으로, 한국 정부는 평화의 소녀상 문제를 해결하기 위해 유관 단체들과 협력을 추구하기로 한다.[21] 두 국가 사이의 이 합의는 가부장제 민족주의와 대의제 정부의 한계와 실패를 두드러져 보이게 할 뿐이다. 어떤 위안부도이 합의에 관해 들은 바가 없으며, 두 가부장적 국가들이 협의나 공감이나 자기비판 없이 피해자들을 대변하겠다고 결정했을 뿐이다. 이 여성들은 보상과 배상을 위해 70년 이상을 기다렸지만, 아직도 여전히 양자 외교의 볼모일 뿐이다. 자크 데리다2001의 말을 빌리자면, 이것은 '조건부conditional' 화해에 그치는 것이다. 두 개의 가부장적 국가가 위안부 문제를 직시하고 그것을 법률적, 윤리적으로 대면하기보다는 국제 관계 향상을 위해 협상을 하고 해결해 버렸기 때문이다. 나는 국가의 영역을 벗어난 '다른 방식의 화해reconciliation otherwise' 가능성에 대해 제6장에서 논의할 것이다.

그럼에도, 다소 성급하게 구상된 이 합의는 이 지역의 변화하는 지정학적 지형을 나타내 준다. 이 외교적 화해rapproachment는 중국의 부상에 대응하기 위해 두 국가가 상호 방위를 발전시키려는 시도로 해석될 수 있다. 노아 펠드먼Noah Feldman이 말하듯이2015, "아베를 움직인 것은 일본의 국가안보 강화 노력이다. 중국의 군사적 팽창주의가 주된 이유이다. 이것과 거의 비슷하게 중요한 사안 한 가지는 미국이 전통적인 강력한 보호자가 더 이상 아닐 수 있다는 당연한 인식이다. 미국이 중국으로부터 타이완을 보호하기 위해 전쟁을 감수하겠는가? 만약 그 대답이 '노'라면, 미국이 일본이나 한국을 보호하기 위해 굳이 왜 전쟁을 감수하겠는가? 미국의 참전에 의심이 생긴다면, 일본과 한국은 서로를 필요로 한다". 내가 이 책 서론에서 주장한 것처럼, 오늘날 반일감정(과 그것의 구성적 대타자인 친일감정)과 그것의 관리는 중국의 부상에 대한 불안이라는 문맥 속에서 이해되어야 한다.

일본 정부와 우익 단체들이 위안부 소녀상 문제에 관해 표명했다는 우려와 불안을 고려하는 것이 중요하다. 파괴 시도를 촉발하고, 양자 합의문 속에 그것의 제거가 암묵적으로 포함될 만큼 이 소녀상이 일본인들에게 제기하는 위협은 무엇일까? 나는 그것이 위안부 여성 지지자들에게 반향을 일으키고, 똑같은 방식으로 반대자들에게는 위협이 되는 이 소녀상의 재현과 물질성에 있다고 말하고 싶다. 소녀상을 디자인한 조각가들(김서경과 김은성Kim Seo-kyung and Kim Eun-sung)은 처음에는 이 동상을 당시 위안부들의 나이와 비슷한 80대의 늙은 여성이 채찍을 들고 일본인들을 혼내주는 모습으로 구상했다고 한다. 하지만 그들은 위안부들이 끌려갈 때의 목소리를 표현하기 위해 그때쯤 나이인 15세 전후의 어린 소녀 이미지로 결정했다. 이 디자인은 몇 가지 상징적 의도를 지니고 있다. 이 소녀는 한국의 전통 복장인 한복을 입고 있다. 짧고 거친 머리카락은 일본군 병사들에 의한 강제 삭발을 니타낸다. 움커쥔 두 주먹은 일본 정부의 지속적인 부인에 맞서 싸우겠다는 강한 의지를 암시한다. 그리고 왼쪽 어깨에 앉아있는 새는 이미 사망한 위안부들과 아직 살아있는 위안부들 사이의 연결을 나타낸다.Lee 2016 이런 점에서 이 소녀상은 과거와 현재와 미래를 매개해 준다. 그것은 이 소녀들에게서 미지의 가능성을 앗아가 버린 과거를, 가부장적 민족주의에 대한 현재의 투쟁을, 그리고 위안부들이 모두 사라진 뒤에도 지속될 정의를 위한 미래의 요구를 재현한다. 이 소녀상을 강렬하게 만들고, 지지자들과 반대자들을 각각 다 같이 놀라게 하는 것은 이 소녀의 박진성, 말하자면 소녀상이 동상도 아니고 실제 인물도 아니며, 오히려 그 둘 모두를 동시에 나타내 주기 때문이다. 따라서 이 동상은 또 '실제' 삶과 '판타지' 사이를 매개한다. 그러므로 겨울 날씨에 소녀를 따뜻하게 해 주려고 사람들이 소녀상 머리에 모자를 얹거나, 목에 스카프를 둘러 주는 것을 흔히 볼 수 있다. 또 친구가 되어주라고 소녀 옆에 봉제 동물인형을 사람들이 놓아주기도 한다.

재현의 측면 외에도, 이 동상이 위안부 문제의 부인할 수 없는 육체성physicality을 떠받치고 또 발산하는 것은 바로 이 동상의 물질성 때문이다. W. J. T. 미첼W. J. T. Mitchell이 주장하듯이, 조각은 "풍경화가 창문을 열어서 광대한 자연

속으로 인도하듯이 가상의 공간을 투사하는 것이 아니다. 조각은 공간을 취하면서, 하나의 지점을 움직이고 차지해서, 그 위에 우뚝 솟거나 그 지점을 변화시킨다".2000:166쪽 위안부 소녀상은 그 순전한 물질성으로 인해 하나의 지점을, 이 경우에는 일본 대사관 정면을 차지한다. 그래서 위안부 지지자들을 끌어모으고, 일본 정부에는 눈엣가시가 된다. 더구나 지금까지 조각가들이 서른 개의 위안부 동상을 제작했듯이, 이 동상의 물질성은 복제도 가능할 뿐 아니라, 나아가 더 중요하게는 이 동상들은 이동도 가능해서 위안부 동상이 한국, 미국, 캐나다의 기념공원이나 박물관이나 길거리에 전시될 수도 있다. 최근에 시드니 서쪽 도심에 설치된 위안부 소녀상이나, 캘리포니아의 한국인 지역과 일본인 지역 사이 글렌데일 센터럴 파크Glendale Central Park에 세워진 위안부 소녀상을 두고 벌어진 논쟁들은 위안부 문제의 초국적 확산을 증명해 줄 뿐 아니라, 지구화 시대에도 민족주의 담론이 끈질기게 존재한다는 사실을 증명해 준다.

평화의 소녀상 옆의 빈 좌석은 위안부 문제의 초국적, 초지역적translocal 가능성을 환기해준다. 그것은 정의에 관심 있는 그 누구나, 폭력에 반대하는 그 누구나, 위안부 여성들의 노력에서 영감을 얻고 겸허해지는 그 누구나를 위한 열린 초대장이다. 위안부 여성들은 끔찍한 성노예의 삶을 견디고 살아남았을 뿐 아니라, 언젠가는 위안부 문제가 해결될 것이라는 확신과 희망을 품고 견디어 왔다.

1990년대에는 자신들의 성노예 생활에 대한 수십 년의 침묵을 깨겠다고 나선 한국 여성이 234명이었다. 2017년 7월 현재에는 서른일곱 명만 남아있다.[*]

---

[*] 2022년 말 현재 생존자 할머니는 10명이다.

제4장
식민시대의 향수 또는 탈식민시대의 불안
'광복'과 '패전' 사이—간의 도산세대

마침내 우리가 자유로워졌으니, 복종은 존재하길 멈추었던가?

누가 우리의 노예가 될 것인가? 우리가 식민지 신민이었을 때,

우리는 자유를 꿈꿀 수 있었지, 하지만 이제 우리가 자유로워졌으니, 우리의

꿈은 무엇이 될 것인가? 우리가 자유롭기는 했던가?

— 사다트 하산 만토Sadat Hasan Manto, 『왕국의 종말Kingdom's End』

    2007년 6월 7일 아침, 타이완의 전 총통이자 자칭 한때 일본의 신민이었던 리덩후이Lee Teng-hui, 李登輝가 야스쿠니 신사를 참배함으로써 오랫동안 간직했던 자신의 소망을 이루었다. 리덩후이는 이 순례가 1945년 일본 해군으로 싸우다가 전사한 자기 형을 애도하기 위한 것일 뿐이라고 주장했다. 필리핀에서 사망한 리덩후이의 형李登欽은 이와사토 타케노리Iwasato Takenori, 岩里武則라는 일본 이름으로 봉안되어 있다. 신사로 가기 직전 기습적으로 몰려든 기자들 틈에서 리덩후이는 기자들에게, 자신의 참배는 개인적인 문제이므로 정치적인 혹은 역사적인 어떤 문맥으로 이해하지 말기를 바란다고 말했다. 그는 또 자신의 아버지는 형이 죽었다는 사실을 믿지 않았기 때문에 집에는 위패도 없을 뿐 아니라 형을 위한 제사도 지낸 적이 없다고 덧붙였다. 논란이 큰 야

스쿠니 신사에 대한 리덩후이의 개인적 방문은 예상대로 중국 정부의 분노를 불러일으켰다. 중국 정부는 오랫동안 리덩후이가 중국 공산당이 강조해온 하나의 중국 정책을 거부하고 타이완의 독립을 조장하고 있다고 여겨왔다.

2007년 9월 17일, 한국의 친일반민족행위 진상규명 위원회가 1919년에서 1937년 사이에 일본에 협력한 한국인 202명에 관한 보고서를 발간했다. 2005년 '일제강점하 반민족행위 진상규명에 관한 특별법'에 따라 설치된 이 위원회는 2006년 12월에는 1904년부터 1919년 사이의 친일반민족행위자 106명의 명단을 발표했다. 공식 웹사이트에서 밝힌 것처럼 친일반민족행위 진상규명 위원회의 목적은 "일본 제국주의의 국권침탈이 시작된 러일전쟁 개전 시기부터 1945년 8월 15일까지 일본 제국주의를 위하여 행한 친일반민족행위의 진상을 규명하여 역사의 진실과 민족의 정통성을 확인하고 사회정의 구현에 이바지"하기 위한 것이다. 나아가, 이 위원회에는 "21세기 초엽에 새로운 민족사의 출발을 준비하기 위해" 식민지 한국의 수치스런 과거사를 바로잡기 위한 역사적 사명에 착수할 의무가 주어졌다.[1]

한국에서의 일본 식민주의 역사를 이해하기 위해 이 두 가지 사건이 보여주는 대조보다 더 극명한 예는 없을 것이다. 이 두 사건을 비교해 보면 타이완 사람들이 일방적으로 친일본적이며, 한국인들은 하나같이 반일본적이라는 통상적인 이해를 재확인해준다. 리덩후이에게 신사 참배는 (본인의 부인에도 불구하고) 일본의 통치와 다시 연결하고, 일본과 타이완의 역사적 동일성을 재강조하기 위한 하나의 상징적 제스처였다. 친일반민족행위 진상규명 위원회의 조사는 일본 통치의 요소들과 그에 대한 상징적 부역자들을 민족의 역사에서 일소하고, 식민주의의 기억들로부터 한국의 자주성을 회복하기 위한 것이었다. 두 경우에 모두 개인적인 것과 민족적인 것이 뒤엉켜 있지만, 그것은 정반대의 대립적인 방식으로 엉켜 있다. 리덩후이의 형은, 또는 좀 더 정확히 말하자면 과거의 식민지 신민이었던 그의 혼령은 가족의 관계와 식민의 관계를 모두 되살려주는 매개의 힘으로 부활한다. 이 부활은 일본에 대한 리덩후이와 타이완의 역사적, 감정적 연결을 다시 확인해 준다. (리덩후이는 1985년 자신이 부총통으로 일본을 방문했을 당시에는 자기 형의 혼령이 야스쿠니에 봉안되어 있다는 사실을 몰랐다고 주장한다.) 친일반민족행위 진상규명 위원회가 각각의 이름과 각자가 저지른 범죄(일부는 사후 몰수된 재산과 자산도 포함)를 포함한 1,005명의 '매국노' 명단을 대중에게 공개했을 때, 그것은 일본에 부역한 사람들을 처벌하고 한국의 '수치스러운 역사'와 근본적으로 단절하겠다는 국가의 결의를 보여준다.

이 장의 목적은 타이완의 친일감정과 한국의 반일감정의 차이를 자세히 논하는 것이 아니다. 추정적인 국가 프레임에 근거한 비교학적 방법론은 식민지 이전과 탈식민 시기 모두에 존재하는 무수한 역사적 원인과 우연들을 설명하는 데는 명백히 부적절하다.[2] 그 대신에 나는 일본 식민주의를 향한 향수와 친밀감의 정서를 탐구하는 데 관심이 있다. 이 향수와 친밀감은 과거 식민지 신민이었던 리덩후이나 그와 같은 세대의 소위 '일본말 쓰는 부족nihongo zoku, Japanese-speaking tribe, 日本語族', 또는 일본 작가 시바 료타로Shiba Ryōtarō, 司馬遼太郎, 福田定一가 애정 어리게 '타이페이 어르신들lao taibei, old Taipeis, 老台北'이라고 지칭한 사람들에게서 나타난다. 내가 제안하고자 하는 것은 (상상된 것이건 실재하는 것이건) '일본'에 대해 우호적이고 때로는 강렬하기까지 한 느낌들은 개인적, 역사적 관점 모두에서 상실감을 복원하고자 하는 욕망으로 파악해야 한다는 것이다. 이 남성들(과 소수 여성들)은 대부분 70대거나 80대 초반이며, 현저한 일본 통치의 경험을 가진 최후의 타이완 세대이다. 그들은 자신들의 임박한 죽음이 동시에 일본과 타이완의 역사적 유대의 종식을 의미할 것이라고 두려워한다. 이 지역의 관점에서 보면, 동아시아에서 실질적인 또는 인식된 일본의 쇠퇴와 중국의 부상이 이들의 상실감을 악화시킨다. 내가 보기에 그들의 불안은 이 지역의 광범한 역사적 변화의 징후이다. 일본의 지배로 특징되던 아시아의 근대/식민주의와 전후/냉전체제가 이제 종말을 고한 것처럼 보인다. 그리고 이 나이 든 타이완인들의 일본과의 관계 재건과 일본의 부활에 대한 욕망과 불안은 그것의 징후에 불과하다. 나아가, 나이는 들었지만 활기찬 이런 사람들의 목소리를 단순히 과거 식민지인들의 향수에 젖은 열망이라거나 마음이 허약한 사람들의 환상적 판타지라고 치부해 버리는 데 대해서는 나는 반대하고 싶다. 오히려 나는 그들의 열정을 과거 식민주의자들로부터 자신들의 주변화된 존재를 공식적인 식민주의 종식 이후에야 인정받고자 하는 때늦은 탄원이라고 이해하고 싶다. 명백한 친일 정서에도 불구하고, 그들의 노력은 ① 식민주의 → 광복 → 국가건설과 ② 식민주의 → 패전 → 국가건설이라는 구도로 전개되는 선형적 서사를 저지한다. 이와 같은 선형적 서사는 국민당과 일본 두 나라에 의해 각각 신봉되고 설명된다.

도산 세대

현대 타이완에서 소위 하리주hari-zu, Japan-fever tribe, 哈日族라 불리는 젊은 소비자들의 일본 동일시가 전적으로 소비에 의해 추동되는 것과 달리, 이 나이 든 타이완 세대의 일본과의 관계는 소속감, 사회 질서, 버려진 데 대한 한탄 등의 기억들을 통해서 매개된다. 앞서 언급했듯이, 이 친일본적인 타이완인 세대를 지칭하기 위해 '일본말 쓰는 부족'이나 '타이페이 어르신들' 두어

가지 용어가 쓰인다. 그러나 나는 이런 사람들을 묘사하기 위해 좀 더 품위있는 타이완식 용어 도산dōsan을 사용하고자 한다. 도산은 아버지를 의미하는 일본어 토산tōsan, とうさん에서 파생되었다. 도산이라는 말은 (탈)식민 타이완의 타이완어 사용 가족들 사이에서 상당히 많이 유통되었으며, 친근하고 존경스러운 정서를 품고 있다. 원래의 토산에서 파생어인 도산으로의 변화는 식민주의의 잔재를 보여줄 뿐 아니라 문화적 변용과 차용의 과정도 동시에 보여준다. 1994년에 나온 우 니엔-젠Wu Nien-Jen, 吳念真의 〈두오 상/도산Duo sang/Dōsan, A Borrowed Life, 多桑〉은 일본 정권과 민족주의 정권을 거치며 살았던 우 니엔-젠 자신의 아버지의 삶에 바탕을 둔 영화이다. 이 영화는 비평가들의 관심을 끌면서 '도산'이라는 용어를 대중적, 공적 의식 속으로 끌어들였다. '도산'은 따라서 성장기를 일본 통치하에서 보내고, 국민당Kuomintang, KMT, 國民黨에 의한 재식민지화recolonization로 고통을 겪은 세대를 지칭한다. 국민당의 반일 정책과 권위주의 정권하에서 오랫동안 비교적 조용한 삶을 살던 도산 세대는 최근에 와서야 기억 속에 남아있는 자신들의 생각을 공개적으로 표현하기 시작했다. 이 영화에서 묘사된 것처럼, 도산은 새로운 정권하에서 겪은 소외와 "빌려 사는 인생" 속에는 더 이상 존재하지 않는 일본에 대한 그리움으로 인해 생겨난 남성적 존엄과 비애, 그리고 고독의 분위기를 풍긴다. 전반적으로 명백히 친일적인 정서를 지니고 있고 현대 타이완에서 보기에는 다소 시대착오적인 존재이기 때문에 도산 세대는 일본의 신보수주의자들 사이에서 호의적인 반응을 얻었다. 타이완 사람들은 단순히 보수적이고 민족주의적인 아젠다를 인정한다는 이유로 일본인들의 지지를 받는 경우가 흔하다. 식민에서 (탈)식민 상황으로의 역사적 변화가 초래한 복잡하고 모순적인 감정과 정서들, 그리고 이 과거 신민들에 대한 일본의 '책임'은 언급되거나 심문되는 경우가 거의

없다. 그들의 '타자성'은 다시 한번 '일본인다움Japaneseness' 속으로 통합되지만, 그들은 실은 결코 '일본인다움'을 취할 수 없다. 그 대신 그들은 자신들의 격동적인 삶과 너무도 유사한 '일본인다움'의 이른바 소멸에 대해 한탄만 할 수 있을 뿐이다.[3]

도산 세대와 일본 신보수주의자들의 공모는 새로운 것도 아니고, 놀라울 일도 아니다. 모리 요시오Mori Yoshio, 森宣雄가 주장하듯이, 일본에 거주하는 여러 과거 타이완 독립 옹호자들, 예컨대 후앙 웬-시웅Iuang Wen hsiung과 징 메이-링Jing Mei-ling 같은 사람들은 이전의 자신들의 일본 통치 비판에서 입장을 바꾸어 일본 신보수주의 아젠다의 대변인이 되었다.[2001] 모리는 이 급격한 입장 선회가 주로 1990년대 이후 타이완의 정치 민주화에 기인한다고 주장한다. 민주화는 일본에 거주하는 독립 옹호자들의 정당성을 크게 감소시켰다. 보수로의 선회는 자신들의 타이완 독립 투쟁을 합리화하고 섬-나라 바깥에 존재하는 자신들을 합리화할 필요성 외에도 많은 정치적 실패와 도산 세대 스스로의 타당성 축소로 인해 촉발되었다. 자신들의 목소리가 들리기를 바라는 욕망은 그러므로 이들을 일본 신보수주의자들과의 상생적 실용주의로 나아가게 했다. 여기서 더욱 중요하고 새겨들어야 할 것은 과거 식민지 사람들에 대한 일본 좌파의 무관심과 무지에 대한 모리의 신랄한 고발이다. 진보, 좌파 지식인들은 전후 자신들의 정치적 정확성political correctness으로 인해 냉전 시기의 '친일 타이완'과 '반일 중국/한국'이라는 이항대립적 구조를 수용해 버렸다고 모리는 주장한다. 장제스 통치하의 타이완이 표면상으로 미국에 의존하는 국가였기 때문에 자동적으로 타이완의 모든 목소리는 반공이고 따라서 비진보적인 것을 의미했다. 모리는 이와 같은 급진주의가 스스로의 식민주의 역사를 실제로 직시하기를 거부하면서 과거 일본 식민주의자의 오만을 은폐했다고 지적한다. 일본 좌파의 타이완에 대한 무관심과 주변화가 아이러니 컬하게도 전후 시기 일본과 타이완의 식민적 관계를 은폐해 버렸다는 것이다. 더구나 일본 정부는 일본에 거주하는 타이완 독립 옹호 학생 지도자들을 1970년대에 강제로 돌려보내 귀국 직후 박해를 받도록 함으로써 장제스의 권위주의 정권을 묵인해 버렸다.

타이완으로부터의 니혼진론

이 장을 위해 내가 택한 텍스트는 좀 더 큰 항목인 '타이완으로부터의 니혼진론日本人論, Nihonjinron from Taiwan', 말하자면 (탈)식민 시기에 쓰여진 일본과 일본인들에 대한 서적들이라는 범주에 들어갈 수 있다. 여기에 속하는 저작들은 다음과 같은 범주로 분류될 수 있다. ① 시대 구분 – 전후부터 계엄령 해제까지 1945~1987와 계엄령 이후부터 현재까지; ② 저자 – 이른바 와이셴그런waishengren, 外省人, 본토인들과 그들의 후손들이 쓴 저작과 벤셴그런benshengren, 本省人, 토착 타이완인들이 쓴 저작; 그리고 ③ 언어 – 중국어나 일본어로 씌어진 서적들.[4]

후앙 치-훼이Huang Chi-huei의 연구에 따르면, 1947년부터 2000년 사이에 일본에 관한 약 40권의 책이 중국어로 출판되었으며, 그 대부분은 1987년 이후가 되어서야 출판되었다. 예상할 수 있는 일이지만, 전쟁 직후 시기에는 일본에 관한 책 대부분이 와이셴그런에 의해 승전국의 관점에서 기술되었다. 벤셴그런에 의해 쓰여진 책이라 할지라도 그것들은 와이셴그런 지배 정당의 암묵적 승인하에서만 출판되었으며, 국민당의 공인된 정치적 견해를 반영했다. 과거 식민주의자와 피식민자 사이의 개인적 관계에 관한 정서는 '승전' 국과 '패전' 국 또는 영웅적 반제국주의자와 사악한 식민주의자라는 이분법 안으로 포함되거나 무시되었다. 요컨대, 이 시기에는 일본에 관한 중국어 서적들이 ('식민화된' 민족이라는 벤셴그렌의 관점과 반대로) '침략당한 민족'이라는 와이셴그렌의 관점을 반영했다. 와이셴그렌의 관점은 항일전쟁 시기 본토의 반일감정과 일치하는 관점이다. '침략당한 민족'과 '식민화된 민족'이라는 미묘하지만 확연한 구분은 중요하다. 왜냐하면 '침략당한 민족' 개념은 토착 타이완인들의 경험과 관점을 주변화할 뿐 아니라, 전후 민족주의 담론 속에서 식민주의를 보이지 않게 만들어버리기 때문이다.

계엄령 이후 시대, 특히 1990년대 이후에는 과거 피식민자들의 관점에서 서술된 일본 관련 글들이 넘쳐났다. 스물네 권의 타이완 '니혼진론' 서적들이 1992년과 2003년 사이에 출판되었다. 이 책들은 대부분 벤셴그렌에 의해 일본어로 서술되었으며, 자가출판되거나 일본에서 출판되었다. 이 책들은 대부분 비전문 작가들에 의해 집필되었으며, 대부분 전기, 회고록, 자서전, 시라는 문학 형식을 차용했다. 이 책들은 일본 통치에 대한 격렬한 비난에서부터 똑같이 열정적인 일본 식민주의 옹호에 이르기까지 엄청난 감정과 확신으로 개인적 경험을 회고하고 재평가했다. '침략당한' 사람의 관점에서 '식민화된' 사람의 관점으로의 변화는 1990년대 타이완 민주화 운동에 의해 추동된 것으로서, 이 변화는 타이완 스스로의 역사, 그중에서도 특히 식민지 시대에 대한 좀 더 타이완 중심적인 이해의 공간을 열어주었다.

나는 나의 분석을 위해 타이완 사람들/식민화된 사람들의 관점을 따르면서 일본 식민주의에 대해 심원한 향수와 애정을 표현하는 네 권의 저작을 선택했다. 나의 이런 선택이 전적으로 자의적인 것은 아니다. 첫째, 이 저작들은 사쿠라노하나 출판사Sakuranohana Publishing House, 桜の花出版의 '일본인의 자부심Pride of the Japanese, 日本人の誇り' 총서 시리즈에 포함되어 있으며, 모두 일본어

로 쓰였다. 사쿠라노하나 출판사는 노골적으로 신보수주의와 신민족주의 아젠다를 표방하는 소규모 출판사이다.[5] 총서 제목은 '일본인'이라는 말의 이중적 독법을 유도하는 것 같다. 그것은 한때 일본인이었음을 자랑스럽게 여기는 과거 신민들과, 자기 나라에 대해 자부심을 갖기를 요구받는 오늘의 일본인들이라는 의미이다. 둘째, 비록 사명감을 가지고 설명하고 있지는 않지만, 이 저술들은 이시하라 신타로Ishihara Shintarō, 石原慎太郎나 고바야시 요시노리Kobayashi Yoshinori, 小林善範와 같은 신보수주의자들의 수사학과 담론을 공유하고 있다. 쉽게 생각할 수 있는 것은 이와 같은 '일본인의 자부심' 필자들이 일본인 복화술사들의 말을 그대로 토해내는 인형에 불과하다고 간주하는 일이다. 하지만 나는 타이완/일본/중국의 (탈)식민 문맥 속에서 그들의 향수 담론은 식민주의에서 광복으로, 그리고 최종적으로는 국가 건설로 이어지는 선형적 역사 발전으로부터의 단절로 이해되어야 한다고 주장하고 싶다. 그들의 목소리를 단순히 보수적이고 반동적인 인생 황혼기 노인들의 횡설수설과 동일시한다면 그것은 애초에 그들의 주체성을 구성했던 식민주의 폭력의 재생산에 그치고 말기 때문이다. 그것은 또 식민 권력과 '해방'에 대한 잘못된 신념의 미묘한 부분들을 평면화시켜 버리고 말 것이다. 이 저술들의 '향수의 양식nostalgia mode'은 식민주의 과거에서 (탈)식민주의 현재로까지 계속 이어지는 폭력을 우리가 마주하게 해 준다.

'일본인의 자부심'

과거 부역자들에 대한 한국의 조사라는 문맥에서 본다면 도산 세대는 일본의 통치를 공공연히 칭송하기 때문에 '친일파'들보다 더 나쁜 것 같다.[6]

'일본인의 자부심' 시리즈는 2003년 이후 네 권의 책을 출판했다. ① 양 수 퀴/요 소슈Yang Suqui/Yō Soshū, 楊素秋의 『니혼진와 토테모 수테키다타*Nihonjinwa totemo sutekidatta, 日本人はとても素敵だった, The Japanese Were Wonderful,* 일본인은 멋졌다』2003, ② 카이 민산/사이 빈 조Cai Minsan/Sai Binzō, 蔡敏三의 『카에라자루 니혼진*Kaerazaru Nihonjin, 帰らざる日本人, The Unreturned Japanese,* 돌아가지 않은 일본인』2004, ③ 케 데산/카 토쿠조Ke Desan/Ka Tokuzo, 柯德三의 『보코쿠와 니혼, 소코쿠와 타이완-아루 니 혼고조쿠 타이완진노 코쿠하쿠*Bokoku wa Nihon, Sokoku wa Taiwan: Aru Nihongozoku Taiwanjinno Kokuhaku, 母国は日本、祖国は台湾一或る日本語族台湾人の告白, Motherland Is Japan, Fatherland Is Taiwan: A Taiwanese from the Japanese Speaking Tribe,* 어머니의 나라 일본, 아버지의 나라 타이완-어느 일본어족 타이완인의 고백』2005, ④ 그리고 양 잉인/요 오긴Yang Yingyin/Yō Ōgin, 楊應吟의 『수바라시카타 니혼노 센세이토 소노 쿄이쿠*Subarashikatta Nihonno Senseito sono Kyoiku, 素晴らしかった日本の先生とその教育, Wonderful Japanese Teachers and Their Education,* 훌륭했던 일본의 선생님과 그 교육』2006가 그것들이다.[7] 양 수퀴/요 소슈만 유 일하게 여성인 이 저자들은 도산 세대의 프로파일에 모두 들어맞는다. 저자들 은 대부분 1920년대나 1930년대에 태어났고, '황민화imperialization, kōminka, 皇 民化'와 전쟁 동원 시기에 교육 형성기를 거쳤다. 그들은 젊은 시절에 종전을 경험했으며, 엄청난 혼란과 고갈을 느꼈다. 이 저자들은 또한 '광복'의 국민 당 정권 통치 시기를 살았다. 이 책들이 출판되었을 때 저자들은 이미 70대와 80대였다. 내가 '향수의 양식'이라고 부르는 이들 저작의 형식적 구조를 검 토하기 전에 우선 '일본인의 자부심'이라는 총서 형태로 이 저술들이 기여하 고자 하는 역할을 살펴보는 것이 중요하다.[8]

편집자에 따르면, 이 총서의 목표는 국가의 불확실성과 불안정의 시기에 일본인의 정신을 형성하는 본질을 탐구하고 재확인하는 것이다. 이 이야기는 익숙한 것이다. 제2차 세계대전 종전 후에 성취한 상대적인 경제 부흥에도 불구하고, 국가의 위기는 일본과 일본 국민이 다른 나라들로부터 존경받지 못하고 있다는 사실이다. 중국과 북한에 대한 굴종적 외교나 총리대신의 야스쿠니 신사 참배에 관한 논쟁 등의 예는 모두 일본의 주권이 빈약하다는 사실을 보여준다. 총서 편집자의 주장에 따르면 그 잘못은 일본교직원조합 Japan Teachers' Union, 日本教職員組合, Nihon Kyōshokuin Kumiai, JTU과 같은 전후 단체들과 『아사히 신문Asahi Shimbun, 朝日新聞』과 같은 좌경 매체들에 있다. 보수주의자들이 좋아하는 용어로 말하면 이와 같은 '자학사관masochist view of history, 自虐史觀'은 일본의 식민주의를 악으로 만들고 통상적 전쟁 폭력을 넘어서 전쟁범죄를 만들어냈다. 난징 대학살의 날조가 가장 중요한 예이다. 이와 같은 주장들과 반대로, 편집자는 일본이 서구 열강의 착취적 식민주의와는 달리 기반시설의 건설, 교육, 공적 사명감, 그리고 법률 제도 등을 통해 타이완과 한국을 근대화시켰다고 주장한다. 이와 같은 근대화는 일본인들만이 이룩할 수 있는 모범적 성취들이라고 주장된다.[9]

일본의 아시아 '진출advancement'도 탐욕에 기초한 것이 아니라 자기방어를 위한 것이었다. 야심이 다소 개재하긴 했지만, 일본 팽창주의는 서구의 침탈로부터 일본의 자기 생존을 지키고 대동아공영권을 지키는 데 필수 불가결했다. 일본이 행한 모든 일을 칭송하는 것은 잘못이겠지만, 이 총서의 목표는 "부당하게 왜곡되어온 역사적 진실을 포착하고 바로잡는" 것이다. 편집자는 나아가, 식민주의의 상호 이익에도 불구하고 일본의 통치에 대해 상이하게 반응하는 타이완인들과 한국인들에 대해 설명해 나간다. 타이완에 관한 한, 국민당 정권의 억압은 타이완 사람들을 더욱더 착취하고 분노케 했으며, 과거의 통치자들을 그리워하게 만들었다. 국민당 정권의 억압은 2·28사건

February 28 Incident, 二二八事件에서 잘 드러나는데, 당시의 부정부패, 사회 불안정, 군사적 학대, 경제적 곤경에 대한 불만과 좌절이 국민당 정권에 대한 섬 전체의 저항으로 폭발하였다. 한국은 이와 대조적으로, 미국의 감시의 눈 아래서 반일 정권에 의해 쉬쉬 덮어져 버렸다. 한국 민족주의자들은 한국 근대화에 대한 일본의 어떠한 기여도 부정하면서, 지난 60여 년간 그들의 민족적 우수성과 일본인의 천성적 사악함에 대한 믿음을 날조하여 국민을 세뇌했다.

편집자는 너 나아가, 오늘날 세계의 지속적인 구미歐美 인종주의와 헤게모니에 맞서기 위한 인종적, 지역적 연대를 주창한다. 이 총서는 구미의 문명/문화와 구별되는 문명/문화를 창조하기 위해 황인종 국가들 사이의 정신적, 경제적, 정치적 연계를 건설하고 심화할 것을 주창한다. 이것이 오래된 전통을 유지해온 백인/서구의 아시아인에 대한 질시를 뒤집을 수 있는 유일한 방법이다. 마치 1940년대의 대동아공영권을 재건하듯이 일본, 타이완, 중국, 한국, 태국, 미얀마, 인도차이나, 몽골, 티벳, 부탄, 네팔, 그리고 스리랑카가 모두 유사한 가치, 다시 말해 불교와 유교 문화를 지니고 있음을 인정해야 한다. 그럴 때만 근대 인류 역사의 상당 부분을 지배해온 유럽 인종의 존경을 받는 아시아 인종이 존재할 수 있기 때문이다. 일본의 '긍정적인' 식민 경험과 오늘날의 타당성을 보여주기 위해 이 총서 편집자는 쿨릿 쁘라못Kukrit Pramoj 태국 전 총리의 말로 끝을 맺는다. 1955년 태국에 주둔했던 구 일본군 사령관 나카무라 아케토Nakamura Aketo, 中村明人에게 감사를 표하면서 쁘라못은 이렇게 적고 있다.

일본 덕분에 아시아의 모든 민족이 독립을 성취했다. 이 어려운 탄생의 시기에 어머니 일본은 어려움을 겪었다. 그럼에도 모든 자식들은 신속히 건강하게 성장하고 있다. 동남아시아 사람들이 오늘날 미국과 영국에 대해 대등한 위치에서 말할 수 있게 된 것을 우리는 누구에게 감사해야 하는가? 그것은 모두의 이익을 위해 스스로를 희생한 우리의 어머니, 일본 덕분이다. 12월 8일(진주만 공격일)은 이 어머니가 중요한 결정을 위해 스스로의 목숨을 걸면서 우리에게 중요한 진리를 보여주신 날이다. 8월 15일(일본의 항복)은 우리의 사랑하는 어머니가 병상에 누우신 날이다. 우리는 이 두 날을 결코 잊어서는 안 된다.[10]

과거 식민 시절의 동양/서양 이분법을 이렇게 소환하는 것은 오늘의 자본주의 지구화 문맥에서 보면 우스꽝스러우리만치 시대에 뒤지고, 이념적으로도 의심스러운 일이다. 이것은 일본 영도하의 지역주의 논리를 회생시키려는 미약한 몸짓에 버금간다. 일본 식민주의의 성취에 대한 목격자로, 그리고 오늘날 일본에서 말할 수 없는 스스로의 과거에 대한 억압된 진실의 옹호자로 이와 같이 과거 식민주의 신민들이 인도된다. 발행인은 과거 식민주의 시절 신민들의 목소리를 통해 일본인으로서의 자부심을 재건하고자 하며, 신민들은 기쁜 마음으로 기꺼이 호응하는 것 같다. 그러나 나는 그들의 향수의 양식 분석을 통해 한때 일본인이었던 이 사람들의 목소리가 그리 쉽게 동화될 수는 없다는 사실을 제시하고자 한다.

향수의 양식

식민/(탈)식민 일본과 타이완의 광범한 역사성 속에서 개인적 삶의 이야기를 기록하고 있지만, 도산 세대의 저술들은 내가 '향수의 양식'이라고 부른 동일한 서사 구조와 수사 전략을 공유하고 있다. 향수의 양식은 (탈)식민성을 '도산' 세대의 삶에 상응하는 하나의 특수한 연쇄 속에서 바라볼 것을 요구한다. 개인적 경험이 더 큰 역사적 사건들의 증언이 되며, 역사적 사건들은 개인적 삶의 시련과 고난을 설명해 준다. 독특한 말투가 타이완과 일본의 이와 같은 연결성과 유기성을 떠받치고 있다. 향수의 텍스트는 흔히 필자가 감사할 일이 있거나 정다운 기억을 공유하는 일본인 개인 또는 집단을 회고하는 방식으로 시작한다. 이 '평화롭고 안정된 시간'은 '친절하고 상냥한 경찰관과 병사들'이나 '경이로운 선생님들'의 존재로 특징지워진다. 그다음에 텍스트는 일본의 타이완 통치가 이룩해낸 수많은 근대화 업적들, 예컨대 교육, 기반시설 건설, 의료, 법과 질서 등을 열거한다. 일본 식민주의의 혜택 다음에는 국민당의 무자비한 권위주의 통치가 제시되며, 그 둘이 병치된다. 국민당 통치로는 흔히 악명높은 2·28사건과 1950년대의 백색 테러가 강조된다. 책은 대부분 오늘날 일본 민족의 '타락'에 대한 필자의 견해와 우려와 함께 마무리된다. 그리고 필자는 일본 사람들이 일본과 타이완의 역사적 연관을 기억하고 또 일본에 대해 자부심을 가질 것을 촉구한다.

총서 제목들도 구성된 과거에 대한 한탄과 애정, 예컨대 '수테키다타 sutekidatta, 素敵だった, it was wonderful, 멋졌다'나 '수바라시카타subarashikatta, 素晴らしかった, it was marvelous, 훌륭했다'라는 말을 통해 향수의 느낌을 암시한다. 저자들은 일본의 패전과 국적 회복으로 인해 버려진 입양아들과 너무도 유사한 방식으로 과거 일본 신민의 역할을 자주 수행한다. 그들은 일본 식민주의의 위대함과 자비로움의 증인들로서, 1945년 이후 일본에서는 반박되고 은폐된 입장과 확신을 대변한다. 따라서 그들의 기능은 경계에 서 있는 과거 일본인들의 대리인들이다. '돌아가지 않은 일본인'이나 '어머니의 나라 일본, 아버지의 나라 타이완'과 같은 번역된 제목들이 보여주듯이, 그들은 일본 안에 있으면서 동시에 바깥에 있다. 그들은 전후 (탈)식민 시기에 침묵당해 온 일본의 양심을 대변할 수 있다.

향수는 후기 자본주의하의 포스트모던 미학과 정치학을 이해하는 데 핵심 개념이다.Jameson 1991 좀 더 구체적으로 말하면, 향수는 역사적인 기표와 기의의 균열을 보여주는 징후 또는 원인으로 간주되어 왔다. 대부분의 경우 향수는 과거에 대한 집착과 정동이 지나치게 정치적으로 비난받거나 경험적으로 이치가 맞지 않을 때 그것을 비판하기 위해 사용하는 용어가 되어왔다. 이 두 가지 비난은 과거와 연관짓는 적절한 방식에 대한 특정의 이해에 달려있다. 과거에 대한 정동이 비합리적인 장애물이라고 비난받게 되는 것은 오직 역사가 필연적으로 해방적이고, 진보적이고, 또 합리적으로 이해 가능한 것으로 이해된 후에야 가능한 일이다. 과거에 또는 과거라고 약호화된 것들에 골몰하는 사람들은 덜 착취적인 생산양식을 향한 역사의 진보 운동을 방해하는 사람들로 간주된다.Natali 2004 도산 세대가 표출하는 향수는 정치적으로 보수적이며 계급적 특권을 유지하는 게 사실이다. 그러나, 그것은 과거 식민주의자들로부터의 '인정투쟁struggle for recognition'이기도 하다. 의도하지는 않은 방식으로 (탈)식민적 향수는 식민주의에서 탈식민주의로, 그리고 해방/광복에서 국가 건설로 이어지는 역사 진보라는 이데올로기에 균열을 낸다. 그것은 역사가 더 향상된 상태를 향한 진보의 서사라는 이데올로기에 도전한다. 향수는 '해방'과 '패배'라는 이중 절합double articulation이 야기한 정의롭지 못한 조건에 기인한 진정한 불안의 징후이다. 도산 세대는 스스로 선택하지 않은 역사적, 정치적 과정들의 사이-간에 끼어 있었으며, 이것이 일본인들로부터의 '해방'과 중국인들에 의한 '패배'라는 동시적 사건에 관해 그들을 혼란스럽게 만들었다.

향수nostalgia는 정동에 관한 것이다. 그것은 친밀감intimacy, 親密感이자 감상

sentimentality, 感傷이며 신체적인corporeal 것이다. 케 데산이 일본에 대한 자신의 관계를 추상적이고 감정적인 방식으로 서술하듯이, "결국 나는 향수에 젖어 있다. 이건 순전히 내 개인적인 의견이지만, 일본에 대한 내 느낌은 호오의 문제가 아니다. 내가 향수에 젖어있는 것이다. 나를 이렇게 생각하게 만든 것은 필경 내 육체와 영혼에 깊이 침투해 있는 그 어떤 것일 게다".2005:232쪽 그러나 이 정서는 물질적 조건 또한 가지고 있다. 케는 이어서 이렇게 말한다. "예를 들면 나는 일본어를 사용하지 않고는 나를 표현할 수가 없다. 일상 생활에서 내가 타이완어를 쓰기는 하지만, 일본어에는 타이완어에 없는 표현들이 많이 있다. 내가 글을 읽고 쓸 때는 대부분 일본어로 한다. 북경어는 전후에 내가 배운 제3의 언어이다. 젊은이들에 비해 나는 북경어를 잘 하지 못한다. 하지만, 일본어를 통해서 내가 사유와 지식을 확장한 것은 사실이다. 일본어는 내 개인적인 성장에 플러스였다."232쪽 타이완어는 구어이고, 북경어는 '해방' 이후 강제된 것이기 때문에, 그의 세대 대부분 사람처럼 그가 식민 교육 체계하에서 학습한 일본어가 그의 사유와 세계관을 정의하고 구성한 것은 놀랄 일이 아니다. 케가 존재론적으로 스스로를 분리해서 생각할 수 없는 것이 바로 이 식민 조건, 다시 말해 세계 속에서 자신의 존재 정의를 가능하게 하는 바로 그 조건이다. 케는 계속 이렇게 말한다. "오늘 내가 일본이라고 불리는 것과 모든 끈을 단절하고 싶어 하더라도 그럴 수가 없다. (일본이) 나를 키워준 축복과 그로 인해 내게 남아있는 향수 때문이다. 일본은 이미 나의 일부가 되었다. 이것이 나의 결론이다."233쪽

케의 회고를 일본 제국의 위대성에 대한 확증으로 칭송(신보수주의자들의 입장)하거나, 그것을 '부역자'의 허위의식이라고 비난하기(민족주의자들의 입장)는 쉽다. 이 두 극단의 대립적 독법이 사실 가능하고, 또 이 두 가지 독법이 이

독백을 읽을 수 있는 피할 수 없는 방법처럼 보일 수도 있다. 하지만 나는 또 다른 가능성을 주장하고자 한다. 일본과 과거 식민지 신민의 분리 불가능으로 인한 정서는 (탈)식민적 현재의 '왜곡된 일본인'이라는 형식 속에서 식민주의의 억제된 지속성을 증명해 준다. 동일한 식민주의가 지속되는 것은 아니다. 그것은 잊혀지고 무시된 과거 식민지 주체가 이제는 부인할 수 없는 식민성의 흔적들로 뒤덮여 버린 자신의 주체성을 되찾고자 하는 회고이다. 그것은 '일본인'이라는 범주하에 완전히 포섭될 수도 없고, '타이완인'이나 '중국인'으로도 온전히 정의될 수 없는 식민성의 차이colonial difference이다.

'일본정신'

이 총서 작가들은 모두 식민시대에 대해 가장 그리운 것을 회고할 때면 한결같이 전후 (탈)식민 타이완뿐만 아니라 현대 일본에서의 '일본정신' 상실도 지적한다. 그리고 그들은 도산 세대가 얼마나 이 일본정신을 잘 구현하고 있고 또 물려받았는지를 언급한다. 고바야시 요시노리는 『타이완론Taiwan-ron, 台灣論』에서 일본에서는 상실되고 잊혀져 버린 일본정신이 타이완에서만 발견된다는 사실에 감격했다. 그러나 하나의 일본정신이라는 개념은 전시 동원과 연관된 일본의 민족적 본질이라는 무정형의 사상과는 다르다는 사실을 이해하는 것이 중요하다. 오히려 모리 요시오가 지적하듯이 '일본정신'의 타이완식 독법(리분징신ribunjingshin)은 명백히 전후 (탈)식민적 용어이다. 타이완 사람들이 대부분 일본식의 니혼세이신nihonseishin이 아니라 타이완식 발음의 리분징신ribunjingshin을 사용한다는 사실이 바로 이와 같은 식민적 차이를 강조해 준다. 일본 민족이나 천황에 대한 헌신과 참여 정신을 투사하는 니혼세이신과 달리, 리분징신은 사회적 예절이나 공동체적 행위에 대한 좀 더 일상적이고 실용적인 이해를 정의해 준다. 그것은 민족보다는 일상생활과 그 조직에 관한 것으로 이해된다. 고바야시 요시노리를 포함한 대부분의 일본 신보수주의자들은 상상된 과거 이상을 회복하기를 열망하며, 흔히 자신들의 니혼세이신 개념을 타이완의 리분징신 개념에 투사한다. 타이완식 발음은 도덕적 윤리적 미덕을 암시하는 태도와 행위를 가리킨다. 그것은 더 큰 전체와 연관된 행위와 행동들의 광범한 스펙트럼, 예컨대 시간을 잘 지키는 것, 정의, 근면, 준법 의지, 책임감, 진정성, 인간성 등과 같은 미덕을 가리킨다. 이와 같은 태도는 '일본' 그 자체와 연관된 것이 아니라, 본토에서 도망쳐온 정부와 대조적인 일제 '시대' 인식과 연관된 것이라는 사실을 여기서 지적하는 것이 중요하다. 일본 식민시대가 공정하고, 정의롭고, 질서있게 보이는 것은 단지 또 하나의 (탈)식민적 식민통치의 역사적 트라우마를 통해서일 뿐이다. 따라서 실제의 차별과 부정의에도 불구하고 식민시대에 대한 향수는 과거 식민지 신민들을 의심과 경멸의 눈초리로 바라보던 국민당에 의한 '해방'과 권위주의 정권의 만연한 부정부패를 강조하기 위해 투사되는 것이다. 리분징신을 '더 높은 선 greater good'을 위한 도덕적 윤리적 행위의 형식, 사실상의 공중도덕과 연결시킴으로써, 이 과거의 피식민자들은 나아가 현대 일본에서도 그것이 사라졌다고 한탄하는 것이다. 오늘날 일본에서 그들은 만연한 사회적 질병을 발견하며, 그 원인을 공동선의 개념을 버리고 점차 자기중심화되어가는 대중 탓으로 돌린다. 오늘날의 타락에 대한 이와 같은 비판에 있어서 도산 세대는 일본의 신보수주의자들과 유사한 보수주의를 공유하며, 일본 민족의 재생을 자기들의 가장 화급한 임무라고 생각한다.

리분징신에 대한 향수가 일본 그 자체라기보다 일본의 통치 시대에 관한 것이라면, 리분징신에의 호소는 거의 언제나 1945년부터 1987년까지의 국민당의 해방 후 통치와의 대조를 강제한다. 리분징신은 그러므로 (탈)식민 시기를 비판하고, '중국'과 '타이완'의 분리와 통약불능성을 더욱더 강조하는 상상의 시기를 떠받치는 것이다. 일본 통치와 중국 통치의 이와 같은 대비는 통상 근대성과 원시성의 대비로, 또는 위엄있는 패배와 탐욕스러운 승리의 대비로 설정되어서 전쟁의 패자와 승자 사이의 규범적 관계를 전복시킨다. 총서 저자들은 한결같이 점령해 들어온 중국 군대의 초췌하고 거지같은 모습과 군율이 무너진 이미지에 대해 언급한다. 현대 기술을 이해하지 못하고 사용할 줄도 모르는 그들의 무능에 관한 여러 가지 소문들 속에서 중국 군대의 아둔함과 멍청함이 반복적으로 기록된다. 예컨대 어떤 중국군 병사가 콘센트에 연결도 하지 않고 백열전구 스위치를 켜려고 애를 쓴다거나, 또 다른 병사가 수도 꼭지를 사서 벽에다 설치하고는 물이 안 나온다고 판매 직원에게 화를 냈다는 소문들이 있다. 이와 같이 반복되는 이야기와 희화화는 일본이 중국에 패한 것이 아니라 미국에 패한 것이라는 확신을 강화해 준다.

원시적인 중국 병사들의 이야기는 국민당의 타이완 통치를 정당화하는 '광복retrocession'이라는 지배 담론을 역전시킨다. 제3세계의 규범적 담론과 달리, 타이완에서 탈식민화는 해방이나 독립에 관한 것이 아니라 조국 중국으로의 '광복retrocession, guangfu, 光復'에 관한 것이었다. 제3세계 담론이 독립에 관한 것인 반면, 중국 공산당에게 있어서 그것은 번신fanshen, emancipation, 翻身 또는 해방liberation, jiefang, 解放에 관한 것이다. 국민당이 스스로가 중국의 대표라는 상징적 정당성을 주장하였으므로, 중국의 타이완 '광복'은 일본에 의한 50년간의 '노예화nuhua, enslavement, 奴化'에서 벗어나 재중국화re-Sinicization하는 것을 의미했다. 여기서 우리는 한국과 중국의 담론이 자신들의 '내적 대타자internal Other',

다시 말해 일본 부역자들을 구성하는 방식과 타이완인들에 대한 중국의 재현이 보여주는 미묘하면서도 핵심적인 차이에 주목할 필요가 있다. 일본에 의한 타이완의 식민화가 '노예화' 시기임에 반해, 부역자들에 대한 한국과 중국의 용어가 각각 친일파chinilpa, pro-Japanese faction와 한쟌/반역자hanjian, traitor to the Han race, 한(漢)족의 반역자, 漢奸라는 사실이 우리에게 시사점을 준다. 타이완인들은 집단적으로 일본의 '노예들'이 되었다. 식민 시대를 '노예화'로 묘사함으로써 국민당은 스스로를 우월한 문화로 정당화했을 뿐 아니라, 타이완인들을 '탈노예화un-enslave'하고 식민통치의 잔재를 추방하기 위해 전면적이고도 필수적인 모든 수단을 구사하는 무조건적 권력을 스스로 행사했다. '내적 대타자—친일파와 한쟌—'가 재판받고, 공개되고, 처형되어야 한다면, 그 정의상 다른 사람들에 의해 소유된 '노예'는 민족주의자들에 의해서 '구출되어야' 할 뿐 아니라 '재교육'되어야 하며, 그들의 문화도 '재구성되어야' 한다. '노예화'는 따라서 식민주의의 모든 흔적들, 다시 말해 언어에서 교육까지, 의복에서 건축까지 일본 통치와 연관될 수 있는 모든 것들의 흔적에 대한 '근절' 요구로 이어져야 한다. 이 '전환'의 시기에 타이완의 지식인들은 좀 더 점진적인 '번역translation'의 과정, 다시 말해 일본에서 중국으로의 근대적이고 유용한 것들의 번역을 간청했다. 하지만 중국화라는 애국적 과정을 위해 그것은 철저히 무시되었다.[11] 타이완 지식인들은 따라서 탈식민화 주체로서의 어떠한 역할도 박탈되었다. 그 대신 그들은 재중국화의 수동적 대상이 되었다.

'전승' 군대의 원시성은 새 정권의 만연한 부패와 잔인성으로 인해 더욱 악화되었다. 총서의 모든 저자들이 1947년의 2·28사건을 언급한다. 이 사건은 혹독한 군사적 탄압으로 이어져 수만 명의 타이완인이 살해당하거나 체포되었다. 이 혼란과 혼동의 시기에 일본어는 타이완인들에 의해 타이완인과 중국인을 구별하기 위한 유일한 수단으로 사용되었다. 허우 샤오-셴Hou Hsiao-hsien, 侯孝賢 감독의 〈베이킹 쳉시Beiqing Chengshi, 悲情城市, The City of Sadness, 비정성시〉에 나오는 한 장면은 식민 언어가 이렇게 '해방'자들에게 저항하는 수단으로 사용되는 아이러니를 뛰어나게 포착하고 있다. 해방에 뒤이어 국민당이 공산주의자들에게 패배한 뒤 타이완으로 이주하게 되고, 40년간의 국민당 권위주의 통치가 이어졌다. 뒤따른 것은 냉전 구조하에 반공이라는 이름으로 정치적 이견을 짓밟고 이념을 통제하기 위한 백색 테러의 시기였다. 국민당은 스스로의 통치를 강화하고 타이완인들을 '노예' 근성으로부터 재교육하기 위한 여러가지 반일 조치들에 착수했다. 다른 대부분의 향수 양식과 달리, 리분징신과 일본 통치 시기에 대한 갈망은 현상에 대한 그저 수동적이고 보수적인 반응이 아니며, 특수한 특권의 상실에 대한 단순한 한탄도 아니다. 오히려 그것은 능동적인 보상과 배상의 요구이다. 명백히 그것은 제3세계 담론에 널리 퍼져있고 또 당연한 것으로 간주되는 식민주의→반식민주의→해방→국가건설이라는 선형적 서사에 대한 심문으로까지 이어져야 한다.

민족주의 정권 치하의 타이완의 두 번째 식민화에 대한 하나의 대항서사로서 리분징신에 대한 향수는 따라서 도산 세대에게 문화주의적이면서도 인종주의적인 반중적 태도를 만들어낸다. 그들의 해방 후 경험은 그들의 마음속에 중국인들은 거짓말을 잘하며 따라서 믿을 수 없고, 언제나 자신들의 행동을 합리화하고 천성적으로 부패했다는 생각을 강화했다. 개인적인 와이셴그렌 사돈의 경험에서 시작하여 예절이 없고 가게 물건을 훔치는 중국 여행객에 대한 일반화된 이야기들로 발전하게 되고, 비록 악마화까지는 아닐지라도 결국 모든 와이셴그렌과 본토인들이 교활하고, 부패하고, 오만한 것으로 뭉뚱그려지고 정형화된다. 일본 통치 시기는 그러므로 더 훌륭하고 정의로운 것으로 합리화되고, 반대로 일본 식민주의에 대한 모든 비판은 따라서 중국의 음모와 비방으로 간주된다. 확고한 반중 입장을 취하는 도산 세대는 황혼기에 접어든 자신들이 중국의 부상 속에 쇠퇴해가고 있는 일본에게 과거의 위용과 성취를 상기시켜 줄 수 있는 겸손한 과거의 신민이라고 상상한다. 따라서 리분징신과 니혼세이신의 모호성과 이중적 의미는 인정받기를 바라는 과거 피식민자들의 간청과 민족의 부활을 바라는 과거 식민자들의 욕망을 연결해 준다. 이 공유된 에토스는 과거 식민지 신민에게는 거부되었던 미래를 상상하기 위한 하나의 장치로 등장한다. 그들은 현대 일본에 대한 자기들의 의견이 '비판'이 아니라 한때 일본인이었던 사람들의 '친절한 충고'로 간주되어야 한다고 힘주어 설명한다. 많은 사람이 스스로의 늙은 나이에 대해 한탄하지만, 미약하지만 진심어린 자신들의 행동을 통해 일본을 각성시키고 활력을 새로 불어넣을 수 있다는 희망을 가지고 있다. 그들은 타이완과의 식민 관계에 대해 일본이 역사의식을 발전시키고, 식민주의 시절과 전후 재건의 시기에 일본이 가지고 있던 자부심을 재점화하며, 한때 아름답고 경이롭던 나라를 기억하라고 역설한다.

일본과의 관계 재결합을 원하고 일본의 부활을 바라는 이와 같은 욕망이 명백하게 보여주는 것이 새로 강력해지고 있는 중국에 대한 도산 세대의 통렬한 위기감이다. 총서의 모든 텍스트는 중국의 부상을 역내 공영의 위협으로 제시한다. 그들은 새로운 중국을 여전히 낡은 상투적 이미지의 렌즈를 통해서 보고 있으며, 자기들이 '눈으로 보고 있는' 중국의 놀랄만한 경제 성장과 기억 속에서 '믿고 있는' 저개발의 중국 사이의 편차를 일치시킬 수가 없다. 내가 여기서 제안하고자 하는 것은, 중국에 대한 이들의 불안과 일본과의 재결합 및 일본의 부활에 대한 절박함은 뚜렷한 이 지역 내부의 질서 변화를 가리키고 있다는 사실이다. 이 질서 변화는 19세기 후반 이후와 전후 탈식민 시기를 관통하여 타이완이 편입되어 들어간 일본과 아시아(내)의 근대/식민주의 모델로부터의 이탈을 의미한다. 이들의 불안이 드러내는 것은 이 지역의 유일한 리더로서의 일본이 명백히 사라지고 있다는 사실이다. 한국, 타이완, 그리고 소위 대중화Greater China의 경제적, 문화적 발전으로 인해 일본은 이제 그 근대/식민주의 역사에 있어서 처음으로 자신의 이웃들을 대등한 존재로 직면해야 하게 되었다. 일본 중심 모델의 이와 같은 쇠퇴는 신보수주의자들의 '일본인의 자부심' 회복 노력에 핵심 역할을 한다. 도산 세대에게 이것은 다양한 식민화 시기를 살았던 자신들의 거친 삶을 이해하려는 시도이기도 하다. 그것은 인정을 받고자 하는 필사적인 갈망이며, 자신들이 세상을 떠나면 유골과 함께 잊히고 묻혀버릴 자신들의 단절된 정체성에 대한 갈망이다. 일본의 패전 이후 일본 식민주의에 의해 버려지고, 일본 전통을 지녔다는 이유로 국민당에게는 억압받은 이 사람들은 가족과 친구가 있는 가정이라는 사적 공간을 제외하고는 그 어디서도 자신들의 느낌을 표현할 타당한 채널을 찾을 수가 없었다. 일본 신보수주의자들이 이들의 기억과 이야기를 동원하는 유일한 집단이 되어버렸다는 사실은 식민주의의 끈질긴 흔적과 일본과 타이완 사이의 신산한 탈식민 조건에 대한 증언이 될 뿐이다.

나가며

프란츠 파농Frantz Fanon은 탈식민화는 언제나 폭력적 현상이라고 말했다. 그것은 "아주 간단히 말해서 특정의 인간 '종'을 다른 인간의 '종'으로 대체하는 것이다. 거기에는 어떠한 전환의 시기도 없이, 그저 전면적이고, 완전하고, 절대적인 대체만 있을 뿐이다". 그것은 "마지막이 처음이 되고, 처음이 마지막

이 되는” 역사적 과정이다. “살인적이고 결정적인 두 주인공 사이의 투쟁이 일어나고 난 후에”만 운명의 전도가 발생할 수 있다고 파농은 우리에게 경고한다.1968:37쪽 일본과 타이완 사이의 탈식민화 과정은 폭력적이었지만, 그 뒤에 이어진 폭력은 식민주의자들과 피식민자들 사이의 폭력이 아니라 해방적 반[#]피식민자들liberating semicolonized과 피식민자들 사이의 폭력이었다. 파농이 해방 이후 민족 부르주아지에 의한 식민주의 구조의 재생산과 신식민주의의 연루에 대해 경고했다면, 타이완에서의 탈식민화는 상이하면서도 서로 연관된 두 가지 궤적을 탄생시켰다. ‘해방을 통한 재식민화와 패배를 통한 탈식민화’ 과정이 그것이다. 해방이 원주민에게 외부의 통제를 강제하는 또 하나의 형식이 되면서, 과거 식민주의자들에 의해 뒤에 남겨진 식민주의 구조를 물려받게 되었다. 이러한 (탈)식민 조건에서 마지막이 마지막으로 남게 되었다. 일본의 패전은 과거 식민지들에서 일본 제국이 격렬한 투쟁 없이 폐기되었다는 사실을 의미했다. 패전이 단순히 탈식민화를 대체한 것이다. 처음이 마지막이 되지 못한 것이다. 일본과 타이완 사이의 이와 같은 역설적 (탈)식민 조건을 나는 ‘비탈식민화nondecolonization’ 라고 부른다. 역사적 조건으로서 비탈식민화는 식민화→탈식민화→해방의 목적론적 담론에 문제를 제기한다. 내 목적은 ‘진정한’ 탈식민화가 이루어졌다면 어떤 일이 발생했을까를 상상하는 데 있는 것이 아니다. 오히려 비탈식민화는 동아시아의 착종되고 폭력적인 (탈)식민성의 과정을 가리키며, 반일감정anti-Japanism과 친일감정pro-Japanism은 그것의 때늦은 발현일 뿐이다. 일본은 언제나 아시아의 이웃들에게 양가적인 태도를 유지해 왔다. 일본은 스스로를 아시아의 일부part of이면서 동시에 탈아시아적apart from인 것으로, 인종적으로는 유사하지만 문화적으로는 우월한 존재로 간주해 왔다. 중국이나 한국과 타이완 같은 나라들의 부상을 고려하면 이와 같은 근대/식민주의 시각은 급속히 낡은 것이 되고 있다. 일본 거류 한국 비평가 강상중Kang Sanjung, 姜尙中이 최근에 제기한 질문은 인상적이다. 그는 일본이 계속해서 미국의 예속국가client state로 봉사하며 아시아 이웃들을 무시할 것인지, 그래서 일본이 '아시아의 고아orphan of Asia, 亞細亞的孤儿'가 되려고 하는지 묻고 있다. 오늘의 일본을 묘사하기 위해 강상중이 '고아'라는 단어를 사용한 것은 아이러니컬하다. 타이완계 작가 우 저류Wu Zhouliu, 吳濁流가 전쟁 시기에 일본어로 쓴 책『아시아의 고아Orphan of Asia, 亞細亞的孤兒』는 일본 식민주의와 중국 민족주의 모두에 의해 거부당한 후 소설의 주인공이 타이완의 정체성을 고통스럽게 인식해 나가는 과정을 묘사하고 있다.[12] 도산 세대에게 인정 욕망은 그들의 식민과 (탈)식민 정체성이라는 양가성에서 초래된다. 케 데산은 식민지 시대에 자신이 일본을 방문했을 때 일본 사람들로부터 어디서 왔느냐는 질문을 받았다고 적고 있다. 케가 타이완에서 왔다고 답하자, 다시 인간을 사냥하는 원주민들과 동족이 아닌지 질문을 받았다. (탈)식민 시대에도 여전히 질문은 어디서 왔는지, 왜 일본어를 그토록 유창하게 말하는지 등이다. 전후 (탈)식민 일본인들은 한때 일본인이었던 사람들의 존재조차 이해하지 못하고 있는 것이다. 이처럼 과거의 식민지 신민과 관계를 맺지 못하는 태도는 전후 일본의 식민주의에 대한 더 큰 망각의 징후이다. 도산 세대에게는 불행하게도 시간이 그들의 편에 있지 않다.

제5장
사랑의 이름으로
비판적 지역주의와 후기-동아시아의 공-생

사랑은 적을 친구로 바꿀 수 있는 유일한 힘이다.

—마틴 루터 킹, 주니어

들어가며

우선 두 가지 이미지로 시작하고자 한다. 2012년 가을 중국의 반일 시위에
서는 2005년의 항의 시위에서와 마찬가지로, 그러나 거의 확실하게 2005년
보다는 더 강렬하고 정기적으로, 시위에 영향을 받은 이미지, 영상, 트위터,
채팅이 중국의 가장 대중적인 미니블로그 사이트인 시나 웨이보Sina Weibo, 新
浪微博를 비롯한 소셜 미디어에 넘쳐났다. 일본 상표를 가진 많은 가게가 시위
자들의 공격을 받았기 때문에 가게 주인들과 소비자들은 자신들의 애국심을
보여주기 위해, 또는 사실은 동포들의 애국심이 비껴가게 하기 위해, 예컨대
전자 제품의 일본 상표 이름을 검게 칠하거나 테이프로 가리거나, 가게 주인
이 중국 사람이라고 강조하는 등 온갖 일을 다 했다. 첫째로 제시하고자 하는
사진 이미지는 명시되지 않은 중국의 어떤 도시에서 일본 상표 니콘Nikon과

소니Sony를 광고하는 가게 전면 모습을 보여준다.

사진 속에는 노란 니콘 간판 바로 아래에 더 작지만 밝은 색깔의 붉은 네온 빛으로 이런 구절이 쓰여 있다. "왜구를 타도하자. 아오이 소라Aoi Sola, 蒼井そら를 산 채로 잡아오자. 댜오위 열도를 우리에게 반환하라!"* 의심할 여지 없이 이 전자 간판은 분노한 시위자들로부터 가게를 보호하기 위한 의도를 갖는 것이었다. '왜구'와 '댜오위 열도'는 명백히 중국 민족주의 정서와의 연대를 표현하고 있다. 그렇다면 우리는 일본의 유명한 전직 성인 비디오 스타 아오이 소라의 이름이 언급된 사실은 어떻게 이해해야 하는가? 일본 성인 비디오는 아시아의 (암)시장을 지배해 왔는데, 아오이는 가장 유명한 전직 성인 비디오 스타 중 한 명이다. 아오이는 주류 연기 분야로 차차 옮겨가서 아시아의 다른 연예계 시장에 데뷔하게 되었다. 2008년 3월 아오이는 태국 영화 〈호르몬Hormones〉에 출연하여 일본 여행객 역할을 연기했다. 2009년 5월에는 한국 텔레비전 드라마 〈한국어학당The Korean Classroom〉에 출연했다. 2011년 4월에는 인도네시아 호러 영화 〈서스터 케라마스 2Suster Keramas 2〉에 출연했다. 그러나 2014년에 이르러 아오이가 가장 많은 팬을 확보한 곳은 중국이었다. 중국 팬 중에는 성인 비디오를 소비하지 않는 여성들도 포함되어 있다. 당시 중국에서 아오이는 시나 웨이보에 천삼백만 명 이상의 팔로워를 가지고 있었으며, 그녀를 애모하는 열성 팬들로부터 '캉 선생님Teacher Cang'이라는 애칭으로 불렸다.[1]

9월 14일 반일 시위 와중에 아오이는 자신의 시나 웨이보 계정에 중국-일

---

* 저자는 "명시되지 않은" 어떤 도시의 가게에 걸린 문구를 언급하고 있다. 흔히 인터넷에 떠도는 문구는 이 구절들과 의미는 비슷하지만, 표현이 약간 다른 다음과 같은 것이다. "打倒小日本. 釣魚島是中國的. 蒼井空是世界的." 한국어로 표현하면 다음과 같은 의미이다. "왜구를 타도하자. 댜오위는 중국의 것. 아오이 소라는 세계의 것."

본의 '우정'을 호소하여 다소 눈길을 끄는 붓글씨를 올렸다. 순진하지는 않더라도 일견 순수한 아오이의 평화 호소는 쉽게 예측할 수 있듯이, 조롱에서 존경까지, 경멸에서 암묵적 인정에까지 이르는 복합적인 반응에 직면했다. 추정컨대 아오이의 많은 남성 동조자는 아오이에게 (그들에 따르면 지저분한 남성들의 영역인) 정치에 끼어들지 말 것을 역설한 반면, 대부분의 반응은 그녀의 과거 직업에 대한 노골적인 성적 언급이나 성적 농담을 포함한 가벼운 빈정거림들이었다. 여기서, 두 나라의 '우정'에 대한 아오이의 '공적' 요구와 그녀를 비난하는 중국 팬들의 '사적' 경험 사이에서 우리가 볼 수 있는 것은 그녀에 대한 '사랑'과 국가에 대한 '사랑'의 통약불가능성이다. 아오이에게 정치에서 벗어나 있으라고 주장하는 팬들은 한 가지 친밀감(자기 쾌락, 시각적 기쁨)을 다른 종류의 친밀감(조국애와 민족애)으로 대체했다. 사진 속에 나타난 구호처럼 '아오이를 산 채로 잡아오'면 국가에 대한 사랑도 충족시키고 자기들의 '아이돌'도 소유함으로써 공적public 욕망과 사타구니pubic 욕망(?) 사이의 모순을 적어도 일시적으로는 해결하게 된다. 이 경우 우리가 얻게 되는 것은 노골적인 성차별주의건 부드러운 성차별주의건 결국에는 '적의 여인을 겁탈하자'는 낡은 구절을 반복하는 남성주의 담론이다. 여기서 노골적인 성차별주의는 국가에 대한 사랑을 애국심의 공적 행위로 표현하는 것이고, 부드러운 성차별주의는 포르노 스타에 대한 사랑, 또는 추정컨대 은밀하게 행해지는 그녀의 행위에 대한 사랑을 억압하는 것이다. 언뜻 보기에는 통약불가능해 보이는 이 두 가지 정동을 서로 연결해 주는 것이 육욕carnality과 남성성이다. 아마도 우리는 두 번째 정동을 사랑이 아니라 정욕lust이라고 특징지어야 할 것이다. 사랑과 달리 정욕은 식욕처럼 대상의 주체적 상태나 소망에 대해서는 무관심하거나 무차별적인 것이라고 믿어진다. 이에 반해 사랑은 상호성의 느낌과 배타성을 의미한다.

　인터넷에 떠돌아다니는 두 번째 이미지는 앞의 이미지와 정반대의 정서를 표현하는 것 같다. 이것은 두 눈을 아래로 늘어뜨린 채 포스터 하나를 들고 있는 젊은 중국 여성을 보여준다. 포스터에는 이렇게 적혀있다. "우리는 전쟁과 지진과 홍수를 이겨냈습니다. 이것은 파시즘이 아닙니다. 우리의 영토는 투쟁과 분쇄와 방화 위에 세워진 것이 아닙니다. 이것은 문화대혁명Cultural Revolution이 아닙니다. 전 세계가 우리의 올림픽을 시켜보았습니다. 제발 폭력을 멈추십시오. 제 기억으로 우리 조국은 사랑으로 가득 차 있습니다." 남성주의적이고, 성적이고, 복수심에 가득 찬 그 민족주의 간판과는 반대로, 흰 종이에 검은 글씨로 씌어진 이 단순한 선언은 훨씬 더 온건하며 반일 시위대의 군중 심리에 대해서도 훨씬 더 비판적이다. 프란츠 파농의 인종주의 공식을 빌려와서 첫 번째 이미지를 우리가 '저속한 민족주의vulgar nationalism'라고 부를 수 있다면, 이 두 번째 이미지는 '공손한 민족주의polite nationalism' 형식이라고 규정할 수 있겠다. '공손한 민족주의'를 과거의 죄악인 파시즘이나 문화대혁명과 구별하고, 인재나 자연재해를 극복하는 중국 국민의 저력을 강조하고, 최근의 베이징 올림픽 성공을 진보와 발전의 징표로 환기함으로써 이 포스터는 시위자들에게 폭력을 멈출 것을 역설하고 있다. 이 온화한 민족주의 주장을 기능하게 하는 것은 확대된 글자로 씌어진 '애ai, 愛' 즉 사랑이다. 평범하지만 공허하지는 않은 외교적 순진함의 몸짓인 아오이의 '우정' 호소와 마찬가지로, 중국 민족의 통일 원칙으로 이와 같이 사랑에 호소하는 것도 그 자체로 문제가 없는 것은 아니다. 마이클 하트Michael Hardt가 지적하듯이2011, 이와 같은 사랑은 자기동일적이며identitarian 비전환적nontransformative이다. 그것은 정도와 강도는 다를지라도 민족주의, 파시즘, 인종주의를 공통으로 특징짓는 동일성의 사랑love of the same이다. 하트에게 있어서 적절히 정치적인 사랑의 개념은 통일의 충동unifying impulse에 저항해야 하며, 차이와 다양성을 포용해야 한다. 그것은 이방인에 대한 사랑이어야 하며, 새로운 사회적 연대와 제휴를 창조하는 힘을 향해 열려 있어야 한다. 저속한 민족주의와 공손한 민족주의를 모두 초월할 수 있는 정치적 사랑의 개념을 우리는 어떻게 상상할 수 있는가? 정치적 개념으로서 사랑은 동아시아에서 우리가 근본주의적 정치 갈등과 자유주의적 문화 교류를 넘어설 수 있는 관계를 상상하게 해 줄 새로운 친화성affinities과 주체들subjectivityies을 창조하기 위해 무엇을 할 수 있는가? 이 장에서 나는 전후 탈식민 동아시아에 나타난 사랑의 재현 또는 정치적 사랑 개념의 재현 네 가지를 검토한다. 그것들은 초국적 친밀감과 국가 내적 친밀감의 가능성을 엿보게 해줄 것이다.[2]

나는 네 가지 텍스트에 나타난 사랑의 구현 계기들을 검토하고자 한다. 네 가지 텍스트는 〈고지라Gojira, ゴジラ〉1954, 〈교사형Death by Hanging, 絞死刑〉1968, 『묵공Mohist Attack, 墨攻, Battle of the Wits』1992~1996, 그리고 〈낮은 목소리 3 − 숨결My Own Breathing〉1999이다. 이 텍스트들의 선택은 자의적인 것이 아니다. 일부 텍스트는 이전 장들에서 이미 논의한 것들로서, 복수의 상이한 독법들을 허용해 준다. 나는 이 네 가지 텍스트가 사랑의 정치적 개념 가능성 네 가지를 재현해 준다고 주장하고자 한다. 이 네 가지 개념은 국가에 대한 사랑과 동일성에 대한 사랑을 초월할 수 있는 정동적 소속감affective belonging의 가능성들을 엿보게 해 줄 것이다. 각 개념의 구체적 역사성은 각각의 정치적 문맥에 의해 규정되고 경계가 정해지는 다양한 가능성과 불가능성들을 제시해 준다. 나는 잠정적으로 그것들을 각각 '전후postwar', '탈식민postcolonial', '버블경제 이후post-bubble', '국민국가 이후post-nation'라고 요약한다. 〈고지라〉의 경우, 사랑

의 삼각관계에 초점을 맞춤으로써 나는 전후 일본에 나타난 '전통적' 사랑에서 '근대적' 사랑으로의 전환을 보여주고자 한다. 그러나 나는 근대적 결합 형식의 실현과 구체화는 '전통적인' 비낭만적nonromantic 연대 형식의 희생에 달려있다고 주장한다. 이와 관련해서 결혼의 '전통적' 중매제도는 근대적, 낭만적 사랑의 바깥에 존재하는 것이 아니라 바로 그것을 가능케 하는 조건 그 자체이다. 〈교사형〉에서 우리는 탈식민 주체인 R이 '누나'에 대한 사랑을 통한 한민족과의 동일시를 거부하는 모습을 본다. 반식민 민족주의의 양심을 대변하는 '누나'를 향한 애정에도 불구하고 R은 재일 거류 조선인으로서 자신의 이산적diasporic 조건에 대해 끊임없이 고뇌하며, 한국 민족과의 동일시가 현재 자신의 곤경과는 통약불가능하다는 사실을 발견한다. 묵가墨家의 겸애설impartial love, 兼愛說을 재기입함으로써 『묵공』 만화 시리즈는 겸애를 반전사상antiwarism과 연결시켜 전쟁의 역사를 비판하고 있다. 이와 같은 겸애는 버블경제 이후 일본의 커져가는 민족주의적 쇼비니즘 외중에 일본과 중국의 조상이 같다고 묘사함으로써 두 민족의 연관성을 재강조한다. 마지막으로 〈낮은 목소리 3 — 숨결〉은 가부장적인 한국과 일본의 국민국가에 의해 사죄와 보상이 지속적으로 연기되고 부인되는 상황 속에서 모녀간의 무조건적인 사랑을 통해 '위안부들'의 수치를 구원해내고 있다. 화해의 정치학politics of reconciliation이 가능해지는 곳은 공식 외교의 공적 영역이 아니라 사적 친밀감private intimacy의 영역이다. 내가 분석하는 예들은 단순한 친밀감의 상이한 구현 계기들이 아니라, 이성애규범적heteronormative이고 국가가 보장하는 state-sanctioned 화해의 정치학 바깥 영역에 존재하는 관계성relationality의 윤곽들이다. 요컨대, 이 예들은 사랑을 다른 방식으로 상상하는 것을 허용해 준다.

〈고지라〉, 낭만적 사랑, 그리고 전후 일본

일본의 '전후 최초 미디어 이벤트'인 〈고지라〉1954는 일본 영화 제작에서 하나의 이정표였다.Kushner 2006:41쪽 그것은 일본의 국제무대 복귀를 알리는 최초의 영화였으며, 미군정의 검열을 벗어난 전후 최초의 영화였으며, 프랜차이즈 시리즈를 탄생시킨 최초의 영화였으며, (아주 형편없긴 했지만) 할리우드의 괴수영화 장르로 개작되기도 했다. 수전 네이피어Susan Napier는 〈고지라〉가 몇 가지 이념적 좌표 위에서 작동하고 있다고 주장한다.1993:331~332쪽 첫째, 이 영화는 히로시마와 나가사키의 원자폭탄 비극에 대한 명백한 언급을 통해 미국의 핵 과학을 악마화하고 있다. (덧붙여 말하자면, 미국판 개봉에서는 원자폭탄으로 인한 이 두 폐허 지점에 관한 30분의 언급이 삭제되었다.) 둘째, 이 영화는 악과 위협적인 괴물에 맞선 '선한' 일본 과학의 승리로 끝난다. 이 승리는 일본 과학자 세리자와Serizawa가 산소탄을 사용하여 핵 괴수를 격퇴하고, 그렇게 함으로써 미국이 아니라 일본이 세계의 구원자로 등장하게 되는 '역사 다시 쓰기'를 암시하는 극적 종결을 통해 성취된다. 전시의 파시스트 군국주의와 반대로, 세리자와의 희생적 인본주의는 반핵에다 상징적으로 '반미'이며, 따라서 일시적으로나마 이 두 나라의 권력 동학을 역전시키는 뉴 재팬을 호출해낸다. 그러나 영화 평론가들에 의해 자주 언급되지 못한 사실은 세리자와, 에미코야마네 교수의 딸, 그리고 오가타구조선의 선장 사이의 사랑의 삼각관계이다. 야마네의 동료인 세리자와는 에미코와 중매로 약혼한 상태에 있다. 그러나 에미코는 오가타에게 끌리게 되고, 세리자와와의 약혼을 파기하기로 결심한다. 아마도 에미코에게 여전히 관심이 있는 세리자와는 에미코에게 자신의 비밀 실험과 치명적 발명품인 산소탄을 보여주고 시연해 보이며, 그것에 대해 누구에게도 말하지 말라고 경고한다. 이 비밀 병기의 힘에 놀라고 위협적인 괴수 퇴치에 열성적인 에미코는 세리자와의 경고를 무시하고 오가타에게 산소탄 얘기를 하게 되고, 두 사람은 고지라에게 산소탄을 발사하자고 세리자와를 설득하려고 애쓴다. 엄청난 설득과 고뇌에도 불구하고, 세리자와는 산소탄이 나쁜 사람들의 수중에 들어갈 위험을 언급하며 처음에는 그들의 간청을 뿌리친다. 그러나 고지라의 유린과 부상자들의 고통을 목격하고 또 텔레비전에 방송된 여학생들의 노래를 들은 뒤 세리자와는 마음을 바꾼다. 여기서 중요한 것은 세리자와의 희생이 고지라(와 세리자와 자신)을 파괴할 뿐 아니라, 전후 개인주의와 민주주의, 그리고 낭만적 사랑의 상징인 오가타와 에미코의 승리를 가능케 해 준다는 사실이다. (인류와 에미코를 향한) 세리자와의 희생적 사랑은 그러므로 국가적 위기와 개인적 위기 두 가지를 모두 해결해 준다.

앤서니 기든스Anthony Giddens는 젠더와 섹슈얼리티의 이미-확립된 (따라서 불평등한) 규범에 기초한 '낭만적 사랑romantic love'은 양성 간의 상보성보다는 오히려 우연성contingency과 생활 양식의 선택에 더 크게 의존하는 '합류적 사랑confluent love'에 자리를 내주었다고 주장한다.1992 우연성과 생활 양식의 선택은 여성 해방과 여성의 자율성에 의해 전개된 현상들로, 섹슈얼리티의 민주화와 개인의 자유를 추동할 잠재력을 가지고 있는 현상들이다. 여기서 기든스는 미국과 같은 후기 산업사회의 섹슈얼리티와 민주화에 관해 얘기하고 있다. 그러나 '낭만적 사랑'과 '합류적 사랑'이라는 그의 구분은 근대성과 그것의 향상된 민주화 속에서 사랑의 역사성을 검토하는 데도 유용하다.[3] 역사를 훨씬 더 거슬러 올라가서 세 가지의 사례 연구에 집중하는 윌리엄 레디 William Reddy는 '낭만적 사랑'이 욕구로서의 욕망desire-as-appetite에 관한 신학적 징벌에 비록 비껴가기는 아닐지라도 대처하기 위한 하나의 방편으로 12

세기 유럽에서 탄생했다고 주장한다.[2012] '진정한 사랑true love'과 '욕구로서의 욕망'의 이분법이 서양의 '낭만적 사랑' 개념을 떠받치고 있었다. 유사한 역사적 시기의 남아시아와 일본 문맥의 분석을 통해 레디는 사랑과 욕망의 이분법이 당시의 유럽 사회에는 존재하지 않았다는 사실을 발견했던 것이다. '낭만적 사랑'의 일견 근대적이고, 개인주의적이고, 또 진보적인 겉모습에도 불구하고, 기든스와 레디는 모두 '낭만적 사랑'의 보수성에 대해 우리에게 경고하고 있다. 〈고지라〉를 이해하기 위해 우리는 '낭만적 사랑'과 '중매결혼' 사이의 긴장과 해소를 전후 일본과 제1장에서 논의했던 상징적 반미감정이라는 문맥에서 이해할 필요가 있다. 세리자와는 고지라를 격퇴할 신기술을 발명하고 소유하지만, 그 자신은 가까운 과거의 피해자이자 유물이다. 우리는 그의 한쪽 눈이 먼 것이 태평양 전쟁 때 입은 부상이라는 사실을 알게 된다. 세리자와의 야마네 박사에 대한 존경과 에미코와의 중매결혼을 완성하려는 욕망은 명분상 해방되고 민주화된 전후 일본이 미군정의 도움으로 제거하고자 노력한 개인들 사이의 위계적 구조를 나타낸다.

방사능으로 오염된 고지라와 매우 유사하게, 부상으로 장애인이 된 세리자와는 전쟁의 트라우마와 핵폭탄의 참화를 대변하는 인물이다. 그러므로 뉴재팬이 탄생할 수 있도록 세리자와와 고지라가 모두 죽(거나 또는 역사에서 억압되)어야 한다는 사실이 놀라운 일은 아니다. 하지만 이 영화는 민주, 무장해제, 자유와 같은 전후 가치에 대한 직접적인 승인과는 거리가 멀다. (파시즘에 기여한 특징들로 간주되는) 헌신과 사명감을 가졌지만 괴수 자체와 너무나도 닮은 세리자와는 관객들로부터 한탄과 향수와 용맹의 느낌을 불러일으킨다. 이와 관련하여 세리자와의 희생에 비교해 보면, 에미코와 오가타의 낭만적 사랑은 이기적이고 비겁한 것으로 보일 뿐이다. 전후 가치 체계의 미묘한 전복을 통해 전쟁의 유령들과 핵폭탄의 참화가 뉴 재팬을 괴롭히는 것이다. 세리자와는 인류와 근대적 사랑을 위해 스스로를 희생한다. 다른 방식으로 표현해 보자면, 세리자와의 사랑은 개인 또는 일본인을 넘어서 인류에게로까지 확장된다. 에미코와 오가타의 결합과 통합으로 상징되는 근대적 사랑은 '전통적'인 결혼 중매의 소멸을 통해서만 가능해진 것이다. 이런 의미에서 전후의 진정한 근대 일본은 중매 결혼과 같은 '전근대premodern' 관습들의 소멸에 달려있지만, 그럼에도 그런 '선동적 사랑traditional love'은 포용적이고 구원적이다. 이 지점에서 〈고지라〉는 일본의 전시 군국주의에서 전후 민주주의로의 손쉬운 전환에 대해 질문을 제기하고 있다. 이 영화는 에미코와 오가타의 낭만적 결합을 묘사하지만, 이 영화의 대단원은 그것을 실현하기 위해 다른 형태의 사랑을 필요로 한다.

〈교사형〉, 사랑, 민족, 그리고 탈식민 일본

〈교사형〉1968은 안보조약 반대투쟁anti-Anpo protest, 安保闘争, 안보투쟁 이후에 제작된 오시마 나기사Oshima Nagisa, 大島渚의 필경 가장 대담하고 비평적으로도 각광받은 영화 중 하나이다.[4] 〈고지라〉가 전후부터 전후 시기 마지막까지, 다시 말해 패전 국가에서 미국의 '역코스reverse course'* 덕분에 경제가 부활한 시기까지의 전환을 의미한다면, 〈교사형〉은 정치적 패배에서 문화 전위주의cultural avant-gardism로의 변화를 드러내 보인다. 브레히트Brecht 미학**의 영향

---

* '역코스(Reverse Course, 逆コース)'는 1947년 냉전의 시작과 더불어 일본을 반공의 교두보로 삼기 위해 일본에 대해 취하던 기존의 무장해제와 민주화에서 경제 재건과 재무장으로 급선회한 미국 주도의 연합군/점령군 정책 변화를 말한다.

을 받은 이 영화는 사형 선고에 관한 논쟁을 재일 조선인들이 직면한 차별과 그들을 처음 일본으로 데려온 식민지 역사를 폭로하기 위한 전주로 활용하고 있다. 블랙 유머와 통렬한 비판을 담고 있는 〈교사형〉은 희극, 비극, 정치 풍자를 섞은 복합 장르이다. 그러나, 여기서 내가 집중하고자 하는 것은 주인공 R과 '누나', 즉 주인공 R이 이 영화의 일곱 개 타이틀 자막 중 하나에서 자신의 '누나'라고 부르는 여인과의 관계이다. 1958년 실제 살인사건의 범인인 재일 조선인 언론인의 편지와 그들의 관계에 바탕을 둔 이 영화에서 '누나'는 R이 효과적인 R되기becoming R의 첫 단계로 자신의 한국인 정체성에 대한 외부의 확인을 받아들이는 수단이 된다.[5] 이 장면에서 내가 제안하고자 하는 것은 '누나'를 통한 한국 민족주의의 의인화personification와 통일의 정치학politics of unification에 대한 R의 양가적ambivalent 태도, 즉 누나에 대한 '사랑'에도 불구하고 남한과 북한, 그리고 자신과 누나 사이의 통일에 대해 보이는 R의 양가적 태도이다. 요컨대, R은 재일 한국인으로서 누나를 사랑하는 한편, 일본의 동화주의assimilationism와 한국의 민족주의라는 이중의 압박을 거부한다. 일본 관료들이 R이 스스로를 R이라고 인식하게 만들려고 애쓰는 동안, 그가 살해한 소녀가 변신하여 R 앞에 '누나'로 나타난다.[6] R이 누나에게 자신이 누나가 알고 있는 바로 그 R인지 물어보자, 누나는 "맞아, 조선인 R"이라고 대답하면서 R의 한국계 기원과 현재의 정체성을 확인해 준다. 누나는 또 R이 "민족의 식minjoku ishiki, 民族意識에 눈을 떴을" 때 일본식 이름 대신 R을 사용하기 시작했다는 사실을 상기시켜 준다. 더 나아가 누나는 역사적인 한국 여성의 억압에

** 브레히트의 미학은 '소외 효과(alienation effect)' 또는 '낯설게 만들기'를 통해 부조리한 현실에 대한 새로운 각성을 유도하려는 실천적 문예이론이다. 저자는 부조리와 초현실주의를 강조하는 〈교사형〉의 실험적 전위주의를 설명하기 위해 이 용어를 사용하고 있다.

대해 알려준다. R이 자신의 피부를 만지자 그녀는 말한다. "R, 네가 만지고 있는 건 조선인의 피부야. 이 피부 위에는 길고 힘든 민족의 역사가 새겨져 있어. 민족이 슬플 때, 여자들은 특히 슬퍼. 한국의, 아니, 조국 남반부의, 나만큼 나이 많은 여자들은 피부에 상처의 흔적이 없는 사람이 없다고 해. 아버지에 맞아, 남편에 맞아, 목을, 손목을, 스스로가 상처를 내어서 자살을 하여⋯⋯." 그리고 한 일본 관료가 끼어들어 한반도의 오랜 억압의 역사와 36년간의 일본 식민통치에 관한 서사를 전개한다. 그다음에 누나는 R이 "일본 내의 젊은 조선인rippana chōsenjin, 立派な朝鮮人, 훌륭한 조선인"이며 야간학교를 다녔다는 사실을 R에게 상기시켜 준다. 그리고 나서 누나는 R에게 조국의 통일과 번영을 위한 노력을 통해 속죄하라고 간청한다. 누나와 일본 관료들의 대화는 일본이, 그리고 강제로 한국인들을 일본으로 끌고 왔던 식민주의 과거가 유죄임을 드러낸다. 누나가 이것을 간략하게 표현한다. "R의 범죄는 일본 제국주의가 저지르게 만든 거예요. 일본국에 R을 처벌할 권리는 없어요."

마지막으로 누나가 R에게 묻는다. "R, 드디어 조국 통일을 위해 함께 일하는 거야. 자, 가자고." 하지만 R은 침묵한다. 누나가 묻는다. "왜 대답을 하지 않는 거지?" 짧은 침묵 후에 R이 대답한다. "그런 일혁명이 있었을지도 몰라. 근데 나는 잘 모르겠어. 누나가 하는 말이 왠지 R에게는 잘 맞지 않는 기분이 들어요." 누나는 다그친다. "그렇다면 넌 이제 조국 통일을 위해 싸우자는 마음을 잃어버린 거야?" 이 민족주의적인 요구에 R은 대답한다. "잘 맞지 않네요." 이 말에 누나는 그저 이렇게 쏘아붙일 뿐이다. "언제 마음이 바뀐 거지? 언제부터 그런 R이 된 거야? 그런 건 R이 아니야. 넌 이제 더 이상 조선인 R이 아니야. 넌 영혼을 잃어버렸어. 조선인의 영혼을 잃어버렸다고. 이제는 그저 범죄자, 살인자일 뿐이야." 혁명적 한국인으로서의 R의 인지 실패는 민족주의 판타지를 파괴한다. 누나에게 R의 죄는 한국의 죄이다. 더 중요한 것은 R의 범죄가 누나에게는 "조선인이 일본인에 의해 흘린 피를 피로 복수할 유일한 길이었던 거야. 일본인은 국가의 이름으로 무수히 많은 조선인의 피를 흘렸지. 하지만 국가가 없는 우리는 개인의 손으로 일본인의 피를 흐르게 할 수밖에 없어. 그게 범죄야, 왜곡된 방법이지". 누나는 계속해서 말을 이어간다. 한국인들의 자부심과 슬픔이 이 살인사건에 압축돼 있다고. 이산적인 것과 탈식민적인 것을 무시한 채, 이렇게 민족적인 것과 개인적인 것을 동일시하는 태도에 맞서 R이 내놓는 반응은 누나가 기대한 것이 아니다. "만약에 누나가 말하는 것이 R이었다면, 나는 역시 R이 아닌 것 같아요." 우리 논의의 문맥에서 중요한 것은 개인적인 것과 민족적인 것 사이, 두 개의 한국 사이, 그리고 자신과 누나 사이와 같은 다양한 형태 사이의 동일시와 통일성에 대한 R의 양가적 태도이다. 이 영화가 이 지점에서 수행하고 있는 것은 누나의 진술을 통해 일본의 식민주의와 한국의 가부장제에 대한 비판을 허용하면서도, 재일 한국인을 한국의 반일과 식민 상처의 대변자로 손쉽게 환원하는 것은 허용하지 않는다는 사실이다. 재일 한국인의 타자성은 재일 거류민의 언제나-이미 식민화되고 이산적인 바로 그 지위 때문에 민족주의 담론에는, 비록 그것이 반제국주의적인 민족주의 담론이라 할지라도, "그리 잘 들어맞지 않는다". 이와 같은 독법을 통해서 보면, 누나에 대한 사랑은 민족에 대한 사랑으로 환원되거나 그것의 등가물이 되지 못한다. 이와 같은 양가성 ambivalence 또는 주저는 다른 한 인간에 대한 개인적personal 사랑은 허용하면서도, 제3세계 민족주의 담론에 지배적인 현상처럼 그것을 민족에 대한 사랑으로 욱여넣지는 않는다.

『묵공』, 겸애, 그리고 버블경제 이후의 일본

사케미 캔이치Sakemi Ken'ichi, 酒見賢一의 중편 역사소설 『묵공Bokkō, 墨攻 』1991은 모리 히데키Mori Hideki, 森秀樹에 의해 1992년부터 1996년까지 『빅 코믹스Big Comics 』에 만화로 연재되었다.[7] 기원전 370년 중국 전국시대Warring States Period, 戰國時代를 배경으로 하는 이 만화는 '겸애impartial love, 兼愛, 일본어로는 kenai, 중국 독본에서는 jian ai, 将爱'와 '비공nonaggression, hikō, fei gong, 非攻'이라는 묵가墨家 철학의 유일한 신봉자 카쿠리Kakuri, かくり, 革離를 묘사하고 있다. 카쿠리는 다양한 축성술을 활용하여 강대국들로부터 약소국을 방어해 주려고 노력한다. 카쿠리가 공격자들로부터 도시국가를 방어해야 하고, 동시에 묵가 철학의 과거 동료인 암살자들로부터 자신을 보호하기도 해야 한다는 사실로 인해 플롯은 복잡해진다. 그래서 카쿠리의 전투 스킬, 묵가 사상과 수행 준수, 위험한 상황에 관한 부분 등을 강조하는 세부 플롯들이 만들어진다. 한때 존경받던 묵가 철학은 타락하여 겸애설과 공격 전쟁에 대한 비판의 가르침으로부터 더욱 멀어지고, 타국 공격용 용병으로 스스로를 제공함으로써 강력한 진Quin, 秦나라에 스스로 이용당했다. 약소국 방어 요구를 무시하지 않은 죄로 추방당한 카쿠리는 위험에 휩싸인 여행길에 나선다. 그러므로 방어해야 할 것은 약소국들만이 아니라 묵가 철학 그 자체이다.

우리의 논의에 적실한 것은 일본의 호전적 역사를 비판하는 이 만화의 아이러니컬한 결말이다. 이야기는 카쿠리를 보호해 주던 어떤 왕이 작은 한 무리의 어른과 아이들과 더불어 카쿠리를 직무에서 방면하는 결정을 내림으로써 카쿠리가 중국의 중원을 떠나게 설정되어 있다. 카쿠리와 측근들이 다다른 곳은 태양이 떠오르는 땅임이 명백해진다. 이 에피소드는 분명 시황제First

Emperor, 始皇帝 통치하의 중국 본토에서 유래했다는 일본 선조들에 관한 신화를 지칭하고 있다. 이 신화에 따르면 진시황에 의해 중국인 남녀들이 불로초 elixir of life를 구하러 파견되었다. 이 남녀들이 일본에 다다르게 되고, 오늘날 일본인들의 선조가 되었다고 한다. 『묵공』만화는 시간을 현재로 앞질러 카쿠리가 현재의 일본 백화점에 돌아와 테라코타 전사로 전시되면서 끝을 맺는다. 설명문은 이렇게 씌어있다. "카쿠리는 일본 역사를 어떻게 생각할까?" 이 질문은 일본 역사를 관통하는 내외 군사 침략을 묘사하는 일련의 이미지들에 뒤이어 제시되고 있다. 여기서 비판하는 것은 일본이 카쿠리와 그의 추종자들에 의해 구현된 겸애와 비공의 가르침에서 기원하였음에도 불구하고 자기 백성들과 다른 나라들을 상대로 끊임없이 전쟁을 벌였다는 사실이다. 일본의 식민주의와 제국주의라는 어려운 문제를 회피하는 전후 평화주의와 달리, 『묵공』은 중화제국과의 신화적 관계를 재구축할 뿐 아니라, 일본의 역사를 통틀어 행해진 다양한 전쟁 행위들을 폭로하기도 한다.

겸애와 반전은 내적으로 연관되어 있다. 타자에 대한 사랑은 그 타자에 대한 공격또는 편파성의 가능성을 배제하는 것이다. "국가와 도시가 서로를 상대로 공격하거나 전쟁을 벌이지 않고, 가족과 개인들이 서로를 거꾸러뜨리거나 상처를 입히지 않으면, 그것은 세상에 해가 될까 득이 될까? 그것은 분명 득이 된다!" 이 득은 "타인에 대한 사랑과 타인을 이롭게 하"는 데서 나온다. 그리고 사람들이 그렇게 하면 그들은 편파성이 아니라 보편성에 따라 행동하게 된다.Watson 2003 : 42쪽 이와 같은 '보편주의universalism'는 유교의 '별애partial love, 別愛' 개념에 대한 공격이다. 유교의 별애에 따르면 사람들은 타인을 대할 때 가족관계나 여타 요인들, 예컨대 친구 관계, 정치적 역할, 상대적 욕구, 그리고 광범한 사회적 함의 등에 따라 세세하게 구분하고 그 정도에 따라 차별을 두게 된다.

만화 장르로서 『묵공』이 갖는 비판적 비공과 겸애는 민족주의와 여타 아시아인들에 대한 인종주의를 옹호하는 2000년대의 후속 만화들과 확연한 대조를 이룬다. 2000년대의 만화들은 급격한 차이에 집중하며, 일본과 여타 아시아 국가들 사이, 주로 일본과 중국이나 한국 사이의 통약불가능성을 묘사하고, 증오의 정서를 조장한다. 중국인들을 자기중심적이고, 비합리적이며, 비정상적인 사람으로 묘사하는 소지 아키야마Jōji Akiyama, ジョージ秋山의 『민가 추고쿠 뉴몬Manga Chūgoku nyūmon, マンガ中国入門, A Manga Intro to China』2005은 근대 중국의 역사를 지속적 위기와 혼란의 수렁에 빠진 것으로 제시한다. 최근 중국의 반일 운동은 중국인들 사이의 내부 불안과 불만을 다른 데로 돌려서 '혐일hating Japan, 嫌日'로 확산시킨 현상으로 간주된다.54쪽 아키야마의 만화는 중국인들을 식인종, 군국주의자, 팽창주의자로 묘사한다. 중국의 위협 아래서 이 만화는 중국의 경제적 '성공'이 초래한 사회적 질병들을 폭로하고, 중국의 부상에 맞서기 위해 일본이 재무장할 것을 역설한다. 유사한 방식으로 자아와 타자를 양분하여 구성하고, 동시에 타자를 악마화하는 야마노 샤린Yamano Sharin, 山野車輪의 베스트셀러 『켄칸류Kenkanryū, 嫌韓流, Hating the Korean Wave』2005는 한국을 조롱의 대상으로 삼는다. 제목이 암시하듯이 오늘날 일본 내 한국 문화의 인기에 대해 인색한 관심을 보이면서 이 만화는 '진정한' 일-한 관계를 폭로하겠다는 의도를 가지고 있다. 이 만화의 전제는 한국에 관해 일본에서 가르치는 것들은, 예컨대 식민 시기의 역사와 재일 '거류 조선인'에 대한 차별을 포함한 모든 것들이 틀렸다는 것이다. 비공식 지식 생산을 통한 자기 발견의 서사를 교묘히 구사하면서, 이 만화는 남성 주인공이 다양하게 꾸며진 논쟁과 자기학습을 통해 한국의 '진실'에 눈뜨게 만든다. 야마노와 아키야마의 만화

는 둘 다 2000년대 중반에 출판되었다. 이 만화들의 민족주의 정서 선동은 동아시아 내에서 변화하는 일본의 지정학적 위치를 보여준다. 중국의 부상과 한류의 인기로 인해 이 지역에서 한때 지배적이었던 일본의 지위는 이제 더 이상 확고하지가 않다. 과거/조상의 공통성을 재강조하고 유교나 도교가 아닌 제3의 철학을 재소환함으로써 묵가의 '겸애'와 '비공' 실천은 일본의 전쟁만이 아니라 모든 전쟁을 비판하고, 신자유주의 지구화 시대의 민족 경쟁 이념을 거부하며 공통성을 옹호하기도 한다.

〈낮은 목소리 3−숨결〉, 무조건적 사랑, 그리고 화해의 정치학

사랑의 정치적 개념에 관한 네 번째 예는 '식민의 상처'를 치유하는 데 있어서 민족적 차원이 아니라 가족 구성원 사이의 화해를 시도하는 경우이다. 나는 (한국 정부의 공모와) 일본 정부의 지속적인 부인과 무시 속에, 가족 내 친밀감domestic intimacy의 공간이 국가 대 국가 간의 협상과 사죄와 배상을 고수하는 민족적 화해의 공적 토론을 전복한다고 주장하고자 한다.[8]

변영주의 〈낮은 목소리 3−숨결My Own Breathing〉의 주요 등장인물 중 한 명은 김윤심Kim Yun Shim 할머니이다. 그녀는 군 위안소Military Sexual Slavery Unit에서의 삶을 사실적 수필로 묘사하여 전태일 문학상Jeon Tae Il Award을 수상한 과거 위안부 할머니이다. 김 할머니는 '해방' 이후의 거칠고 불행했던 자신의 삶을 되새긴다. 어머니에 의해 열여섯 살에 약혼했지만, 아이를 낳지 못한다고 남편으로부터 이혼당하고, 스물여섯 살에 재혼했다. 하지만 딸이 뇌성마비에다 말을 하지 못했는데, 그것은 필경 일본군 위안소에 있을 때 김 할머니가 얻은 육체의 병 때문이었다. 김윤심 할머니는 과거가 드러날까 두려워 아기와 함께 도망쳤다. "옛날에, 그러믄 이 여자가 무슨 여잔디, 이렇게 매독을 걸려 갖고 있었으니." 〈낮은 목소리 3 ─ 숨결〉의 가장 가슴 아픈 장면에서 변영주 감독은 김 할머니와 딸 선예숙Sun Ye Sook을 인터뷰한다. 어머니와 딸은 일정한 거리를 두고 나란히 앉아 있다. 어머니는 재봉사로 일할 때 사용하는 자신의 재봉틀에 좀 더 가까이 앉아있다. 변 감독은 김 할머니에게 딸이 자신의 경험을 얼마나 알고 있을 거라고 생각하는지 묻는다. "얘가? 안 해! 몰라, 읽어 볼라고는 할지." 김윤심 할머니는 이렇게 대답하며 확신에 친 듯 미소짓는디. 김 할머니의 딸은 다 안다는 듯이 옆에 앉아있다. 딸의 표정을 보면 자기 어머니가 알고 있으리라 생각한 것보다는 더 많이 알고 있는 것 같다. 변 감독과 몇 차례 대화를 주고받은 후에 김 할머니는 딸은 알지 못할 뿐 아니라, 상을 받은 자기 책도 읽지 않았을 거라고 확신에 차서 말한다.

김윤심 할머니는 그런 다음 수화로 딸에게 묻는다. "내가 쓴 책 알아, 몰라?" 딸을 바라보면서 김 할머니는 읽지 않았으리라 확신한다. 김 할머니에겐 너무나 놀랍게도, 딸은 수화를 사용해서 이렇게 대답한다. "봤어요. 알아요. 예, 봤어요! (엄마가) 미국 갔을 때." 딸 선예숙이 책 내용에 관한 변 감독의 질문에 대답하자, 김 할머니는 비통하고 걱정스러운 표정으로 감독에게 말을 이어간다. "이상하네." 감독이 "알아요? 봤고? 그럼 다 알아요?"라고 묻자, 딸이 고개를 끄덕인다. 카메라가 김윤심 할머니의 놀란 얼굴에 가까이 다가가고, 감독은 어머니가 왜 납치됐는지를 어떻게 아는지 딸이 감독에게 해 준 이야기를 풀어놓는다. 김 할머니는 여전히 믿지 못하고 묻는다. "안대? 안대? 그 책을?" 변 감독이 그렇다고 확인해 준다. "예, 책을 본 것 같아요." "아, 그러니까 봤네, 그 책을!" 김윤심 할머니는 계속 먼 곳을 바라보며, 재봉틀로 일을 하는 척하며 내뱉는다. 마치 놀라움을 억누를 수 없어서 위안이라도 얻으려는 듯, 김 할머니는 갑자기 딸에게로 얼굴을 돌리며 손녀도 그 책을 읽었는지 묻고, 손녀는 그 책을 읽지 말아야 한다고 말한다. 김윤심 할머니는 다시 고개를 돌리고, 우리는 딸 선예숙이 고개를 끄덕이고, 어머니 쪽으로 눈길을 주며 안도의 미소를 짓는 것을 보게 된다. 김 할머니가 다시 딸을 향해 얼굴을 돌리는데, 이번에는 딸의 등을 토닥이며 미소짓는다. 딸이 미소로 화답한다. 딸은 다시 수화로 어머니에 대한 감사의 마음을 표현한다. "엄마가 항상 저보고 생각을 많이 하세요. 저 보시고 제가 어렵게 생활하는 거 싫어서, 옛날처럼 행복하고 좋게 바뀌었으면 좋겠대요. 엄마가 가끔가끔 오셔서 많이 도와주세요." 이 장면은 이제 김윤심 할머니의 다음과 같은 말로 끝을 맺는다. "나는 평생을 두고 잊지 못할 과거지. 그나마도 이 불행한 어미로 인해서 사랑하는 내 딸 예숙이까지도, 평생을 듣지도 못하고 말도 못하는 내 딸. 내가 죽어 가루가 돼도 사랑하는 내 딸에게 나로 인한 불행을 다할 순 없다고. 무정하고 악랄한 일본군들. 다시는 이러한 전쟁이 없기를 빌어. 평생을 두고 못 잊을 과거지. 하지만 나 혼자 평생 묻고 살아야지."

딸에게는 숨기고 있던 어머니의 수치스러운 비밀. 딸에게는 일어나지 않기를 바라는 어머니의 비극. 사려깊은 어머니에게 감사하는 딸. 어머니와 딸 모두에게 가해진 잔혹한 기억. 그것을 이겨내고 수치를 극복하려는 서로 간의 사랑과 노력의 인정. 정의를 요구하는 목소리가 이 늙은 여인들을 나서서 증언하게 했다. 그렇게 함으로써 이들은 자신들에게 가해진 가부장적 민족주의의 수치를 이겨냈다. 영화의 이 장면은 폭력과 고통으로 묶인 어머니와 딸 사이의 영원한 무조건적 사랑을 묘사하고 있다. 그리고 이와 같은 진실의 인정이 어머니의 수치를 극복하게 해 준다.

나가며

사랑의 표현이 흔히 그렇듯이, 내가 언급한 네 가지 정치적 사랑의 개념도 초월적이거나 보편적인 것처럼 보일 수도 있다. 그럼에도 강조되어야 할 중요한 사실은 이 네 가지 정치적 사랑의 개념이 초월적이거나 보편적인 범주는 아니라는 점이다. 오히려 이 네 가지 개념은 역사적으로 구체적인 정서이자 감정이며, 해결과 화해가 아직 유효하거나 가능하지 않은 곳에서 정치적 필요에 따라 탄생한 것이다.

『정치적 감정─정의를 위해 왜 사랑이 중요한가*Political Emotions: Why Love Matters for Justice*』2013에서 철학자이자 법학자인 마사 누스바움Martha Nussbaum은 자유주의 사회의 안정과 동기를 유지하는 데 있어서 공적인 감정public emotion의 계발은 시민들이 강한 정의감을 실천하도록 유도하기 위해 필수 불가결하다고 제안한다. 누스바움에 따르면, 공감이나 사랑과 같은 적절한 정서는 분열과 위계를 예방하기 위해 필수적이다. 자유주의 철학자이자 옹호자인 누스바움의 이와 같은 개입은 역사적으로 자유주의 사상가들이 근본적인 문제를 해결하지 못했기 때문에 특히 중요하다. 여기서 근본적인 문제란 '품위 있는decent' 사회가 반자유주의나 독재가 되지 않으면서도 어떻게 안정과 동력을 위한 공적 감정의 계발에 좀 더 노력할 수 있을까 하는 것이다. 누스바움의 책은 도발적일 뿐 아니라, 탈식민주의 관점에서 이 책이 다루고자 하는 핵심적인 문제들을 다루고 있다. 그런데 나는 누스바움의 주장 중 두 가지만을 택해서 이 장과 이 책 전체에서 나 자신이 다루고 있는 주제 몇 가지를 확장하는 데 활용하고자 한다. 특히 나는 분석 단위로서의 민족과 행복론으로서의 정치적 감정이라는 문제를 다루고자 한다.

누스바움의 주요 관심이 자유주의와 사회이기 때문에 민족^{nation}이 그녀의 분석 단위인 것은 이해할 만하다. 주제페 마치니$^{Giuseppe\ Mazzini}$와 여타 19세기 민족주의자들의 업적을 따라서, 누스바움은 민족을 너그러움의 정서를 모든 인류에게로 확장하는 데 있어서 지구적 관심을 촉발시킬 수 있는 '지렛대'라고 생각한다.[9] 민족은 또 누스바움에게 있어서 정치적 감정 형성을 위한 훌륭한 '역사적 구체성$^{historical\ particularity}$'을 제공해 주기도 한다.[17쪽] 이와 관련하여 누스바움은 또 콩트^{Comte}, 밀^{Mill}, 그리고 타고르^{Tagore}와 같은 국제주의자들도 모두 자신들의 '확장된 공감$^{extended\ sympathy}$'을 설명하면서 민족에 '명예로운 지위'를 부여해 주었다고 제시하면서 애족적 정서$^{patriotic\ sentiment}$를 옹호하기도 한다.[207쪽] 누스바움은 이렇게 말한다. "모든 것이 순조롭다면, 사람들은 민족 사랑을 통해서 일반적인, 그러나 동기에 효과가 있는 방식으로 정치적 원칙들을 수용할 수 있다. 그러므로 우리에게 필요한 공적 사랑은 민족에 대한 사랑을 포함한다. 그 사랑은 민족을 추상적 원칙들의 체계로 이해하는 것이 아니라, 헌신을 고취하는 구체적인 역사, 구체적인 물리적 특징과 구체적인 열망들을 가진 하나의 특수한 실체로 인식한다."[207쪽] 그런 다음 누스바움은 미국과 인도의 역사적 인물들의 연설을 활용하여 그들 각각의 애족심 표출이 학교에서 어떻게 성공적으로 교육될 수 있고, 또 비상하는 민족의 정의를 향한 투쟁에 힘을 실어줄 수 있는지 보여준다. 누스바움이 언급하는 역사적 인물들은 조지 워싱턴, 에이브러햄 링컨, 마틴 루터 킹 주니어, 모한다스 간디, 그리고 자와할랄 네루 등이다.

분석 단위로서 민족이 갖는 지속적 타당성을 부인할 수는 없지만, 이와 같은 애족적 정서를 자유주의적 국제주의로 확장하고 전환할 수 있는 잠재력을 가진 '선한' 애족심을 정당화하기 위해 누스바움이 19세기와 20세기의 이론과 인물들에게 의존하는 것은 시대착오적인 것 같다. 왜냐하면 경제적 지구화, 뉴 소셜 미디어 기술, 그리고 초국적 대중문화의 급속히 변화하는 지형이 민족주의 정서를 와해시키기도 하지만 동시에 건설하고 있기도 하기 때문이다. 더구나, 누스바움이 제시하는 예들은 모두 민족을 구원과 해방의 중심으로 바라보는 반식민, 국가건설의 과정 속에 위치해 있다. 반대로 오늘날의 신자유주의적 지구 자본주의하에서 민족/국가의 역할은 누스바움이 애족적 정서에 부여하는 그런 유의 정의와 평등을 향한 열망을 제공하기보다는 오히려 자본의 흐름과 이윤 추구의 더 큰 조력자가 된 것 같다. 반일감정을 하나의 징후로 가지고 있는 동아시아의 심화된 '민족주의의 충돌clash of nationalisms'은 민족주의가 사람들을 장악하는 강고함을 강조해 줄 뿐이다. 특히 민족주의는 국민국가가 실천하고 있는 바로 그 자본주의의 발전 속에서 점점 더 위태로운 삶에 직면해 있는 사람들을 더 강고하게 장악해 나가고 있다.

누스바움의 공적 감정의 규범 철학과 특수한 민족 너머의 타자를 향해서까지 '확장된 공감'을 생산해낼 수 있는 유익한 애족심은 우리가 제1장에서 살펴본 가토 노리히로Katō Norihiro, 加藤典洋의 신민족주의neo-nationalism와 잘 조응하는 것 같다. 신민족주의는 궁극적으로 국민국가가 일본의 식민통치와 전쟁 피해자들에 대한 국가의 책임을 무한정 연기하기 위한 알리바이를 제공한다. 가토는 일본이 아시아의 피해자들에 대한 책임을 지기 위해서는 200만의 일본 전몰자들에 대한 '참회의 공동체community of repentance'를 먼저 구성해야 한다고 주장한다. 비교적 뒤틀린 이 논리는 제국의 문제를 국가 재건에 부차적인 것으로 격하시킴으로써 전후 일본에 내재된 모순을 대면하는 한편, 일본의 식민주의 폭력 그 자체로 인해 트라우마를 겪은 일본인들만이 아니라 그 추락한 제국의 타자들이 겪은 끔찍한 경험을 지속적으로 주변화시킨다. 내가 국가/민족/

네이션, 또는 좀 더 정확히 말해서 국민국가가 오늘날의 정치적 화해 기획을 위해 타당하지 않다고 제안하려는 것은 아니다. 국가와 천황의 이름으로 제국이 주장되고 전쟁이 수행되었을 뿐 아니라, 정부가 현재로서는 국가 간의 쌍방 외교의 유일하게 인정된 실체라는 사실을 고려하면, 피해자들의 배상과 인정 요구를 위해서도 국가의 역할은 여전히 중요하다. 더구나 가라타니 고진Karatani Kōjin, 柄谷行人이 주장한 것처럼, 2014 자본, 민족/네이션, 국가는 민족/네이션과 국가가 자본의 초국적화transnationalism하에서 부적절하지는 않더라도 약화되기는 한다고 간주되는 지구화의 시기에마저도 서로를 조정해 주고, 확증해 주고, 강화해 주는 보로메오 매듭Borromean knot을 형성한다.

그럼에도 불구하고 민족 형식은 자기 민족의 폭력적 역사에 반대했던 구 제국주의 국가 사람들에게는 뚜렷한 어려움을 제기한다. 제국주의 국가의 신민이자 반대자로서 그들은 자신들의 연관과 '연루'를 어떻게 해소하겠는가? (여성주의 학자 우에노 치즈코Ueno Chizuko, 上野千鶴子의 경우처럼) 사람들이 국민국가와 자신을 완전히 비동일시하거나, 아니면 (가토의 경우처럼) 국가와의 동일시를 최우선시하는 상황에서 다른 선택이 가능할까? 「탈식민주의화와 전쟁 책임 떠맡기Decolonialization and Assumption of War Responsibility」2000에서 일본 비평가 하나사키 코헤이Hanasaki Kōhei, 花崎皋平는 전쟁과 과거 제국 내의 불완전한 탈식민화 과정에 대한 일본 국가의 책임 회피를 고려할 때, 일본 국가 및 민족과의 '잠정적' 동일시가 필요하다고 주장한다. 하나사키는 이렇게 말한다.

모든 일본인들이 하나의 전체로서 이 은폐의 종범이라는 비난에 직면하여, 내가 식민주의 국민국가의 구성원으로 태어난 이상, 그리고 아직도 일본의 탈식민주의화가 완전하지 않은 역사적 상황 속에서, 나는 잠정적으로 나 스스로 '일본인'

의 정의를 떠맡는다는 입장을 견지하고자 한다. 이 정의는 다른 사람들에 의해 내게 주어진 것이며, 나를 일본인 집합체 속으로 밀어넣는다. 나는 이 주어진 관계성relationality에 의해 내가 수동적으로 정의되고 기속된 채로 영원히 남아있어야 한다고 생각하지는 않기 때문에 '잠정적'이라고 말하는 것이다. 피식민 민족들의 입장에서 볼 때 일본의 식민통치는 하나의 인종으로서 일본인들에 의한 민족적 억압 외에 그 어떤 것도 아닌 것으로 그 자체를 드러낸다. 피식민 민족들은 따라서 일본민족을 식민주의 책임의 임무로 인도한다. 탈식민화의 문맥에서 국민국가를 이렇게 인종과 동일시하는 것은 동시에 상상계와 현실계에 근거해 있다.78쪽

하나사키는 국민국가에 속하는 모든 사람이 똑같이 공유해야 하는 것으로 책임을 뭉뚱그리지 않기 위해 조심하고 있다. 그런 태도 자체가 민족주의적이기 때문이다. (전쟁 책임을 모호하게 만든 이와 같은 민족주의 수사의 최초의 예가 히가시쿠니 노미야Higashikuni Nomiya, 東久邇宮 총리의 '일억 총참회론' 발언이다.) 반대로, 하나사키의 '잠정적' 동일시는 하나의 의향, 다시 말해 테사 모리스-스즈키Tessa Morris-Suzuki가 역사적 '연루historical implication' 2005 : 25쪽라고 부른 것을 인정하는 것으로 이해되어야 한다. 그것은 국민국가를 대신하여 유죄를 인정하는 것이 아니라, 가능한 대화적 관계를 위해 스스로를 대타자를 향해 열어두는 하나의 '전략적 본질주의strategic essentialism'이다. 최초의 이와 같은 약점 없이는, 다시 말해 스스로 선택하지 않은 역사적 세력 속에 자신이 연루됐다는 생각이 없으면 화해는 있을 수가 없다. 공-생co-viviality의 궁극 목표는 국민국가 체제를 초월해서 경계를 가로지르는 협동transborder collaboration을 향해 나아가는 것이다.

하나사키에게 있어 이와 같은 의향은 개인적인 선택이자 자유 의지이다.

그것은 우리가 지향해야 하는 잠정적 정체성이다. 이것은 또 일본 탈식민성의 역설을 가리킨다. 이 역설 속에서는 탈식민주의 담론의 유동적 주체성flexible subjectivity이 아직도 식민주의와 전쟁 책임을 인정하지 않는 비교적 딱딱한 육체(일본 국가)와는 공존할 수가 없다. 그러나 탈식민적 관계의 창출은 과거 식민주의자(또는 과거 식민주의자와 조건부로 동일시되는 실체)만이 아니라 과거 피식민자 또는 과거 피식민자들과 동일시하는 사람들의 임무이기도 하다. 식민주의의 폭력성을 고려하면, 식민주의적 동화에 대한 저항에서 솟아나는 집단 정체성 형성의 욕망은 이해할 만하다. 그러나, 이와 같은 '전통주의dentōshugi, 傳統主義, traditionalism' 또는 전통을 위한 전통 유지의 고수는 비생산적 보수주의로 귀결된다고 하나사키 코헤이는 주장한다. 이 보수주의는 결국 세대에서 세대로의 발전을 위한 창의성과 에너지를 잠식한다.2001:120쪽 민족과의 잠정적 동일시를 통해서 자신의 것이 아닌 책임을 떠맡음으로써 하나사키의 탈식민주의화는 민족을 특권화하지 않고, 정치적 화해와 공-생을 향한 하나의 발걸음으로서 민족의 역할을 심문하고 비판한다.

네 개의 텍스트에 대한 나의 분석은 비록 아주 선택적인 방식으로 사랑을 읽어내긴 했지만, '근대적' 사랑을 역사화하고 정치적 개념으로서의 사랑의 가능성을 제시하기 위한 것이다. 〈고지라〉에서 나는 '전통적' 사랑과 '근대적' 사랑의 상호 의존 관계를 규명했다. 〈교사형〉에서는 거류 한국인으로서의 경계인의 지위liminal status가 R로 하여금 개인적 사랑은 지속되게 허용하면서도 통일에 대해서는 거부하게 한다고 주장한다. 『묵공』에서는 암묵적 '겸애'가 '보수적 평화주의에 대한 대안으로서의 비공'이라는 개념을 통해 자기 반성적 전쟁 비판을 구성한다. 그리고 마지막으로 〈낮은 목소리 3-숨결〉에서 나는 무조건적 사랑의 친밀감이 국가의 틀 바깥에서 화해를 다시 생각해 볼 수 있는 하나의 방법이라고 제안한다. 사랑을 근본적으로 추동하는 것은 타자와의 관계이며, 사랑이 결합, 통일, 동일성으로 환원되지 않고도 어떻게 다양한 형식으로 존재할 수 있는가 하는 문제이다. 더구나, 정확히 말해서 제 국과 군사 침략과 핵 폐허와 환경 오염이라는 일본의 유산 때문에라도 일본 의 급진주의 역사에 대한 재검토는 현재 동아시아의 정치적 질곡에 대한 잠 재적 대안을 우리에게 제공해줄 수 있다. 지구 자본주의하에서 커져가는 경 제 자유화 때문에, 그리고 민족주의의 가면 아래 자행되는 고삐 풀린 개발중 심주의로 인한 환경 파괴 때문에, 이 지역의 위기감과 사회 불안이 커지고 있 고 또 점점 더 유사한 투쟁과 위기를 맞고 있으므로 나는 대안을 찾는 일이 매우 중요하다고 믿는다. 이 목적을 위해 사랑의 정치적 개념은 공통의 위기 와 협동작업의 문맥 속에서 이해되어야 한다. 동아시아 국가들은 커져가는 민족주의 정서를 극복하고자 노력해야 하며, 그 대신에 반전, 반군사주의적 일 뿐 아니라 모든 민족들이 겪은 고통을 존중해주는 그런 열망들을 창출해 내야 한다. 그리고 이것은 과거만이 아니라 동시에 미래를 위해서도, 죽은 사 람들만이 아니라 태어날 사람들을 위해서도 일어나야 할 일이다. 국민국가의 명령 바깥에서의 정치적 화해와 미래 세대를 위한 투쟁은 다음 장에서 탐구 해 본다.

제6장

다른 방식의 화해
친밀감, 토착성, 그리고 타이완의 다른 점

타이완을 국제 문맥 속에서 읽어내려는 중요한 학문적 개입들이 있어왔다. 자본주의 세계체제 속에서 타이완의 특수한 위치에 관한 지도 다시 그리기,Jameson 1995 지구화 속에서 타이완의 양가적이고 아이러니한 (비)중요성,Shih 2003 그리고 남쪽을 향한 타이완의 유사제국주의적 야심subimperialist ambition 비판Chen 2000 등이 그것이다. 이와 같은 도발적 이론들에도 불구하고, 특히 이른바 중국의 부상에 대한 집착에 비하면 구미 학계에서 타이완에 대한 관심 또는 타이완 연구는 미미한 상태에 있다. 이 장의 목표는 연구 대상으로서 타이완의 역사적, 정치적 경시를 뒤집으려는 것이 아니다. 타이완의 '약한' 지위를 '주요(또는 지배적)' 지위로 손쉽게 전복하고, 그에 따라 우리의 분석적 관심과 지적 투자를 정당화하는 행위는 위에 언급한 타이완 관련 비판적 저술들이 무효화하려고 노력하는 주요 국민국가들의 권력 동학과 욕망을 재생산할 위험을 안고 있다.Karatani 2014 따라서 내가 타이완의 문화적, 정치적 가능성을 주변화된 위치 속에서 탐구해 보려는 것은 마사오 미요시Masao Miyoshi가 말한 '중심을 벗어난off center', 말하자면 경계에 있으면서도liminal 비가시적이지 않은not invisible 그런 비판적 위치에서이다. 나는 동아시아에서 차지하는 타이완의 두 가지 '특수성'에 주목하면서 이 작업을 해 보고자 한다. 그것들은 토착 원주민의 존재와, 과거 일본 식민주의자들과 그들 사이에 존재했다고 여겨지는 친밀감이다.

원래 주민 또는 오늘날의 공식 호칭으로 유안주민yuanzumin, 原住民은 타이완 전체 인구의 약 2퍼센트500,000를 차지한다. 이것은 캐나다나 오스트레일리아의 원주민 비율과 유사하다. 세계의 다른 원주민들과 마찬가지로 여러 차례 식민통치를 겪고 또 견뎌낸 타이완 원주민 역시 다른 지역과 유사한 멸종, 강제 이주, 경제 수탈, 그리고 문화 말살의 고통을 겪었다. 타이완의 공적 영역에서 정치적 권리와 경제적 정의, 그리고 문화적 자율성을 요구하는 사회 운동이 영향력을 획득한 것은 최근에 와서일 뿐이다. 식민, 탈식민 정권하에서 소수자주의minoritarianism나 저발전underdevelopment의 표상으로서 원주민은 지배적 정치 요건과 도구적 필요성에 따라 자연스레 모욕당하거나 낭만화되었다. 중국이나 한국 사람들이 쉽사리 표출하는 반일 정서와 달리, 타이완 사람들, 특히 타이완 토착인인 이른바 벤셴그런들은 일본친화적이다. 중국과 한국이 일본 제국주의와 식민주의의 해악을 단호하게 비난하는 데 반해, 타이완은 식민지 근대의 이득을 찬미하는 것 같다. 이와 같은 타이완의 다른 점을 분석하면서 내가 관심을 갖는 것은 냉전 후의 탈식민 동아시아에서 토착성indigeneity과 친밀감이 어떻게 국가 중심의 정치 협상 모델 바깥에서 화해라는 문제를 다시 생각해 볼 수 있는 잠재력을 제공할 수 있을까 하는 것이다. 이 목적을 위해 이번 장은 두 개의 텍스트를 분석한다. 일본 소설가 쓰시마 유코Tsushima Yūko, 津島佑子의 『너무도 야만적인Exceedingly Barbaric, あまりに野蛮な』2008과 타이완의 원주민 영화감독 라하 메보우Laha Mebow, Chen Chieh-yao, 陳潔瑤의 〈사윤을 찾아서Finding Sayun, 不一樣的月光－尋找沙韻〉2010가 그것들이다. 이 텍스트들은 규범적인 인정의 정치학을 통해서가 아니라, 역사적 식민주의를 대체하는 토착 지식과 신화만들기를 통한 세대 간 친밀감의 상상적 표현을 통해 식민 상처로부터

의 재생을 추구한다. 그것이 대안적이고 비국가주의적 화해가 생겨날 수 있는 주요 지점이다.[1]

동아시아의 역사적 화해 속의 타이완

중국의 부상은 이 지역에서 일본과 그 동맹인 미국에 의해 편성되고 지배되는 전후-냉전 체계에 심각한 도전을 제기한다. 다양한 형태와 강도의 신자유주의 정책들은 특히 젊은 층과 하층 계급에 경제 불안정과 사회 불안, 또는 총체적 위기감을 초래했다. 일본 식민주의와 제국주의, 그리고 그것들이 이웃 국가들에 가한 파괴적 폭력과 고통이라는 역사 문제를 건드리려는 욕망과 더불어, 민족주의 정서와 쇼비니즘적 부정성에 대한 의존도 증가했다. 다툼의 많은 부분이 국가에 의해 수행되고 있는데, 국가는 정치적 목적을 위해 국민들 사이에 민족주의 열정을 변덕에 따라 부추기거나 좌절시킨다. 그러나 반면에, 민족사를 넘어서 지구적 차원은 아닐지라도 상호 합의에 기초한 지역 차원의 역사 서술을 목표로 하는 학자들 사이의 공동 작업도 존재해 왔다. 그러나 이와 같은 칭찬할 만한 노력에도 불구하고, 타이완은 참가자나 연구 대상으로서 은밀하게 배제되어 있다. 이 지역의 과거 갈등과 그 해결에 대한 논쟁은 일본과 한국 또는 일본과 중국 사이의 것으로 흔히 묘사되고 있으며, 일본의 최초 식민지였던 홋카이도나 류큐 제도Ryūkyūs, 琉球諸島는 말할 것도 없고, 오십 년간 일본의 식민지였던 타이완은 당대의 토론에서 배제되어 있다. 예컨대 한중일 3국 공동 역사편찬위원회인 역사교육연대Common History Project는 대부분 한국, 중국, 일본의 역사학자들로 구성돼 있으며, 지금까지 다음과 같은 두 권의 논문집을 출판했다. 『미래를 여는 역사―한중일이 함께 만든 동아시아 3국의 근현대사A History That Opens to the Future: The Contemporary and Modern History of the Three East Asian Countries』2006와 『한중일이 함께 쓴 동아시아 근현대사―국제 관계의 변동으로 읽는 동아시아의 역사New Modern History of East Asia, Vol. 1: Reading Changes in International Relations』2012a 및 『한중일이 함께 쓴 동아시아 근현대사―테마로 읽는 사람과 교류의 역사New Modern History of East Asia, Vol. 2: People and Exchanges』2012b가 그것이다.

민족사를 넘어서 이 지역의 초국적 역사를 도출하려는 이 학자들의 시도는 진정으로 훌륭하고 바람직하다. 하지만, 일본의 가장 중요한 식민지 중 하나를 거의 완전히 배제한 것은 당혹스럽기보다 오히려 기이하다. (타이완이 유일하게 언급되는 부분은 『한중일이 함께 쓴 동아시아 근현대사New Modern History of East Asia』 2권의 「철도Railroads」 항목이다.) 역사교육연대의 출판물에서 타이완이 배제된 것은 소위 주권국가들 사이의 협상 과정에서 타이완이 국민국가의 지위가 없다는 사실에 기인한 것일 수 있다. 하지만 이 기획이 이 지역의 역사 다시 쓰기라면, 그렇다면 왜 국민국가 형식이라는 지배적 형식을 고수해야 하는가? 타이완이 배제된 데에는 타이완의 국민국가로서의 지위 결여 외에도 타이완이 화해 목적의 역사 쓰기 기획에 기여할 게 없다는 전제 때문이라는 게 내 짐작이다. 따라서 이 기획은 민족(주의)적인 역사들을 넘어선 철저한 지역적, 초국적 역사 다시 쓰기라기보다는 세 개의 현대 국민국가들 사이의 정치적 협상의 징후일 뿐이다. 타이완 또한 분쟁이 일고 있는 댜오위/센카쿠 열도에 대해 권리가 있고, 또 타이완 출신의 여성들도 강제로 일본군 성노예가 되었다는 사실에도 불구하고 과거 역사를 두고서 타이완은 한국이나 중국과 같은 방식으로 일본과 갈등을 겪고 있지 않다고 인식되었기 때문에 배제된 것이다.

타이완과 일본의 관계가 갈등을 겪고 있지 않다는 인식은 독립적이지만 서로 연관이 있는 두 가지 사건들에 기인한 결과이다. 첫째, 장제스의 '상처를 친절로 되갚는' '자비로운' 태도가 있다. 그것은 타이완에서만이 아니라 중국 본토에 대해서도 일본의 책임을 면제해 준다고 간주된 조건부의 계산된 '용서'이다 그 목적은 아시아에서 커져가는 공산주의 위협에 맞서기 위한 주요 요새로 일본을 재건하고 부활시키려던 미국의 전후 정책과 비슷한 것이다. 둘째, 강한 반일 정서가 있는 한국이나 중국과 달리 타이완은 '친일'로 인식되었다.[*] 이 '친밀한' 관계는 일본 보수주의자들에 의해 일본 식민통치의 성과를 반영하는 것으로 자주 언급되며, 음흉하고 원한을 품은 한국인이나 중국인들과 병치되어 대조된다. 하지만 내가 다른 곳에서 주장한 것처럼, 타이완과 일본 사이, 특히 일본과 국민당의 통치를 모두 경험한 벤셴그렌 세대 사이에서의 '친밀감'은 식민주의 그 자체와는 관계가 훨씬 적고, 독재자인 장제스가 직접 지휘한 국민당 정부의 타이완에 대한 '탈식민적 식민화postcolonial colonization'와 더 많은 관련이 있다. 일본에 대한 친밀감은 유익한 일본의 식민주의보다 억압적인 국민당 통치를 더 크게 반영하는 명백히 탈식민적인 현상이다.Ching 2012 내가 이의를 제기하고 싶은 것은 잘못된 가정에 대한 것인데, 그 잘못된 가정은 '친밀감', 특히 (탈)식민적 친밀감이 갈등에 대한 정치적 개입이라는 규범적 과정에 대한 왜곡일 뿐 아니라 화해 과정에서는 고려할

---

[*] 이 추론은 다소 과장된 측면이 있다. 타이완 학자들이 참여하면 중국이 빠지겠다고 해서 한국과 일본이 어쩔 수 없이 선택해야 하는 상황에 내몰린 정황이 있기 때문이다. 처음 기획은 중국과 타이완 모두 참여하기를 원했으나, 중국이 하나의 중국을 강력하게 내걸었기 때문에 타이완을 뺄 수밖에 없었던 한계가 있었다는 말이다. 그 한계는 물론 명백히 비판받아야 하겠으나, 3국이 공동으로 시도한다는 것 자체에 더 큰 의미를 뒀기 때문에 발생한 한계로 이해할 수 있는 부분이다. 이런 사정에 대한 이해 없이 타이완이 친일적이라서 배제했다는 추론은 과잉해석일 수 있다.

가치도 없는, 반제국주의적 민족주의에 대한 배신이라고 간주하는 가정이다. 저항과 부역, 적대감과 친밀감이라는 이분법은 적대적인 관계가 아니라 구성적인 관계 속에서 재고될 필요가 있다. 나는 일본에 대한 타이완의 친밀감이라고 알려진 것이 다른 종류의 화해를 상상할 수 있는 가능성을 제공해 준다고 제안하고 싶다.

친밀감의 이론화

비판적 식민주의 연구critical colonial studies의 최근 성과는 식민통치의 복잡성, 모순성, 양가성, 그리고 불완전성을 옹호한다. 이들 분석은 식민 세계의 마니교적 이분법에서 벗어나, 양자 사이에 작동하는 매우 실질적인 폭력과 복속에도 불구하고 피식민자와 식민주의자 (그리고 그들의 내면화와 상호관계) 모두의 식민-주체 형성colonial-subject formation에 대해 면밀한 주의를 기울인다. 좀 더 풍요로운 연구 영역 한 가지는 식민통치의 광역 동학broad-scale dynamics, 또는 매크로-정치학과 그것의 친밀한 수행 장소intimate sites of its implementation, 또는 앤 스톨러Ann Stoler가 푸코 이론을 빌려와서 '식민통치의 미시물리학microphysics of colonial rule'과 '식민정치의 정동의 격자affective grid of colonial politics'라고 부르는 것 사이의 관계에 관한 것이다.2002 : 7쪽 스톨러는 친밀감을 이런 식으로 정의한다. "'친밀'이라는 개념은 친숙한 것과 본질적인 것을 기술하는 표식인 동시에 성sex에 기초한 관계를 기술하는 표식이다. 그것은 인종적으로 '가장 내면적인innermost' 것의 '간접적 신호'로 이해되는 '성적 관계'이자 '친숙함'이다. 그것은 친밀감을 제국의 정치학에 매우 전략적으로 위치시키기 때문에, 식민 행정부가 그 결과와 과정에 대해 우려한 이유이다."9쪽 그러나 리사 로우Lisa Lowe가 보여주듯이, '친밀감'은 더 큰 역사적, 대륙적 연결망으로 확대될 수 있다.2006 중산층과 식민주의 문맥 모두에서, 로우의 '친밀감의 다면가치multivalent of intimacy'는 가정domesticity을 넘어서 '공간적 인접성spatial proximity' 또는 '인접 관계adjacent connection'도 포함한다. 그런 공간과 관계 속에서, 예컨대 노예 사회가 이윤을 창출하고 그 이윤이 유럽과 북아메리카의 부르주아 공화제 국가를 탄생시켰으며, 남북미 플랜테이션 대농장의 식민 노동 관계 또한 "아무리 많은 피식민 민족들의 자유가 그 철학 속에서 정확히 배제되었을지라도, 유럽 철학이 인간 자유의 보편성을 사유할 가능성의 조건"이 되었다.193쪽 식민통치하의 친밀감은 "노예들, 계약 노예들, 혼혈 자유민들의 다양한 접촉 속에서 구현되었다". 이와 같은 친밀감은 식민지 경략가들에 의해 회피되었는데, 그것은 대농장 구조 그 자체에 대한 반란의 가능성에 대한 두려움 때문이었다.203쪽

동아시아 문맥에서 친밀감 개념은 일본의 식민 욕망의 토대를 형성했고, 일본의 탈식민 혼란의 성격을 규정지었다. 나이센 이타이naisen ittai, 內鮮一體, 일본과 한국은 하나의 몸이다와 나이다이 유와naitai yūwa, 内台融和, 일본과 타이완의 조화에서부터 말썽 많은 신니치shin nichi, 新日, 친일 즉 일본과의 친밀감와 대동아공영권에 이르기까지, 식민주의자와 피식민자 사이의 정동적 결합에 대한 강조는 동화assimilation와 황민화imperialization, 皇民化라는 일본 식민주의 이데올로기의 핵심 요소였다. 타이완의 경우, 일본 경찰관과 원주민 부족 지도자들의 딸 사이의 인종 간 결혼이 식민주의의 '정략 결혼sexual diplomacy, 성적 외교'의 예들이다. 쇼지 소이치Shōji Sōichi, 庄司総一의 소설『진부인Madame Chen, 陳夫人』1940은 타이완의 명망 있는 대가족에 결혼해 들어가는 일본 여성을 묘사하고 있다. 이 일본 여성은 타이완인들로부터의 고충과 편견을 견디고, 황제를 숭배하고 제국에 헌신하는 가족으

로 진씨 가족을 변화시키는 데 성공한다. 탈식민 시기에는 '저항'이나 '애국자'와 같은 독립 후 민족주의 담론의 대립항으로서 '친일'이 '부역자'와 '매국노'로 낙인찍히게 되었다. 이 점에서 일본 통치하의 타이완인들의 '노예근성'은 접수해 들어온 국민당 정권에 의한 강제적인 '재중국화re-Sinicizaton'를 초래하게 되었다. 국민당 정권은 '타이완'과 '중국', 즉 '벤셴그렌'과 '와이셴그렌'이라는 식민주의 이분법을 재생산했다. 이 이분법에서 전자는 진정하지 못하고, 왜곡되고, 외세적이고, 따라서 잠재적으로 불온한 것으로 이해되었다. 전후 탈식민 중국의 권위주의 통치는 많은 타이완인이 일본의 쇠퇴를 한탄하고, 부상하는 중국의 힘에 대해 압박감을 느끼며, 일본 통치에 대해 향수를 느끼도록 내몰았다.Ching 2010

앞서 언급했듯이, 타이완은 일본과 친밀한 관계라고 알려졌기 때문에 일본과의 화해를 위한 이 지역의 논의에서 배제되었다. 이와 같은 화해의 정치적, 조건부적인 과정은 차이와 통약불가능성을 우선시하는 과정, 곧 갈등 → 적대감 → 화해의 과정에 따라 작동하는 것 같다. 주변국들에 가해진 일본 식민주의와 제국주의의 폭력성을 감안하면 이것은 이해할 만하다. 그러나 만약 우리가 화해는 그 전제조건으로 반드시 적대감을 가져야 한다고 가정하는 대신, 과거 식민주의자와 피식민자 사이의 친밀감이 화해를 가져올 수도 있다고 가정한다면 어떻게 될까? 이 경우 화해는 아마도 정치적이고 규범적인 것이 아니라 좀 더 개인들 간, 그리고 세대 차원의 것이 될 것이다. 이 장의 남은 부분에서 나는 쓰시마 유코와 라하 메보우의 저작을 분석함으로써 친밀감과 토착성이 어떻게 규범적, 정치적 과정이 흔히 취하기 쉬운 식민주의 과거와의 화해가 아니라, 아직 태어나지 않은 사람들과 오지 않은 미래와의 화해의 공간을 열어줄 수 있는지 탐구하고자 한다.

무샤와 사윤

쓰시마 유코Tsushima Yūko, 津島佑子의 소설 『너무도 야만적인Exceedingly Barbaric, あまりに野蛮な』2008과 라하 메보-우Laha Mebow, 陳潔瑤의 영화 〈사윤을 찾아서Finding Sayun, 不一樣的月光－尋找沙韻〉2010는 일본 식민지 시기 타이완 원주민과 관련된 사건 중 필경 가장 중요하고 또 서로 연관된 역사적 사건들을 주제로 하고 있다. 그 것들은 각각 무샤 봉기Musha Rebellion, 霧社事件, 우서사건와 사윤의 종Bell of Sayun, 莎韻之 鐘이다.[2] 내가 '다른 방식의 화해reconciliation otherwise' 라고 부르는 것의 예로 이 두 텍스트를 선택한 이유는 이 두 작품이 두 사건에 대한 규범적 해석과 거리 를 두고 있다는 사실에 근거한다. 쓰시마의 소설이 원주민들의 일본인 정착민 살해를 되새기면서 일본 식민주의와 근대화의 야만성을 고발하고 있기는 하 지만, 그 주요 관심사는 1930년대 타이페이의 식민 가정에 갇혀있는 미이차 Miicha, 美世, ミーチャ라는 일본 여성의 복잡한 심리 갈등과 육체적 욕망에 관한 이 야기 전개이다. 그녀의 이야기는 2005년 고모의 발자취를 더듬으며 타이완을 여행하는 그녀의 조카딸 릴리Lily, 茉莉子, リーリー에 의해 전개되고 병치된다.

메보우 감독의 경우에는, 사윤Sayun이라는 원주민 소녀의 희생에 관한 이 야기의 '진실' 을 찾으려던 영화의 애초 의도가 부질없음이 밝혀지고, 그 대 신 버려진 원주민 마을을 다시 찾아가기를 갈망하는 할아버지 아공Ah Gong, 阿 公과, 할아버지를 따라 위험한 귀향길에 동행하는 친손자 유간You-Gan, 尤幹 사 이의 관계가 대두된다. 각각의 이야기가 진술되는 장소도 중요하다. 명망 있 는 작가 쓰시마는 1990년대 중반 이후로 일본 제국의 과거와 전쟁 트라우마 를 다루는 소설을 쓰면서 주변적 인물들과 묻혀진 사건들을 자주 다루어왔 다. 그녀의 관심사는 언제나 여성의 욕망, 아이를 잃어버리는 경험, 일본 사회

내의 가부장적 억압 등이다. 『너무도 야만적인』은 일본 여성의 관점에서, 좀 더 구체적으로 말하면 식민지 정착민과 그녀의 관점에서 서술되는데, 이들의 교차하는 타임라인은 식민지 정착민 가정의 숨 막히는 상태와 현지 토속 풍경의 개방성을 드러내 준다. 메보우는 장편 영화를 감독한 최초의 (아타얄 부족) 원주민 여성이다. 한 인터뷰에서 언급하듯이, 그녀의 관심사는 사라져가는 아타얄Atayal, 泰雅族 전통과 문화이며, 그녀는 이것을 미래 세대에 전달해 주기를 원한다. 이 두 텍스트의 긍정적인 대위법적 독서를 가능케 하는 것은 미래에 대한 공통의 관심, 현재를 넘어서는 책임, 식민의 친밀감에서 가족의 친밀감으로의 변화이다. 이와 같은 관심과 책임은 쓰시마의 경우에는 잃어버린 아이와 아직 태어나지 않은 사람들의 이름으로, 메보우의 경우에는 조상들과의 세대 간 연결의 이름으로 나타난다.

타이완 원주민과 관련된 식민지 시절의 두 사건을 간략히 되새겨 보자. 무샤 봉기는 1930년 10월 여성과 아동을 포함한 일본인 134명이 시디크Seediq, 賽德克 원주민들에 의해 은밀하게 살해된 사건이다. 이 사건은 이 나라의 식민지 역사에서 가장 규모가 크고, 가장 악명높은 봉기이다. 이 반란 사건으로 야기된 불신과 흥분이 식민 당국을 사로잡아 (300명의 반란자들을 상대로 한) 후속 진압 작전에 약 3천 명의 군경 병력이 동원되고, 반란자 집단을 확실히 몰살시킬 목적으로 국제적으로 금지된 유독 가스를 살포했다. 여성과 아동을 포함한 일본인 정착민의 살해가 식민지 행정부와 대중에게 충격을 주었다면, 원주민에 대한 노골적 잔혹 행위와 계획적 복수는 유순한 원주민과 인자한 식민주의자라는 이상화된 이미지를 산산조각 내 버렸으며, 야만/문명, 미개/근대라는 수상쩍은 경계를 짓뭉개 버렸다. 무샤 봉기는 또 최근 타이완의 블록버스터 영화의 소재이기도 하다. 4시간 이상의 2부작 서사영화 〈워리어스 레인보우—항전의 시작Warriors of the Rainbow: Seediq Bale, 賽德克·巴萊〉2011은 일반적으로 인정되는 역사적 서사에 상대적으로 충실하며, 쓰시마의 소설과 달리 원주민의 용맹과 폭력을 남성주의적으로 재현하고 있다.[3]

사윤Sayun 또는 Sayon 이야기, 또는 가장 유명한 식민지의 재현인 사윤의 종은 무샤 봉기 이후 원주민의 자기 소멸을 통한 일본 민족의 구원과 헌신을 극적으로 보여주고 있다. 사윤의 종은 료헨Ryōhen, 旧称, 金岳部落 정착지의 열일곱 살 원주민 여성 사윤에 관한 이야기이다. (메보우는 료헨 출신이다.) 중일 전쟁이 확전되고 있던 1938년 9월 경찰관 겸 교사인 다키타Takita, 武田가 전선으로 차출된다. 급우 열 명과 함께 사윤은 떠나가는 선생님의 짐을 산기슭까지 나르게 된다. 일행은 맹렬한 태풍 속에 34킬로미터의 가파른 산길을 내려간다. 일행이 불어난 물 위에 임시로 만든 통나무 다리를 건널 때, 사윤이 발을 헛디뎌 급류에 휩쓸려 내려간다. 여러 차례 애를 써서 수색하지만 사윤의 시체는 찾을 수가 없다.

사윤의 사건은 1938년 9월 29일 자 『타이완일보Taiwan Daily, 臺灣日報』에 '원주민 여성 개울에 빠져 실종'이라는 간단한 제목과 함께 지나가듯 가볍게 언급되었다. 익사한 이 17세 소녀에 관한 이야기는 3년 동안 알려지지도 않았고 중요하게 여겨지지도 않았다. 1941년 봄 사윤의 선행을 알게 된 하세가와 기요시Hasegawa Kiyoshi, 長谷川清 총독이 료헨 정착지에 '애국소녀 사윤의 종The Bell of the Patriotic Maiden Sayun, 愛國少女莎韻之鐘'이라고 새겨진 종을 하나 선물했다. 이렇게 기념한 것이 섬 전체에, 특히 원주민들 사이에서 반향을 일으키게 되고, 미디어에 떠들썩하게 소개되고, 사윤의 그림이 여러 장 그려지고, 대중가요가 만들어지고, 마침내 사윤 이야기를 소재로 한 영화까지 만들어졌다.

내가 다른 곳에서 주장한 바 있듯이, 이 두 사건은 내가 일본 제국의 '야만의 구성과 문명의 건설savage construction and civility making'이라고 부른 지점에서 서로 연결되어 있다.Ching 2001 무샤 봉기 이후 우리는 식민주의 문화 유통이 보여주는 원주민 재현에 가시적 변화가 있음을 발견하게 된다. 원주민은 더 이상 식민의 자비를 통한 문명화를 기다리고 있는 야만적 미개인들이 아니다. 그들은 이제 천황에 대한 충성의 표현으로 일본의 국체national polity, 國體에 동화된 황국의 신민이다. 이 점에서 '사윤'은 문명 건설 과정에서 원시성을 이상화하는 무샤-이후의 전술을 형성한다. 시윤은 자기 소멸을 통해, 다시 말해 반란의 야만인에서 애국적 황국신민으로의 변신을 통해 일본 민족에 대한 원주민의 구원과 헌신을 극화해주고 있다. 요컨데, 사윤은 무샤에 대한 보상을, 무샤 학살의 폭력과 죄악에 대한 '갱생rehabilitation'과 '구원redemption' 을 대변한다. 무샤의 잔혹성은 사윤의 애국심/문명으로 인해 '치유'된다. 이 두 사건은 식민주의 서사가 만들어내는 바로 그 모순과 미스터리로 인해 작가와 영화 제작자 모두의 관심을 지속적으로 끌고 있다고 나는 제안한다. 우리는 무샤 봉기의 야만적 이미지를 사윤의 애국적 노력과 어떻게 화해시킬 수 있는가? 『너무도 야만적인』과 〈사윤을 찾아서〉 분석을 통해 내가 제시하고자 하는 것은 이 두 텍스트가 식민주의 서사를 전복하는 동시에 식민주의의 총체적 권력을 넘어서 희망의 공간을 열어주는 탈식민 미래를 구성하고 있다는 사실이다.

식민주의 대체와 친밀감의 재기입

쓰시마 유코는 대도시 일본인의 관점, 라하 메보우는 타이완 원주민의 관점이라는 진술 초점의 차이에도 불구하고, 이 두 사람은 각자의 지배적인 사회역사적 문맥과 관련하여 유사한 하위주체subaltern의 위치에서 이야기하고 있다. 쓰시마는 식민지 가정에 갇힌 일본 여성들의 주변화된 삶과 식민자들과 피식민자들 사이에 끼인 그들의 경계성liminality을 이야기하려고 노력한다. 스톨러와 여타 학자들이 보여준 것처럼, 네덜란드, 프랑스, 영국의 제국주의 문화에서 식민지의 (백인) 여성들은 "인종 지배의 균열과 내적인 사회적 차별을 남성들과는 매우 다른 방식으로" 경험했다. "그것은 정확히 그들이 식민 위계 내에서는 종속인인 동시에 그 나름으로는 제국의 대리인이라는 그들의 모호한 지위 때문이다."2002 : 41쪽 쓰시마의 작품은 분명 정착자 식민주의에서 겪는 일본 여성들의 모호한 경험을 잘 보여준다. 그들은 일본인 공동체에 갇혀서 여행이 금지되어 있지만, 일본 본토와 현지 공동체에서 가사 도우미들을 공급받고 있다. 한 등장인물은 주인공 남편의 뒤르켐Durkheim 저작 번역을 (물론 공식적 인정 없이) 도와주고 있으며, 자신의 아이를 잃어버린 후에는 그 집 남편으로부터의 관계 요구를 견뎌내고 있다.

앞서 언급한 것처럼, 〈사윤을 찾아서〉는 메보우의 첫 장편 영화이다. 그리고 중국어 제목 〈不一樣的月光－尋找沙韻Buyiyang de yueguang, A Different Moonlight, 또 다른 달빛〉이 암시하듯이, 메보우는 원주민 공동체가 또 다른 달빛 아래서 빛나기를 원한다. 도시 배경 속에서 힘들게 살아가는 원주민들을 묘사하여 관객들의 마음을 무겁게 만드는 규범적 영화 묘사에 맞서, 메보우는 "원주민의 삶을 가벼운 마음으로 자연스럽게 묘사하기"를 원한다.Huang 2011[4] 영화 속의 영화라는 시각적 도구와 사윤의 이야기라는 서사 장치를 사용하여 메보우는 관객을 아타얄 사람들과 함께 옛 마을로 데리고 간다. 그리고 더 중요한 것은 할아버지의 웅변을 통해 조상들과 조상의 땅에 대한 아타얄 사람들의 친밀한 관계를 발견한다는 사실이다. 영화에 묘사된 것처럼 지금은 거의 알아보기 힘든 선조들의 마을을 직접 방문한 메보우 자신의 경험에 근거하여, 메보우는 원주민의 예술과 소도구들을 활용하고, 대부분 원주민 배우들을 캐스팅하고, 원주민 삶의 자연스럽고 '진정한' 재현을 위해 그들에게 애드리브를 하도록 허용한다. 두 경우 모두 식민의 역사무사 봉기와 사윤의 종가 배경으로 크게 드리워져 있지만, 이 소설과 영화는 규범적 식민주의 담론을 비껴가며, 식민주의에 관한 지배 서사에서 주변화되었던 토착민의 경험에 관한 새로운 이야기를 성공적으로 전개해낸다.

지배적인 식민주의 서사의 이와 같은 전치는 쓰시마와 메보우로 하여금 하위주체들의 친밀한 관계에 초점을 맞출 수 있게 해 준다. 그리고 이것은 궁극적으로 대안적 형태의 과거와의 화해를 가능하게 해 준다. 두 서사는 모두 최초에는 식민의 과거를 추적하려는 욕망을 동기로 해서 출발하지만, 미래에 가능한 것이 무엇인지를 고안해내는 것으로 끝난다. 『너무도 야만적인』에서 쓰시마는 처음에 미이차의 식민지로의 여행과 낭만적이면서도 감각적인 남편과의 친밀한 관계를 묘사한다. 곧이어 식민주의의 억압과 가정의 억압에 대한 인식이 무샤 봉기 소식과 더불어 절정에 달하게 되고, 미이차는 봉기에 책임이 있는 아타얄 부족장 모나 루다오Mona Rudao, 莫那魯道와 스스로를 동일시하기 시작하며, 남편으로부터 스스로 육체적, 감정적으로 거리를 두게 된다. 소설 말미에 이르러 릴리는 미이차 고모라면 꿈에서나 할 수 있었을 일을 넘어서 대담하게 일본인 정착지를 빠져나간다. 릴리는 식민지 여성에게는 모험이 허용되지 않았을 지역, 그중에서도 특히 산악 중앙 지역에 새로운 궤적들을 남긴다. 어떤 원주민 노파와 타이완 남자를 만나게 되면서 릴리는 미이차 고모가 식민지 여행을 할 수 있었더라면 어떤 경험을 하게 되었을지 상상한다. 사윤 이야기에서도 '진실'을 추적하려던 텔레비전 촬영팀의 애초 시도는 부질없이 끝나지만, 그 대신 버려진 옛 마을로 돌아가는 할아버지의 길을 따라감으로써 보상을 받는다. 쓰시마의 소설 마지막 부분에서는 두 가지 시간대가 하나로 모아져서 릴리와 미이차의 차이를 구별할 수 없게 된다. 여기서 식민주의와 무샤 봉기는 하나로 통합되어 탈식민 현재로 들어오고, 이 순간 릴리는 모나 루다오와 모나의 누이 테와스Tewas, 그리고 산속의 현재 원주민 여성과 타이완 남자를 만나서 연대를 형성한다. 메보우의 영화는 사윤과 사윤의 익사 사건에 대해 마을 주민들이 알고 있는 게 무엇인지에 관한 일련의 인터뷰와 함께 끝을 맺는다. 이 인터뷰에서 드러나는 것은 사윤에 대한 '진실'의 불가능성이다. 사윤의 나이나 교사를 따라 산을 내려간 학생의 숫자에서부터, 사윤의 행동이 자발적이었는지 강제된 것이었는지, 또는 교사에 대한 그녀의 관계가 흠모의 관계였는지 아닌지에 이르기까지 마을 사람들의 생각은 서로 갈라지고 상충된다. 불확실성의 주된 이유는 그녀와 함께 산을 내려간 급우들을 포함해서 살아남은 목격자가 아무도 없다는 사실 때문이다. 데리다의 '흔적'과 매우 유사하게, 식민주의의 흔적은 식민주의의 현전presence은 표시하지만 부재nonpresence는 억압한다. 식민주의 가정의 억압성은 신화 만들기와 마법으로 이루어진 원주민의 세계관을 지워버린다. 따라서 흔적의 추적은 (과거는 항상 변화하고, 해석에 대해 열려 있으므로) 과거의 충실한 재생산이 아니라 화해를 위한 새로운 전망의 길이며, 그 화해도 식민주의 전체와의 화해가 아니라 가족 구성원과 친밀한 타자들과의 화해이다.

미이차의 삶과 생각은 많은 부분이 조카딸 릴리의 서사를 통해 전개된다. 미이차가 죽은 뒤 칠십여 년이 지난 후 릴리의 타이완 중심으로의 여행은 꿈과 개인적 회고와 사색의 형식으로 전개된다. 우리는 곧 릴리가 미이차 고모를 닮았을 뿐 아니라, 미이차가 식민지 타이완에서 어린 아기를 잃어버렸듯이 릴리도 교통사고로 자신의 열한 살짜리 아들을 잃어버렸다는 사실을 알게 된다. 릴리의 타이완 여행 목적은 고모 미이차가 식민 시기를 어떻게 살았는지 알고 싶은 것 외에도, 부분적으로 자신의 상실의 고통을 덜기(또는 그녀의 표현대로 '참고 기다려 내기') 위해서이기도 하다. 사실 우리가 원주민의 전설과 풍습, 예컨대 영혼과 신화의 대안 세계를 구성하는 '구름 표범'과 '노랑나비'에 대해 많이 배우게 되는 것은 릴리의 산악지역 여행과 그 곳에서 만나는 나이든 원주민 여성, 그리고 릴리와 여행을 함께 하는 타이완 님성 미스터 양Mr. Yang을 통해서이다.

소설 끝자락으로 가면서 미이차와 릴리의 세계가 꿈 장면 속에서 하나로 융합되고, 두 개의 시간대도 하나로 수렴된다. "이것은 릴리의 꿈인가, 미이차의 꿈인가? 둘은 똑같다. 릴리의 꿈을 미이차의 꿈에서 분리할 수는 없다. 두 꿈을 구분할 이유도 없다."334쪽 릴리와 미이차는 미스터 양에 의해 하나가 된다. 미스터 양은 모나 루다오일 수도 있고, 테와스일 수도 있고, 열다섯 살에 죽은 어린 타이완인 가정부 메이메이Meimei일 수도 있다. 이들이 공유하는 것은 친밀한 어린 목숨의 상실이다. 각자 등에는 아기를 하나씩 업고 있다. 검은 개 한 마리가 이 인물들과 동행하고 있고, '구름 표범'의 그림자가 세 개의 태양으로 불타는 '세상을 바로잡기' 위한 그들의 여행에 함께 하고 있다. 세 개의 태양 이야기는 여분의 태양 하나를 제거하려는 인간의 노력에 관한 원주민의 유명한 신화를 가리킨다. (여분의 태양 이야기는 소설 앞 부분에서 언급된다.) 두 개의 태양이 인간의 영역에서 멀리 떨어져 있기에, 원주민 신화에 따르면 일행은 태양이 지는 곳을 향한 긴 여행을 떠날 때 각자 아기를 한 명씩 데리고 가게 되어있다. 태양들이 있는 곳에 당도하면, 건강하고 젊은 남성들은 늙고 쇠약해져 있다. 하지만 어린 아기들이 이제는 자라서 여분의 태양을 때려

눕힐 힘이 있다. 여분의 태양이 제거되고 나면 세상이 정상 질서로 돌아오고, 젊은이들은 다시 고향으로 돌아오는 여행을 시작한다. 그들이 고향으로 돌아올 때쯤이면 이제 그들 자신도 나이가 든다. 릴리와 일행은 이 여행을 반복하게 되는데, 이번에는 태양이 두 개가 아니고 세 개이다. (이 여분의 세 번째 태양은 일본을 가리킬까?) 여기서 친밀감은 살아있는 사람들, 죽은 사람들, 아직 태어나지 않은 사람들 사이에 연결되어 있다. 소설에 따르면 이 일행은 같은 민족, 같은 부족, 또는 같은 인종 출신일 필요가 없고, 그들이 업고 가는 아기들도 혈육일 필요가 없다. 이들은 로우가 '피식민 민족들의 휘발성 접촉volatile contacts of colonized peoples' 이라고 부른 것과 닮았다.203쪽 그들이 공유하는 것은 상실감과 '이 세상을 바로잡기' 위한 미래 형성의 과업이다. 더 중요한 것은, 과업을 성취하거나 세상을 바로잡는 일은 젊은이들과 연계하고 구별을 초월하는 세대 간의 노력을 필요로 한다는 사실이다. 초월해야 할 구별은 식민주의자/피식민자, '나이치naich, 일본 본토, 內地'/'가이치gaich, 해외 영토, 外地', 그리고 죽은 자/산 자 사이의 구별이다.

〈사윤을 찾아서〉 앞부분의 프롤로그는 사윤에 관한 '진실' 찾기의 불가능성만이 아니라 추구해야 할 다른 행로에 대한 힌트도 예시하고 있다. 이 영화는 리 케-샤오Li Ke-xiao, 李鐵霄의 회고로 시작한다. "현실 세계와 소설 세계 사이에는 엄청난 차이가 있지만, 나는 진실의 기록에 귀 기울이고 싶지 않다. 이것은 내가 사윤의 진실을 위해 이 발견의 길을 나서기 시작한 게 아닌 것과 마찬가지다." 사윤 이야기와 관련된 진실(식민주의 서사) 찾기, 특히 일본인 교사와 어린 원주민 학생 사이의 '친밀한' 관계 찾기는 실패한 노력으로 판명된다. 결국 '실제로' 무슨 일이 일어났는지에 대해서는 복수의 서사들만 존재할 뿐이다. 사윤에 관한 진실을 찾아가는 과정에서 우리는 그 대신 유간과 할아버지, 할아버지와 선조들, '옛 마을'과 호혜적인 영혼의 세계 사이의 관계로 인도된다. 쓰시마 유코가 공통의 상실에 기초한 좀 더 세계시민적인 cosmopolitan 소속감의 양식을 상상하는 반면, 메보우의 관심은 좀 더 국지적이고 구체적인 자신의 부족이다. 산악을 향한 여행에서 할아버지가 유쾌하게 일본 노래를 부르는 장면이 있다. 대부분 사랑하는 이들을 그리워하는 노래이다. 그러나 여기서 할아버지의 애정은 옛 마을을 보게 될 거라는 기대를 향한 것이지, 식민지 시대에 대한 향수를 향한 것이 아니다. 여기서 친밀감은 교사와 사윤 사이의 식민적 사랑(불확정성)에서 할아버지와 사윤 사이의 젊은 사랑이라고 알려진 것(만들어진 것)으로 변화하며, 마침내 할아버지와 젊은 세대와 조상들 사이의 친밀감(토속적 지식)으로 변화한다. 이 영화에서 필경 가장 가슴아픈 장면은 할아버지와 일행이 옛 마을에 당도하는 장면일 텐데, 이 옛 마을에는 먼지와 잡초 더미로 가득 찬 풍경밖에 보이지 않는다. 선조들의 집터라고 믿는 지점을 찾은 뒤에 할아버지가 말을 하기 시작한다. 감정에 사무친 할아버지와 그를 부축하고 있는 유간을 비추는 클로즈업 장면들과 산악지대 풍경의 미디엄 샷들이 교차하는 와중에, 할아버지는 우선 자신의 부모님과 자기 사이의 무조건적 사랑과 자신이 부모님께 진 빚에 관해 이야기한다. "아버지, 어머니, 두 분이 안 계셨다면 제가 오늘 존재하지 않았겠지요. 저를 기르신 것도 두 분입니다. 두 분이 저를 기르시고 가르치지 않았다면, 저는 자라지도 못하고, 여기 이렇게 서 있지도 못 했겠지요." 그런 다음 할아버지는 개인적이고 가족적인 것에서 공동체적인 것으로 옮겨가면서 이렇게 탄식한다. "많은 부족 사람이 여기 올라오고 싶어 합니다. 모든 부족 사람들이 여기 올라오려고 애를 씁니다. 모두 이곳을 그리워하지요. (흐느낀다.) 모두가 여기로 돌아와서 우리 부족의 원래 상태를 보고 싶어 합니다. 아마도 이게 제

마지막 방문이겠지요. 제가 부모님들을 볼 수는 없습니다. 하지만 그 대신 부모님 앞에 저는 눈물을 떨굽니다. 듣고 계시나요? 제가 이렇게 운 적이 없습니다. 정말로 부모님과 부모님들의 고향이 보고 싶습니다." 그러자 유간이 할아버지를 껴안는다.

타이완 촬영팀이 이제 더 젊은 세대인 유간과 그의 친구 아구오^A-Guo에게 옛 마을과 그에 대한 할아버지의 감정적 연결에 대해 어떻게 생각하는지 묻는다. 유간이 대답한다. "저는 여기 산 적이 없어요, 그러니 별 느낌이 없어요. 만약 제가 여기 살았고, 또 제 고향이 이렇게 폐허가 된 것을 본다면…… 저도 할아버지처럼 울 것 같아요." 아구오 역시 공감을 느낀다. "정말 소중하다고 생각해요." 기자가 되받는다. "하지만 여긴 아무 것도 없잖아요." 아구오가 이어서 말한다. "그래도 아직…… 저는 조상님들의 영혼이 저를 볼 수 있다는 걸 알아요. 제가 어디에 있건 말이에요. 전 알아요, 그분들이 저를 볼 수 있다는 걸요." 요컨대, 국민당의 강제이주 정책으로 인해 옛 마을이 폐허가 되었지만, 심지어 젊은 세대에게마저도 과거와의 연결은 상상이 가능한 일이다. 연장자들의 기억과 원주민들의 사냥 풍습을 통해 매개되기 때문에, 원주민들의 생활은 근대화로 인해 쉽사리 사라지지 않는다. 영화는 유간이 영화 초반부처럼 카메라에서 도망치는 것이 아니라, 미래를 향해 앞으로 달려가는 모습으로 끝을 맺는다. 그리고 다음과 같은 말이 화면 위에 겹쳐진다. "부족민들의 신화와 문화는 서서히 사라지고 있다. 그러나 나의 부족은 산악지역에 살건 평원에 살건, 살아가기 위해서 계속해서 많은 노력을 기울인다."

쓰시마와 메보우 모두 식민주의를 대체하고 세대 간의 화해, 즉 릴리와 미이차 사이, 유간과 할아버지 사이의 세대 간 화해를 탐구한다. 국가와의 화해의 장으로서 식민주의를 대체하는 것이 식민 상처의 무시를 의미하는 것은 아니다. 첫째, 그것은 식민주의 과거에 대한 집착은 우리가 변화하는 현재의 권력관계와 대면해야 할 필요성을 무디게 할 위험이 있다는 아리프 딜릭Arief Dirlik의 경고에 귀를 기울이는 것을 의미한다.2002 이것은 윌리엄 캘러핸William Callahan이 중국에서의 '국가적 수모의 담론discourse of national humiliation'이라고 부른 것에서 가장 명백하게 드러난다.2010 이 수모의 담론에서는 역사적 패배와 희생이 민족주의 담론 속으로 유도되어 중국의 제국적 위용으로의 회귀를 징딩화힐 뿐 아니라 불균형 발진으로 인한 중국의 모순들을 얼비무려 비린다. 둘째, 과거 피식민자들의 배상과 진정한 사죄 요구는 일본 국가의 노골적 부인은 아닐지라도 과민반응에 직면해 왔다. 한국 출신의 이른바 위안부들은 1990년대 후반 이후로 일본 대사관 앞에서 매주 수요집회를 개최해 왔다. 일본 국가가 그들의 요구에 응답하기를 지속적으로 거부하거나, 또는 체계적인 성노예 제도화에 대한 제국 국가의 역할(그리고 그에 따른 함의로서 쇼와 천황의 책임)에 대해 인정하기를 지속적으로 거부하는 동안 그들 중 많은 사람이 세상을 떠났다. 국가 주도의 민족주의와 식민주의라는 이중의 압박 사이에 갇혀서 정치적 화해는 스스로 대변하고자 하는 바로 그 주체들을 지속적으로 회피하거나 주변화시켜왔다. 이와 같은 구체적인 정치적 폐색의 역사적 조건하에서 쓰시마와 메보우의 작품은 우리가 국가 권력 바깥에서 다른 형식의 화해를 상상하는 것을 허용해 준다.

나가며

「용서에 관하여On Forgiveness」에서 자크 데리다Jacques Derrida는 지정학 무대에서 '용서의 지구화globalization of forgiveness'가 제2차 세계대전 이후, 그리고 최근에 가속도가 붙고 있다고 관찰한다. 참회와 고백과 용서와 사죄의 모든 무대에서 "우리는 개인들만이 아니라 전체 공동체, 전문 회사, 종교 교단의 대변자, 주권기관, 그리고 국가 수반들이 '용서'를 구하는 모습을 본다."2001 : 28쪽 데리다의 주장에 따르면, 우리가 적응하고자 하는 용서의 개념, 그 무대, 그 인물, 그 언어는 모두 아브라함적 전통에 속하는 것인데, 유럽 또는 '성경적' 기원을 갖지 않는 문화에까지 확산되고 있다. 아브라함 전통이 아닌 곳에서의 용서의 보편화를 강조하기 위해 데리다는 과거 폭력에 대해 한국인들과 중국인들의 용서를 구하는 일본 총리의 예를 사용한다. 데리다는 이렇게 적고 있다. "(총리가) 자신의 이름으로 어떤 '심심한 사과heart-felt apologies'를 제시했다. (언뜻 보기에) 그것은 국가수반으로서의 천황을 연관시키지 않았지만, 총리는 언제나 사적 개인 그 이상과 연관돼 있다. 최근에 진짜 협상이 전개됐는데, 이 주제에 관한 일본과 한국 정부 사이의 협상이 이번에는 공식적이고 진지하다. 배상이 있을 것이고, 정치적인 방향 선회가 있을 것이다."31쪽5

용서의 개념이 일본과 한국에 낯선 것이라는 데리다의 주장은 논외로 하고, 데리다는 이와 같은 사과의 제스처의 '도구적 성격instrumentality'을 지적한다. 데리다는 이렇게 논의를 계속해 나간다. "이와 같은 협상들은 거의 언제나 그렇듯이 정상화normalization에 도움이 되는 (국가적 또는 국제적) 화해의 도출을 목표로 한다. 정해진 최종 결과물에 봉사하는 용서의 언어는 순수하거나 공평한 것과는 다른 어떤 것이다. 그것은 언제나 정치의 장 안에 있다."31쪽 데리다는 따라서 정의를 떠받치기보다는 화해의 이름으로 회피해 버리는 정치적 활용에 대해 비판적이다. 데리다가 화해를 중요한 것으로 여기면서도, 화해나 사면을 제시하는 너그러운 몸짓 속에 전략적이거나 정치적인 타산이

귀속되기 때문에 우리가 그것을 용서와 동일한 것으로 간주하지 말아야 한다고 보는 것도 바로 이와 같은 이유 때문이다.

그러므로 내가 두 텍스트를 통해서 탐구한 문제는 국가의 개입이나 관계 정상화와 무관한 화해의 가능성이다. 이것은 식민주의의 폭력과 전쟁범죄에 대해 일본 국가에 책임을 물리는 필수적 임무를 약화시키자는 것이 아니다. 식민통치와 전쟁은 국가와 천황의 이름으로 수행되었기 때문에 화해와 용서를 향한 어떠한 행위도 그에 대한 인정 및 고발과 함께 시작해야 한다. 그러나, 동아시아의 변화하는 지정학적 권력과 증가하는 국민국가 사이의 긴장으로 인해 가까운 미래에 어떤 절대적인 필요 그리고 어떤 채무와 의무를 넘어서는 화해는 가능할 것 같지가 않다. 국가들 사이에 모종의 합의가 이루어지더라도, 그에 첨부되는 조건들은 2015년 일본과 한국의 위안부 문제 관련 합의가 보여주듯이 민족적, 정치적 (이성애)규범성을 재확립하는 데 기여할 뿐이다. 이와 마찬가지로 중요한 문제는, 식민통치와 전쟁을 경험한 마지막 세대가 급속히 사라지고 있다는 사실이다. 사죄와 배상의 요구와 인정받고자 하는 그들의 열망은 일본과 타이완과 한국의 국가에 의해 대부분 무시되었다. 나는 식민통치를 경험하고 살아온 사람들과 탈식민 현재에 태어난 사람들이 오늘날 식민주의의 기억에 대해 타협을 이루는 방식에 관심이 있다.

화해의 조건적 도구성에 대한 데리다의 경고는 다른 사람들에 의해서도 반복된다. 르완다 인종 대학살 20주년을 기리기 위해 『뉴욕 타임즈』가 출판한 포토 에세이를 가차없이 비판하면서, 수치트라 비재앤Suchitra Vijayan은 화해, 용서, 그리고 변화의 서사 그 자체를 문제삼는다.[2014] 그와 같은 서사는 학살과 그 여파를 단순화시킬 뿐 아니라 국가가 저지른 폭력을 화해의 이름으로 흐리게 만들기 때문이다. 우선 비재앤은 균열되고 모순적인 르완다의 상이한 정체성들을 "후투Hutu와 투치Tutsi, 선과 악, 피해자와 가해자, 구원과 해방이라는 단순한 이분법적 선입견"으로 종속시켜 버리는 단일한 '포괄적 정체성overarching identity'에 대해 문제를 제기한다. 이와 같은 단순화는 용서에 대한 요구와 용서를 내리는 결정을 설명해 주는 간단한 각각의 증언들 옆에 나란히 놓인 후투족과 투치족의 일련의 사진 이미지들에 의해 강화된다. 흡족한 기분을 주는 이런 구원의 이야기들은 피해자가 가해자로 되거나 해결될 수 없는 갈등을 안고 살아가는 노력의 경우처럼 도덕적 모호성을 갖는 더 어려운 문제들은 직시하지 못한다. 화해는 "사회적 위계를 정당화하는 공통성의 관념에 호소함으로써 다양한 형태의 구조적 폭력 행사에 있어 즉시 공범이 되어버린다".

포토 에세이는 또 르완다 애국군대Rwandan Patriotic Army 및 그에 연관된 개인들에 의해 인종 대학살 이전과 학살 중에, 그리고 학살 후에 자행된 것으로 주장되는 전쟁범죄들에 대한 르완다 국가의 기소 거부를 설명하는 데도 실패한다. 이 전쟁범죄에는 후투족에 대한 수천 명의 보복 학살이 포함되어 있다. 통약불가능한 후투족의 죄상과 투치족의 희생을 단순화해버리는 서사는 대학살 이후 르완다 정치권력의 토대를 형성했다. 대학살의 기억은 따라서 반대 의견과 국제적 비판을 억누르기 위한 도구가 되고, "진정으로 당사자를 참여시키는 경우도 더러 있긴 했지만", 화해의 행위는 "카가메Kagame의 정치적 반대자들을 위협하고 권력을 공고히 하도록 조작되었다". 비잰앤이 주장하듯이, 용서의 요구와 억지 화해는 궁극적으로 국가의 타산과 요구에 복무하게 되고 데리다가 '국가적 화해national reconciliation'라고 부른 것으로 변질되어 버린다.40쪽 필요하고 중요하긴 하지만, 이와 같은 조건부 화해는 권력의 근본적 재편 없이는 의도된 목적을 성취할 수 없을 것이다.

용서에 대한 고민의 말미에 데리다는 용서라는 이름에 걸맞는 '순수'한 용서를 꿈꾼다. 그것은 "권력이 없는 용서forgiveness without power, 무조건적이지만 주권이 없는 용서"가 될 것이다. 데리다는 계속해서 말한다. "필요하고도 동시에 불가능해 보이는" 가장 어려운 과업은 "무조건성unconditionality과 주권sovereignty을 분리시키는 일이 될 것이다".59쪽 정치 담론에서 비주권적인 사회적, 주체적 구성체를 어떻게 상상할 수 있을까 하는 문제는 사랑의 언어를 정치적 개념으로 사용하는 미이클 하트Michael Hardt나 로렌 빌란트Lauren Berlant와 같은 이론가들도 몰두하는 문제이다. 이론적 차이에도 불구하고, 이 두 이론가는 사랑을 전환적이고, 집단적이며, 지속가능한 것으로 간주한다.Davis and Sarlin 2008 진정한 용서나 사랑의 구체적 문제를 사회적인 비주권적 가능성으로 다루고 있지는 않지만, 이 책에서 내가 정서와 화해라는 용어를 사용한 것은 역사적 부정의와 식민주의의 기억에 대해 비국가적이고nonstatist, 비식민적이고noncolonial, 비보장적인nonguaraneted 해결책을 마련하려는 시도이다. 이 지역은 현재 일본이 쇠퇴하고, 중국이 부상하고, 해결되지 않은 식민의 과거와 요동치는 지구적 현재가 공존하는 '제국 전환기'의 순간에 처해있다. 바로 이 제국 전환기의 순간에 현재 동아시아의 실질적 헤게모니 경쟁에 우리가 불가피하게 뒤엉켜 들어간다는 사실을 외면하지 않으면서도 우리는 식민주의에 대한 정당한 저항에 관심을 두어야 한다. 내가 이 책에서 줄곧 주장한 것처럼, 반일 정서와 친일 정서는 일본 제국의 탈식민화 실패와 지구 자본주의하의 중국 재등장의 징후이다. 민족/네이션, 국가, 자본의 보로메오 매듭하에서 진행되는 경제적 축적과 정치 권위를 위한 경쟁은 "무조건적이고 비주권적인 용서unconditional and non-sovereign forgiveness"라는 데리다의 꿈을 예견 가능한 미래에는 가능하지 않게 만들 것이다.

회개하는 과거 일본 귀신들, 굳건한 위안부들, 향수에 젖은 도산 세대, 그리고 사랑스러운 원주민 원로들은 모두 제국 전환기의 인물들로서 일본 제국과 전후 냉전 질서 사이의 제국적 분할선 위에 엉거주춤 걸터앉아 있다. 시간의 경과로 많은 사람이 세상을 뜨게 됨에 따라, 그들의 투쟁과 결기와 분개와 갈망은 책임과 배상과 보상의 문제를 비판적으로 직면하고 다루어야 할 탈식민 국민국가들의 실패에 대한 증언이 되고 있다. 의심할 여지 없이 국가는 정치적 수단을 통해 경제적, 문화적 교류를 촉진하려고 애를 쓰기 때문에 위안부 문제를 둘러싼 일본과 한국의 합의제3장 참조와 같은 조건부 화해 시도들이 있을 것이다. 이와 동시에, 내적 모순들을 완화하기 위해 경쟁적 민족주의가 동원되고, 과거의 잔혹 행위와 가해진 고통을 구성하고 기억하게 될 것이다. 화해의 자유주의 담론과 구원의 민족주 담론은 상호 배타적인 것이 아니라, 사실은 신자유주의적 자본주의라는 동일 과정의 징후들이다. 이와 관련해서 우리는 무조건적 화해의 공간으로서 국민국가에 기댈 수가 없다. 그것의 기본 작동 방식은 조건부 협상이기 때문이다. 반일과 친일을 극복하는 일은 따라서 초국적, 국가 내적 제휴의 형식들을 탐구하는 일이자 다른 방식의 화해를 상상하는 일이다.

에필로그

반일감정에서 탈식민 민주주의로
동아시아 청년들의 저항

민주주의는 위선이다

— 맬컴 엑스

2014년 3월과 2015년 8월 사이에 동아시아에서 학생 주도의 주요 시위들이 분출했다. 해바라기 운동Sunflower Movement, 太陽花學運과 우산혁명Umbrella Movement, 雨傘運動, 그리고 자유민주주의를 위한 학생긴급행동SEALDS : Students Emergency Actions for Liberal Democracy, 自由と民主主義のための学生緊急行動이 주도한 시위들은 타이완, 홍콩, 일본에서 정부의 행태에 반대하는 수만 명의 사람들을 거리로 나오게 만들었다. 2005년과 2012년 중국의 주요 도시에서 벌어진 반일 시위와 달리, 이 젊은이들의 사진은 이들이 공적 공간을 도전적으로 점령하고, 감동적인 연설로 군중을 규합하고, 때로는 경찰과 충돌하는 모습도 보여주었다. 또 가끔 보도되는 시위 이후의 청소 모습은 학생들의 왕성한 열정과 이상주의와 더불어 일반 대중에게 깊은 감명을 주었으며, 일견 이 지역 민주주의의 새 시대 신 새벽을 나타내는 듯했다. 자유민주주의의 이름 아래 일어난 이런 운동은 중국 본토 등지의 호전적 애국주의 수사나 반일 시위의 폭력적 과시를 극복한 것 같다. 각각의 운동은 각각의 특수한 사회정치적 문맥에서 탄생하지만, 2011

년 이후 세계적인 청년들의 행동주의, 특히 '월가 점령Occupy' 운동의 영향을 받은 이들 운동은 변화에 대한 요구와 공유된 전술로 인해 서로 공명을 일으키기도 했다. 지방, 국가, 역내, 그리고 지구적 연결성은 이 지역 청년들이 정치적으로 무관심하다는 인식이 허위임을 폭로하는 것 같다. 전례 없는 소셜 미디어 사용과 '지도부가 없고leaderless' 위계적이지 않은 현재의 운동 조직에 대해서는 많은 언급이 있어왔다. 하지만 나는 이와 같은 학생 시위를 지역적 관점에서 접근하며 반일감정에 대한 하나의 대안을 제시하고자 한다. 정치 비전과 각 지역의 환경 차이에도 불구하고, 이 운동들은 아시아 내부의 상호 대화와 행동주의에 기여할 수 있는 초국적이고 지역적인 정치 주도권을 형성할 잠재력을 가지고 있다. 첫째, 나는 세 개의 운동이 가지고 있는 공통의 특징 두 가지를 다루고자 한다. 그 첫 번째 특징은 지역내 상호 대화와 상호 참조를 위한 공통 문법을 제공해 주는 대중문화의 중요성이다. 두 번째 특징은 중국의 부상에 대한 그들의 공유된 우려와 이 지역 청년들 사이의 전면적 위기감이다. 둘째, 나는 전후 자본주의 질서하에서, 특히 일본에서 민주주의가 식민주의 문제 은폐에 공모하고 있다는 사실을 문제 삼거나 질문을 제기하지 않으면 이들 운동은 자유주의와 민족주의의 한계를 넘어설 수 없을 것이라고 주장할 것이다. 요컨대, 필요한 것은 반일감정에서 민주주의의 탈식민화로 담론을 변화시키는 것이다.

2016년 학생긴급행동SEALDS이 제작한 한 출판물은 이 조직의 구성원들과 홍콩, 타이완 학생 활동가들 사이의 좌담 다섯 꼭지를 특집으로 싣고 있다. 학생긴급행동의 구성원은 오쿠다 아키Okuda Aki, 奥田愛基, 우시다 요시마사Ushida Yoshimasa, 牛田悦正, 미조이 모에코Mizoi Moeko, 溝井萌子이고, 홍콩 활동가는 애그니스 차우Agnes Chow, 周庭와 조슈아 윙Joshua Wong, 黃之鋒, 그리고 타이완 활동가는

첸 웨이 팅Chen Wei-Ting, 陳威廷이며, 출판물의 제목은 『일본×홍콩×타이완 청년은 포기하지 않는다−국경을 넘은 「학생운동」의 연대는 가능한가? 동아시아 학생 대화집Youths Never Give Up-Japan, Hong Kong, Taiwan: Is a Transnational Student Solidarity Possible?, 日本×香港×台湾 若者はあきらめない−国境を超えた「学生運動」の連帯は可能か? 東アジア 学生対話集』으로 번역된다. 이 출판물 제목의 의문부호는 이것이 전제조건과 명시된 목표가 없이 열려 있는 진행 중의 기획임을 명확히 암시한다. 이 출판물은 또 초국적 연대 건설의 열망과 역경을 강조한다. 자유로운 스타일로 편집자의 도움을 받아 진행된 이 좌담에서 일본 젊은이들은 상대방의 운동에 관한 첫인상이나 데이트와 활동 사이의 균형잡기의 어려움에서부터 동원 전술이나 학생운동 이후의 정치적 비전과 같은 좀 더 실질적인 토론에까지 이르는 다양한 주제들에 관해 웡과 대화하고(3개의 장), 차우와 첸과 대화(각 1장씩)한다. 내가 이 좌담에서 집중하고자 하는 것은 새롭게 등장하고 있는 지역적 감수성과 관련된 두 가지 측면이다. 젊은이들 사이의 공통 문법으로서의 대중문화와 이 지역의 새로운 패권국으로서의 중국이 그것이다. 이들의 대화에서 분명한 것은 이 학생들이 소셜 미디어를 통해 서로를 팔로우하고 서로에게 큰 존중을 표해왔다는 사실이다. 토론은 우호적이고, 유쾌하고, 서로의 마음을 끄는 것이었다. 야당을 창당할지 비제도권 정치 기구에서 투쟁을 계속할지 등 미래의 정치적 역할에 대해서는 사소한 이견이 있을 수 있지만, 대화는 차이의 선언보다는 공통성 추구에 관한 것이 더 많았다. 그러나 놀라운 것은 아시아 이웃들에 대한 일본 청년들의 철저한 무지이다. 이것은 전후 시기 이후 아시아에 대한 일본의 탈아시아화de-Asinization 과정을 보여준다. 학생긴급행동 구성원인 우시다는 서문에서 이것을 인정한다. 우시다는 자신과, 아마도 대부분의 일본 청년들이 지금까지 자신들이 '동아시아' 라고 불리는 똑

같은 지리-공간에 속한다고 진지하게 여겨본 적이 없다는 사실을 인정한다. 인터넷에 이미지와 생각들이 엄청나게 돌아다니지만, 우시다는 일본 젊은이들이 다른 나라 젊은이들과 이 지역 공간을 어떻게 공유할지 상상하는 데 어려움이 있다고 표현한다. 우시다는 이것을 단순히 관찰이라고 제시할 뿐, 일본인들의 무감각 이면에 놓인 이유를 규명할 생각은 회피한다. 우시다가 공통성과 열망들을 인식하기 시작하는 것은 민주주의와 정치 운동에 관한 대화를 통해서일 뿐이다.[10쪽] 그럼에도, 내가 뒤에 제시하겠지만 이와 같은 지기 인식은 이 젊은이들이 구출하려고 애를 쓰는 일본 민주주의 자체의 탈식민 기획으로 전환되어야 한다. 우시다와 그의 동료들은 모르겠지만, 일본인들이 홍콩이나 타이완에 대해 아는 것보다 홍콩과 타이완의 젊은이들이 일본에 대해 훨씬 더 많은 것을 알고 있다. 이 초국적 상상의 공동체를 만들어내고 촉진하는 데 일본의 대중문화가 필수불가결한 역할을 한다. 애그니스 차우, 조슈아 웡, 첸 웨이 팅은 모두 1990년대에 태어났다. 일본, 특히 일본 대중문화 상품과 이 세대의 관계는 전쟁과 식민주의의 기억이 강하게 남아있는 이들의 부모나 조부모 세대의 그것과는 현저히 다르다. 홍콩은 일본 대중문화, 특히 1980년대에는 일본 대중음악, 1990년대에는 일본 애니메이션과 만화에 대한 관심이 급증하는 현상을 목격했다. 계엄령 해제와 시장 자유화 이후의 타이완에서는 일본 대중문화가 젊은이들에게 인기가 많았는데, 이 젊은이들은 2000년대 초반 이래로 하리-주 또는 '일류족Japanese-fever tribe'으로 알려져 있다. 애니메이션이나 만화를 넘어, 일본의 텔레비전 드라마, 음악, 영화, 요리, 패션, 문학 등등이 타이완과 홍콩에서, 그리고 중국에서도 점점 더 열렬히 소비되어왔다. 성장기의 노출을 고려하면, 차우, 웡, 첸이 모두 일본 대중문화에 친숙하고 유창하다는 사실이 놀랄 일은 아니다. 내가 여기서 강

조하고 싶은 것은 차우, 웡, 첸의 세대에게 '일본'은 더 이상 외부의 것이나 낯선 것이 아니라는 사실이다. 일본 대중문화는 그들의 일상생활의 일부가 되어버린 친밀한 사물과 텍스트들을 만들어냈다. 젊은이들 사이의 일본 대중문화에 대한 몰입이 정도의 차이는 있겠지만, 내가 여기서 제시하려는 것은 문화 실천과 소비에 있어서의 '일상적quotidian' 측면이다. 세 지역의 청년들은 대중문화를 통해, 공통의 텍스트를 통해 서로가 서로를 참조할 수 있는 공유된 시간과 공간을 주장할 수 있다. 예를 들면, 웡은 의회 관료와 논쟁 중에 자신이 자기 집단을 묘사하기 위해 "선택받은 아이들We are chosen children, 選ばれし子供達"이라는 구절을 사용했다고 이야기한다. 이 구절은 웡이 애호하는 일본 애니메이션 〈디지몬Digimon, ガンダム〉에서 나온 말이다. 이 말을 듣자 오쿠다가 즉시 뛰어들어 〈디지몬〉은 자기도 가장 좋아하는 것 중 하나이며, 카라오케 바에 가면 지금도 이 애니메이션 주제가를 부른다고 말한다. 차우 또한 좌담에서, 자신도 일본 만화와 애니메이션의 빅 팬이라는 사실과 자기 페이스북 페이지에 자주 애니메이션 주제가를 포스팅한다고 고백한다. 웡은 열렬한 『건담Gundam, デジモン』 팬이라고 보고한다. 첸 또한 자신이 일본 만화와 무라카미 하루키Haruki Murakami나 무라카미 류Ryū Murakami 같은 소설가를 좋아한다고 밝힌다. 첸은 자신이 어떻게 『메두사Medusa, メドゥーサ』나 『우리 마을 이야기Boku no Mura no Hanashi, ぼくの村の話, Stories of My Village』 같은 비주류 만화를 읽으면서 일본 사회운동에 대해 배우게 되었는지 이야기해 준다. 『메두사』는 1960년대의 안보 투쟁을 묘사하고 있으며, 『우리 마을 이야기』는 1970년대 나리타 공항 건설 당시의 산리주카 투쟁Sanrizuka Struggle, 三里塚闘爭에 관한 것이다. 첸은 또 지난 몇 년간 가라타니 고진이나 오구마 에이지Oguma Eiji, 小熊英二 같은 일본 지식인들이 타이완을 방문하여 강연한 사실을 언급한다. 일본 대중문화에 대

한 차우, 웡, 첸의 열정과 지식에 비하면, 일본 청년 중 어느 누구도 타이완이나 홍콩의 문화에 대해 지나가는 말로라도 언급을 하지 않는다는 사실이 놀라울 따름이다. 이 '초국적 상상의 공동체transnational imagined community'는 생산, 분배, 소비에 있어서 결코 평등하지 않다. 일본 젊은이들은 자기들의 열도 바깥의 문화나 지적 발전에 대해 아는 것이 거의 없다. '동아시아'라는 떠오르는 이 공유의 공간은 비대칭적 관계에 기초해 있다. 여기서 일본 젊은이들은 배워야 할 것이 많다. 특히 아시아에서 일본의 식민주의와 제국주의의 역사와 전후의 탈식민 탈아시아에 대해서. 이를 위해, 반일감정과 친일감정은 일본 청년들이 탈식민주의화 과정을 위한 출발점으로 아시아와 연계하기 위한 중요한 담론들이다.

좌담의 두 번째 공통 줄기는 중국의 부상과 그것의 지역적, 지구적 함의이다. 홍콩과 타이완은 명백한 이유로 인해 중국 본토와 복합적이고 부담스러운 관계를 맺고 있다. 그러나, 과거의 식민 권력이자 현재 미국의 확고한 동맹인 일본이 중국의 부상(과 스스로의 쇠퇴)에 반응하는 방식도 이에 못지않게 문제적이다. 차우, 웡, 첸은 중국을 보편적인 민주적 가치에 대한 위협으로 인식한다. 그들은 자신들의 정치적 운동과 에너지를 베이징의 권력에 저항하고 그것을 균열시킬 수단으로 간주한다. 오쿠다, 우시다, 미조이의 입장에서 보면, 아베 행정부가 중국의 위협에 대해 국민에게 안보 법률들에 복종하도록 협박하는 경보를 울렸다. 안보 법률은 '평화에 대한 선제적 기여proactive contribution to peace'라는 불분명한 선언하에 국가가 전후 헌법을 재해석하고 해외에 군대를 배치하도록 허용한다. 보편적 참정권 요구가 우산혁명의 주요 동기로 간주되지만, 차우와 웡이 학민사조Scholarism, 學民思潮를 결성하여 운동에 뛰어든 것은 홍콩 정부와 베이징에 의한 2012년의 '도덕적 국가적 교

육moral and national education, 德育及國民教育'에 관한 행정명령에 항의하기 위해서이다. 첸과 해바라기 운동의 입장에서 운동의 동기를 부여한 것은 당시 여당인 국민당의 해협양안복무무역협의CSSTA : Cross-Strait Service Trade Agreement, 海峽兩岸服務貿易協議의 비밀 통과 때문이다. 2013년에 서명되어 아직 비준되지 않고 있는 양안복무협의는 중국 본토와 타이완의 서비스 무역 자유화를 목표로 한 것이다. 첸은 또 자신들의 운동에 대한 일반적 지지를 2008년까지 거슬러 올라가는데, 당시 국민당은 마잉주Ma Ying-jeou, 馬英九와 그의 베이징과 더 가까운 양안관계 정책으로 다시 정권을 잡았다. 첸은 2014년에 절정에 달한 해바라기 운동 이전의 많은 시위를 언급한다. 2008년에는 중국의 해협양안관계협회Association for Relations across the Taiwan Strait, 海峽两岸关系协会 회장인 천윈린Chen Yunlin, 陈云林의 타이완 방문에 반대하는 학생 항의 시위가 있었는데, 그의 방문은 국민당과 중국 공산당 사이의 60년 이래 최고위급 회담이었다. 2012년에는 미디어 합병과 친중 민족주의 경제발전의 수사학에 반대하는 학생 주도의 미디어 독점 반대운동Anti-Media Monopoly Movement, メディア独占反対運動이 있었다. 그리고 2013년에는 촌락 건물의 강제 철거에 항의하는 시위가 있었다. 홍콩과 타이완의 동지들에 대한 연대를 보여주기 위해 오쿠다는 학생긴급행동이 중국 국가가 "자유와 민주주의 가치를 이해할" 것을 요구하는 몇 가지 선언을 공표했다고 말한다.48쪽 여러 가지 안보 관련 법률에 대한 학생긴급행동의 반대 입장은 대체로 아베 행정부의 노골적인 헌법 무시에 대한 학생들의 반대에 기인한다. 학생긴급행동의 전신인 특정 비밀보호법 반대 학생회SASPL : Students Against Secret Protection Law, 特定秘密保護法に反対する学生有志の会는 2014년의 '특정비밀보호법'에 반대하기 위해 조직되었다. 이들 법안 이면의 주요 촉매로는 중국의 부상에 대한 국민의 공포와 불안을 퍼뜨려 민족주의를 부활하려

는 아베의 시도가 있다. 하지만 활동가들이 보기에는 법안의 내용이 문제가 아니라, 엄청난 대중의 저항에도 불구하고 여당이 법안 수정을 위해 힘으로 밀어붙이는 방식이 문제이다.

중국의 위협이 과소평가될 수는 없겠지만, 나는 청년들의 정치적 각성을 떠받치고 있는 것은 그들의 미래 삶에 대한 더 깊은 불안이 존재하기 때문이라고 주장하고 싶다. 문제의 핵심을 이루는 것은 전 세계적인 청년들의 이와 같은 공유된 위기감이다. 위기의 일본에 대한 앤 앨리슨Anne Allison의 통찰력 있는 분석이 이 지역과 지역 너머의 규범이 되고 있다. 이 책에서 논의한 반일감정과 마찬가지로, 반중 정서도 이 지역의 더 큰 구조적 변화의 징후이다. 윙은 이 지구적 청년 문제를 '부로부터의 배제exclusion from wealth', 즉 전망이 없는 저임금 일자리 문제라고 설명한다.148쪽 지난 몇십 년간의 신자유주의 정책 파도가 경쟁을 심화시키고, 개인 책임을 강조하고, 불평등을 더 양산하고, 젊은 사람들의 미래 비전을 흐리게 만들었다. 여기서 우리는, 모든 인간 존재의 일반적 조건인 '불안정 상태precariousness'와 국가 정책의 결과에 따라 인구 일부와 관련된 구체적 조건인 '위기 상태precarity'라는 주디스 버틀러Judith Butler의 구별을 기억할 필요가 있다.2004 나는 대부분의 선진국 경제에서 위기 상태의 등장과 반향은 거의 대체로 중산층 현상이라고 부연하고 싶다. 이 말은 지구적으로 젊은 사람들이 직면하고 있는 진짜 도전을 축소하려는 것이 아니다. 이 책의 논의 대상인 세 지역에는 타이완의 원주민들, 홍콩의 저임금 노동자들, 재일 한국인 거류민들처럼 항상적으로 위기 상태의 예봉을 체감하는 인구 집단이 있다. 이 현상이 구체적 불확실성의 조건으로 묘사될 때 위기 상태가 비로소 절박성을 획득하는 것은 오직 지배적인 중산층이 신자유주의의 압박과 압축을 느끼기 시작할 때일 뿐이다.

이들 학생 운동은 기존 체제의 제거에 관한 것이 아니라, 개혁에 관한 것이다. (직접 민주주의가 아니라) 직접 행동을 하고 싶은 욕망 중의 일부는 젊은이들 사이의 국지성/민족주의에 대한 믿음이다. 중국의 위협은 홍콩인들로 하여금 공식적인 '일국양제one-country two system, 一國兩制'가 아니라 민주 체제를 요구하도록 촉진시켰다. 본토의 경제 괴물화가 타이완인들의 이른바 천부적으로 독립적이라는 의식의 확대를 촉발시켰다. 정치 과정에의 참여가 일본의 젊은이들로 하여금 민족적 정체성의 증폭은 아닐지라도 그것을 인식은 하게 만들었다. 이들은 그러나 '선한' 민족주의와 '악한' 민족주의를 분명히 구별한다. 그들 스스로는 개방적이고 포용적인 민족주의를 대표한다고 보지만, 마린 르펜Marine Le Pen과 도널드 트럼프Donald Trump로 대표되는 우익 포퓰리즘의 등장은 배타적인 것으로 간주된다. 첸은 심지어 타이완의 민족주의는 혈통이나 인종이 아니라 타이완이라는 장소와 동일시하기 때문에 독특하다고까지 주장한다. 그들에게 민주주의와 민족주의는 상보적이다.

일본과 여타 아시아 공간의 불평등한 관계, 일본의 제국주의적 과거('위안부' 문제나 영토 분쟁과 같이 해결되지 못한 문제 등), 그리고 미국에 대한 의존국client state 지위 등의 문제는 전후 일본의 민주주의 형성과 식민주의 문제 회피와 관련해서 심각한 반성을 필요로 한다. 학생긴급행동의 한계는 패전, 무장 해제, 민주주의가 탈식민화 과정을 대체해버린 전후 일본 제국의 재구조화에 대한 일본 청년들의 무관심에 있다고 나는 주장한다. 학생긴급행동은 대대적인 매스컴 보도와 폭넓은 지지로 인해 좀 더 급진적인 요구는 주변화시키는 자유주의적이고 개혁적인 운동이다. 로빈 오데이Robin O'Day는 급진적 변화를 요구하는 프리터 활동가들Freeter activists과 달리, 학생긴급행동 운동은 아베 이전 시기의 전반적 현상유지status quo를 복원하려고 노력한다고 주장한다.[2015] (프리터는 전일제 고용 상태가 아니거나 비고용 또는 저고용된underemployed 젊은 이 중 가정주부나 학생을 제외한 사람들이다.)* 그러나 이슈 중심, 미디어 주도의 학생긴급행동과 달리, 프리터 운동은 전후 일본 자본주의의 토대는 문제삼지 못하기 때문에 운동 이면의 불만을 다룰 수 있는 대의, 사건, 행동을 규명할 수 없다. 오데이에 따르면, 학생긴급행동 현상이 보여주는 것은 일본 대학생들 사이의 새로운 정치적 정체성 형성이다. 사회 운동은 이들의 삶의 일부이지만, 삶의 전체는 아니다. 급진적이지 않거나 대의에 완전히 헌신하지 않고도, 정치 사상에 진지하게 몰입하는 것을 용인할 수도 있다. 지난 반세기 동안 일본의 전반적인 정치적 무관심을 고려하면, 이런 생각은 진보적이지는 않더라도, 광범한 학생들의 스펙트럼과 공명한다.

학생긴급행동과 여타 민간단체가 주도하는 대규모 공개 시위에도 불구하고, 아베 행정부는 2015년 9월 일련의 새로운 안보 법안들을 통과시켰다. 주요 법안은 외국의 갈등에 이 나라의 군대가 참여하는 것을 허용하는데, 이것은 이전의 자위 정책을 뒤집는 것이다. 좀더 구체적으로 말하자면, 일본 헌법의 문구들을 재해석함으로써 이 법안은 동맹의 '집단적 자위collective self-defense'를 위해 일본 군대가 해외에서 작전을 수행하는 것을 허용한다. 정부는 예컨대 중국의 증대되는 야심이 제기하는 것과 같은 새로운 지정학적 도전에 대응하기 위해 이와 같은 수정이 필요했다고 주장한다. 그러나 안보 법률을 필요로 하는 새로운 조건은 이 지역을 넘어서 있다. 전 세계적인 테러의 위협을 언급하면서 이 법안은 일본의 안보 위협이 세계 어디서나 올 수 있다고 본

---

* 프리터(freeter, フリーター, furītā)는 영어의 '자유'를 뜻하는 '프리free'와 독일어의 '노동자'를 뜻하는 '아르바이터arbeiter'를 합성한 일본의 신조어로, 1987년 일본의 구인잡지인 『리크루트』에서 능력이 됨에도 불구하고 직업을 갖지 않고 평생을 살아가는 사람을 지칭하기 위해 처음 사용했다.

다. 비판자들과 반대자들은 이것이 헌법 위반이며, 불필요한 미국 주도의 해외 전쟁으로 일본을 끌고 들어갈 수 있다고 주장한다. 그들은 또 일본의 전후 자유민주주의와 바로 그 민주주의가 확립하고 유지한 평화주의 이상을 아베가 파괴했다고 비판했다. 식민주의 문제를 비가시적으로 만드는 것은 바로 아베 행정부의 헌법 재해석에 대한 이와 같은 반대와 전후 민주주의에 대한 절제되지 않은 '믿음'이다.

나는 제1장에서 제국과 군국주의에서 무장해제와 민주주의로의 일본의 전후 전환과 재건에는 단절보다 오히려 연속성이 있다고 주장했다. 평화주의는 (자본주의와 함께) 히로시마와 나가사키로 대표되는 일본 전후 민주주의의 중추 중 하나가 되었다. 히로시마 기념비의 모호성은 미국의 핵폭탄 투하 범죄와 일본의 전쟁 및 아시아의 식민주의 책임과 관련된 범죄를 모두 방면해 준다. 일본의 피해에 관한 지배 서사에서 한국인 원자탄 피해자들과 그들의 기록의 주변화는 제국의 문제를 편리하게 배제해 버린다. 히로시마 평화기념관Hiroshima Memorial Hall의 건축물은 1940년대 탄게 켄조Tange Kenzō, 丹下健三의 대동아공영 기념관Greater East Asian Co-Prosperity Hall의 초안 디자인에 기초해 있다. 나가사키 평화 기념상heiwa-kinen-zō, 平和祈念像, Nagasaki Peace Statue은 키타무라 세이보Kitamura Seibō, 北村西望에 의해 제작되었는데, 그는 일본 제국의 남성주의 군사 조각상들을 제작했던 사람이다. 보편주의가 흔히 그렇듯이, 세계평화와 인본주의에 대한 호소는 그 특수한 발화와 식민적 차이를 은폐한다. 핵 공격을 받은 역사상 유일한 나라인 일본이 유엔에 의해 채택되고 122개 국가가 지지한 핵무기 금지 조약에 서명하지 않으려 한다는 사실은 평화주의의 위선과 미국 패권주의에 대한 일본의 지속적인 복종을 가리킨다.

김항Hang Kim은 전후 일본의 입헌주의와 자유민주주의가 보편적 규범의 지침하에 각 국민국가의 주권을 제한하는 세계평화의 '이상주의'에 기초해 있다고 주장한다.2016:482쪽 이 이상주의는 각 국민국가의 주권을 국제 사회의 보편 규범에 의해 제한하는 것을 말한다. 그것은 국민국가의 주권이 국제사회의 보편규범에 의해 제한되어야 한다고 규정한다. 그것이 가리키는 주된 전제는 전쟁 그 자체의 부인이라기보다는 주권국가들 간의 전쟁 금지이다. 이 보편주의에 따르면, 국가 간 갈등은 국제연맹이나 국제연합과 같은 국제기구의 개입을 통해서 해결되어야 한다.483쪽 그러나 이와 같은 보편주의는 '인류에 대한 범죄를 저지르는' 국가에 대한 특정 국가들의 무력 행사는 가능하게 한다. 인류의 이름으로 일단 전쟁이 선포되면, 그 상대는 '만인의 적 enemy of all'으로 지칭되지 않을 수 없다. 해적의 표상은 만인의 적과 연관되어 있고, 따라서 인류 사회에서 추방되어야 하며, 어떠한 적법성의 고려도 없이 멸절이 허용되어야 한다. 김항은 따라서 전후 일본 헌법의 주된 가정은 보편 전쟁을 재가하게 되어 있으며, 새로 통과된 안보 법률들은 일본 정부가 국제적 보호의 이름으로 무력을 행사하는 것을 (반대하기보다는) 계속해서 재가한다고 주장한다.

김항이 새 안보 법률의 제정이 전후 일본 헌법을 위반하지도 않고, 그것에서 벗어나지도 않는다고 주장하는 것은 바로 이와 같은 보편주의의 고수 때문이다.

오히려, 그것(새 안보 법률)은 헌법 정신을 계승하고 있다. 일본 정부는 실제로 '평화에의 선제적 기여'라는 표현을 강조함으로써 보편주의의 기본 입장 변화를 부정한다. (…중략…) 의도하지는 않았지만, (일본) 정부가 한 일은 전후 일본의 민주주의와 입헌주의를 떠받치는 보편주의에 숨겨져 있던 법률적, 정치적 귀결을 폭로

한 것이다. 한국전쟁과 베트남전쟁 시기 일본이 미국인들을 지원한 사실을 고려하면 새 안보 법률은 일본 정부가 '선제적으로' 보편주의 이상을 상속받고, 미래에도 국제 협력을 계속해서 지원하겠다는 선언으로 간주되어야 한다.484쪽

그러므로, (학생긴급행동이 주장할 법하게) 전후 민주주의와 입헌주의를 지지함으로써 새로운 평화와 안보 관련 법률을 변경하려는 일본 정부의 시도를 비판하는 것으로는 충분하지 않다. 왜냐하면 그런 이상의 바로 그 핵심에 만인의 적에 대한 전쟁의 가능성이 놓여있기 때문이다. "어떻게 어떤 방식으로 만인의 적에 대한 전쟁이라는 사상이 전후 일본의 담론과 사유에 영향을 미쳤는지 검토함으로써 전후 일본의 민주주의와 입헌주의의 보편주의를 재고할 필요가 있다."Kim 2016:484쪽 김항은 그다음에 보편주의와 전후 민주주의 및 식민주의의 상호관계에 대해 상술한다.

박유하Park Yuha의 『제국의 위안부Comfort Women of the Japanese Empire』 출판을 두고 벌어진 논쟁과 '자이니치' 작가 서경식Seo Kyungsik의 반응을 검토하면서, 김항은 전후 일본 민주주의 제도 속에서의 식민주의 회피를 강조한다. 박유하와 일본인 지지자들에 대한 서경식의 비판은, 전후 민주주의와 입헌주의에 대한 그들의 믿음이 편리하게도 제국의 신민이었던 재일 거류 한국인들의 고통을 무시하고 있다는 것이다. (우리는 타이완인들, 아이누인들, 류큐 제도인들도 민주주의에서 유사하게 배제된 사람들로 추가할 수 있겠다.) 일본의 패전 이후 많은 이 과거 신민들은 일본에 남는 것 외에 선택지가 없었다. 하지만 일본 정부는 이 사람들을 자기 나라의 시민이 아니라 외국인으로 취급했다. 과거의 식민주의 신민들이 제국의 시민권을 박탈당하고, 권리도 마찬가지로 빼앗겨 버렸다. "이런 방식으로 제2차 세계대전 이후 일본 열도의 한국인들은 이 나라 시

민으로서의 법적 지위를 잃어버렸다. 제2차 세계대전 이후 일본의 시민권 확립이 이와 같은 방식으로 이루어진 것이다. 말하자면, 전후 일본 민주주의의 주체들은 일본 열도의 과거 피식민 거주자들을 배제함으로써 자신들의 시민권을 만들어냈다는 말이다."2016:485쪽 요컨대, 전후 민주주의는 식민통치의 책임을 배척함으로써 확립되었다. 민주주의가 비민주주의적인 방식으로 확립된 것이다.

김항은 남바라 시게루Nambara Shigeru, 南原繁의 저자을 통해 보편주의와 시민주의의 관계를 계속 검토한다. 남바라는 저명한 정치철학자이자 전후 일본 도쿄 대학의 초대 총장이었다. 김항은 남바라가 텐노tennō 즉 천황을 하나의 매개medium로, 그리고 그 매개를 통해서 (새 헌법에 규정된) 인류의 보편 원칙과 세계평화가 실현되는 것으로 이해한다고 주장한다. 그 매개를 통해서, 그리고 일본의 민족적 유산과 일본 국민을 통해서 인류의 보편 원칙과 세계 평화가 실현된다는 것이다. 문화로서의 텐노를 통해서 일본 국민을 교육하고 계몽된 개인들로 변화시킴으로써 민족적 유산이 보편적 가치를 성취할 수 있다는 것이다. 왜냐하면 세계평화의 이상은 모든 국가의 노력과 협력을 통해서만 실현될 수 있기 때문이다.492쪽 원래의 순수 상태로 일본이 회귀하기 위해서는 과거 제국 내의 피식민 민족들을 의미하는 '외부 인종들'의 배제를 필요로 한다. 김항은 이렇게 결론짓는다. "세계평화와 전쟁의 제거라는 이상에도 불구하고, 전후 민주주의는 처음부터 오늘까지 만인에 대한 전쟁이라는 개념에 의존해 있었다고 말할 수도 있겠다. 이것은 전후 민주주의가 드러내는 기이한 특징, 보편주의와 식민주의가 뒤엉킨 관계가 1945년 이후 형성해온 기이한 특징이다."493쪽

전후 미국의 패권적 기획의 두 기둥인 자본주의와 민주주의가 위협에 직

면해 있다. 커져가는 불평등, 종파주의적 폭력, 그리고 환경 위기가 많은 사람에게 '전환담론transition discourse'의 추구를 재촉하고 있다. 전환담론은 패러다임과 문명의 현저한 전환을 요구한다.Escobar 2018 민주주의의 관점에서는 자크 데리다와 같은 이론가가 자유와 평등 사이의 모순을 점검해 왔다. 서구의 자기비판이라고 내가 이해하는 민주주의의 해체보다 우리는 민주주의의 식민주의적, 신식민주의적 조건의 분석에서, 그리고 맬컴 엑스를 따라 민주주의의 위선 분석에서 시작해야 할 것이다. 내가 이 책에서 주장한 것처럼, 반일감정은 이 지역의 더 큰 구조적 변화의 징후이다. 그 변화는 중국의 부상과 해결되지 못한 일본 제국의 제국적, 식민적 유산으로 특징된다. 이 제국 전환기의 순간은 또 비길 데 없는 군사적 능력과 함께 미국 패권주의의 쇠퇴를 포함하기도 한다. 중국의 야심이 과소평가될 수는 없지만, 일본이 진정하고 진지하게 탈제국주의화 과정에 참여해야 한다. 이를 위해 일본은 미래를 위한 역내 화해를 향해 나아가기 위해 아시아의 이웃들과 대화를 시작할 수 있는 플랫폼으로 반일과 친일을 끌어안아야 한다.

주석

프롤로그 | 아시아의 반일감정 (그리고 친일감정)

1   이 정보는 2003년 Offbeat China라는 사이트의 게시글에서 얻은 것이다. http://offbeatchi-na.com/700-million-japanese-soldiers-dies-in-china-in-2012. 이 사이트는 더 이상 이용 가능하지 않다. 그러나 이 사이트의 과거 페이스북 페이지에서 이 글의 저장된 보기가 가능하다. https://www.facebook.com/hotpotdaily/posts/414540271964283.

2   전후 한국의 반일감정에 관한 논의를 위해서는 Cheong(1991)을 볼 것.

3   1974년 1월 15일 일본의 다나카 가쿠에이(Tanaka Kakuei, 田中角榮) 총리가 11일간 동남아시아 5개국을 '친선' 방문하면서 마지막 방문지 자카르타에 내렸을 때 인도네시아의 팽창하는 수도 자카르타에서 반일 폭동이 발생했다. 폭동은 약 10만 명의 유동인구 지역 내에 있는 모든 일본 자동차를 불태우는 것으로 시작되어 일본 제품을 파는 상점과 가게, 특히 화인(華人)들이 소유한 상점과 가게의 약탈과 방화로 순식간에 확산되었다. 아스트라 토요타(Astra Toyota) 대리점에서는 신차 재고 전체가 화염에 휩싸여 연료 탱크가 폭발하면서 간간이 폭발음이 들렸다. 파사 세넨(Pasar Senen) 쇼핑센터에서는 수천 명의 폭도들이 중국인 소유 상점과 매점들을 약탈하고 불을 질렀다. 이틀간의 폭동으로 인해 알려진 피해자 열 명 중 일곱 명이 이곳에서 살해되었다. 일본항공이 운영하던 프레지덴셜 호텔이 폭도들의 목표물이 되었고, 파도처럼 밀려드는 폭도들을 경비대가 밀어내야만 했다. 극도로 불안해진 일본 투숙객들은 창가에서 이를 초조하게 바라보았다. 시위와 폭동이 너무도 폭력적이고 광범해서 다나카는 대통령 공관부지 내의 네덜란드 식민지 시절 게스트하우스에 사실상 유폐되어 수백 명의 특공대원들과 장갑차량의 경호를 받았다. 아시아 대부분에서의 전후 탈식민 반일감정처럼, 이 시위와 연이은 폭력은 일본에 관한 것이라기보다는 오히려 인도네시아 사회의 내부 모순의 징후이다. 반일감정을 촉발한 정서 가운데는 정부 관료들의 부패와 부유한 장성들의 사치스런 생활방식에 대한 분노가 있었다. 학생들은 인종적 화인들의 특권에 분개했다. 그들은 또 새로 발견된 석유에서 발생하는 부가 인도네시아 대중의 삶을 향상시키지 못하고 있는 데 대해서도 분노했다. 요컨대, 다나카의 방문이 계속되는 정치적 권위주의와 경제적 박탈로 인한 인도네시아 국민의 억압된 욕망과 분노를 상징 영역으로 분출하게 만든 것이다.

4   Dower(2000); Bix(2001)

5   여기서 일본인들의 '정형화(stereotype)'가 단순히 '부정적'이거나 '환원론적'인 것으로 이해되어서는 안 된다는 사실에 주목하는 것이 중요하다. 이와 같은 이미지는 궁극적으로 사회적 실체를 창조해낸다. Chow(2000), 특히 제2장을 볼 것.

제1장 | 브루스 리가 고지라를 만날 때–제국 전환기의 인물들, 반일감정, 반미감정, 그리고 탈식민화의 실패

1   이 글 전체에서 나는 일본판 괴수와 영화를 지칭하기 위해 '고지라(Gojira)'를 사용하고, 미국
    판 괴수와 영화를 지칭하기 위해 '고질라(Godzilla)'를 사용한다. 내가 추후 주장하듯이 제작
    목적만이 아니라 정치학과 권력 편차 때문에도 이 구별은 중요하다.

2   2014년 5월 개레스 에드워즈(Gareth Edwards) 감독의 새 고질라 영화가 전 세계 극장에서
    상영되었다. 이 영화는 원작 〈고지라〉 영화를 오마주하고 후쿠시마(Fukushima) 재난을 시
    각적으로 지칭하는 한편, 고지라를 인류를 구원하기 위해 '무토(MUTO, Mass Unidentified
    Terrestial Organisms, 미확인 거대 육상 생명체)'를 싸워 물리치는 영웅으로 인간중심주의화
    한다. 원작 〈고지라〉가 인간(또는 더 구체적으로는 미국인)이 초래한 핵 파멸에 대한 경고 이
    야기인 반면, 최근의 이 미국판 이야기는 환경 파괴에 대한 인류의 어떠한 책임도 면제해 준
    다. 그 대신 고질라로 하여금 핵으로 오염된 괴수들에 맞서 싸워서 자연의 '균형'을 유지하게
    한다. 세리자와 교수의 간단한 말 그대로 "그들끼리 싸우게 둔다".

3   '전후 냉전체제(postwar Cold War system)'라는 나의 표현은 설명이 필요하다. '전후'와 '냉
    전'은 흔히 동일한 시간대를 갖는 것으로 간주된다. 따라서 이 표현들은 중복되며, 서로 혼
    용해야 한다고 간주된다. 그러나 여기서 누락되는 것은 패전 직후 폐허로부터의 '전환기
    (transition)'이다. 이 시기는 냉전의 심화와 더불어 정치적 가능성들이 억압은 아닐지라
    도 부인되었다. 전후 일본의 민족주의와 공적 영역에 대해 포괄적으로 연구한 『'민주'와 '애
    국'(Democracy and Nationalism, 〈民主〉と〈愛国〉)』(2004)에서 오구마 에이지(Oguma Eiji, 小
    熊英二)는 일본의 담론에서 '전후'는 하나가 아니라 둘이라고 주장한다. 첫 번째 전후에서 두
    번째 전후로의 전환은 1995년으로 구획되는데, 이 때는 지식인들 사이의 민족주의 담론에
    근본적인 변화가 목격되는 시기이다. '개발도상(developing)'국에서 '선진(developed)'국으로,
    '아시아적인(Asian)' 나라에서 '구미적인(Euro-American)' 나라로의 전환이 있었다. 또한 경
    제적 박탈과 사회적 불안정에서 경제 복구와 그로 인한 소비사회의 등장, 그리고 그에 따른
    사회질서와 정치적 보수주의로의 즉각적인 변화가 일어났다. 내가 사용하는 '전후 냉전체제'
    라는 용어는 이 전환기를 나타내고 또 그것에 주목하기 위한 것이다. 이 전환기는 일본 제국
    의 잔재들을 평화를 지키고 경제 발전을 이루기 위해 미국 패권과 연대하겠다고 공언하며 새
    로 등장한 국가와 연결해 주었다.

4   우리는 또 전후 대중문화 속의 리키도잔(Rikidozan, 역도산, 力道山)과 일본 프로 레슬링에서
    '상징적 반미감정'의 카타르시스와 정동 형성을 발견할 수 있다.

5   미국 내 중국 학생들의 활동과 그것이 아시아계 미국 정치에 미치는 함의를 보기 위해서는
    Wang(2013)을 볼 것.

6   위키피디아(Wikipedia)의 항목에 따르면, 1973년 이래로 〈정무문〉에서 브루스 리가 연기하는
    첸젠(Chen Zhen, 陳眞)에 바탕을 둔 영화가 최소한 네 편 이상, 텔레비전 시리즈가 최소한 여
    덟 편 이상 만들어졌다.

7　'제5 복룡환(Lucky Dragon No. 5, Daigo Fukuryū Maru)' 사건은 1954년 3월 1일 비키니 환초(Bikini Atoll)에서 미국이 실시한 캐슬 브라보(Castle Bravo) 수소폭탄 실험으로 인해 동일한 이름의 일본 참치잡이 어선이 방사능 낙진 오염을 입으면서 발생했다.

8　〈용쟁호투〉는 1973년 8월에 미국에서 개봉되어 엄청난 관객을 동원했다. 이듬해 2월에 홍콩에서도 개봉되었지만 관객 동원은 훨씬 적었다. 그런데 일본에서는 엄청난 히트를 기록한 결과, 홍콩에서 만든 브루스 리의 다른 영화 세 편이 1974~1975년 사이에 일본에서 상영되었다.

9　요모타(Yomota)가 설명하듯이 이렇게 연기된 데는 여러 가지 이유가 있었다.(2005) 첫째, 홍콩 스튜디오인 골든 하비스트(Golden Harvest, 嘉禾娛樂事業集團有限公司)의 대표 추문회(Raymond Chow, 鄒文懷)는 일본 사람들이 중국 사람과 홍콩 사람에 대해 편견을 가지고 있기 때문에 일본을 가능한 시장으로 고려하지 않았다. 추문회는 또 일본인에 대한 〈정무문〉의 부정적 묘사를 일본 사람들이 받아들일 거라고 생각하지도 않았다. 1950년내에서 1960년대까지 쇼 브러더스[Shaw Brothers and Cathay, 邵氏兄弟(香港)公司]는 일본에 관한 영화를 제작했다. 쇼 브러더스는 액션 영화 제작에 도움을 받기 위해 나카히라 코(Nakahira Kō, 中平康), 이노우에 우메츠쿠(Inoue Umetsugu, 井上梅次), 니시모토 타다시(Nishimoto Tadashi, 西本正) 등의 일본 감독과 카메라맨을 활용했다. 그러나 일본 영화산업계는 홍콩 시네마가 동남아시아에서 어마어마한 인기를 끌고 있을 때도 그에 대해 전혀 관심을 보이지 않았다. 홍콩 시네마의 일본 수출 전망에 대해 추문회가 비관적이었던 것은 이해할 만한 일이다. 둘째, 일본 산업계는 1960년대 홍콩 시네마의 영향력과 범위에 대해 전혀 감을 잡지 못했다. 중국의 사회주의 영화가 일부 상영되었지만, 중국에 대한 편견이 심해서 프로모터와 배급자는 브루스 리(Bruce Lee)의 이름이 중국식 한자가 아니라 일본어의 외래어 표기 방식인 카타카나로 표기되길 원했다. 일본인들은 카타카나로 브루스 리(ブルース·リー)의 이름을 알게 되었고, 그의 이름을 '부루수 리(Burusu Li)'로 발음했다. 이와 대조적으로 한국에서는 브루스 리를 한글(hangul) 발음으로 '이소룡(Yi So Ryon)'으로 부른다.

제2장 | 일본귀신—중국 내 반일감정의 조건과 한계

1　전후 냉전 시기 일본의 아시아와의 동시대성(co-evalness) 결핍은 (제1장에서 논의한) 일본의 브루스 리 수용과 유사하다.

2　쑨거(Sun Ge)는 홍콩이 대영제국에 할양되었을 때를 '화이(hua-yi)' 질서의 예로 들고 있다(2010). 청나라 관리들은 할양이 '화(hua)'로써 '이(yi)'를 달래는 것이라고 이해했다.

3　나는 여기서 1980년대 초반의 교과서 논쟁을 언급하고 있다. 당시 제2차 세계대전 시기 일본의 아시아 침략을 최소화하기 위한 중학교 교과서 수정이 있었다. 야스쿠니 신사 논쟁은 일본 정치 관료들이 전몰자들을 기리는 신사를 연례 참배하여 야기한 도발을 가리킨다.

4　이 게임은 http://www.51windows.net/game/index.asp?field=77에서 접속할 수 있다.

5　이 영화는 http//flash.dm.sohu.com/comic/show_44923.html에서 접속할 수 있다.

1 정의에 대한 과거 위안부들의 요구를 이용하고 훼손시키는 가부장적 민족주의의 유사한 예들은 인도네시아의 경우에도 발견된다. McGregor (2016)를 볼 것.

2 한국인 이외에도, 중국, 태국, 프랑스령 인도차이나, 싱가포르, 말레이시아, 버마, 인도네시아, 필리핀, 그리고 타이완의 여성들이 일본 군대에 봉사하기 위해 동원되었다. 위안부 문제에 대한 기본적 사실을 위해서는 「일본의 군대 '위안부' 관련 팩트 시트(Fact Sheet on Japanese Military 'Comfort Women')」를 볼 것.

3 이 상황은 인도네시아와 같은 여타 동남아시아 국가들도 마찬가지이다. 미국은 1951년 샌프란시스코 조약(San Fransisco Treaty) 제14조에서, 일본은 동남아시아 국가들에게 금전 지불이 아니라 산업생산 제공을 중심으로 한 '업무 배상(service reparation)'을 규정하고 있다. 미국의 의도는 일본 경제를 재건하여 일본을 냉전 문맥에서 동남아시아 국가들에게 영향력을 행사할 수 있는 아시아 지역 강국으로 만들기 위한 것이었다. 1958년 인도네시아는 일본과 조약을 체결했다. 이 조약은 12년에 걸친 미화 2억 2천 3백만 달러 제공, 미화 1억 7천 7백만 달러의 무역 채무 탕감, 4억 달러의 경제 원조를 포함한 것이었다. 수하르토(Suharto)의 '새로운 질서(New Order)' 기간 동안 일본은 인도네시아 최대의 원조 및 투자 기여자가 되었다. 이 시기 동안에는 일본의 투자와 인도네시아의 부패 때문에 발생했으나 군부에 의해 신속히 진압된 1974년의 말라리(Malari) 반일 폭동 기간을 제외하고는, 일본의 점령(Japanese Occupation)이나 인도네시아에 대한 일본의 지속적인 경제적 영향에 대한 심각한 평가가 없었다. McGregor (2016)를 볼 것.

4 위키피디아(Wikipedia)의 「대한민국과 일본국 간의 기본관계에 관한 조약(Treaty on Basic Relations between Japan and the Republic of Korea, 大韓民國-日本國間-基本關係-條約)」을 볼 것. 2012년 8월 12일 접속함. http://en.wikipedia.org/wiki/treaty_on_Basic_Relations_between_Japan_and_the_Republic_of_Korea.

5 광주 항쟁(Gwang Uprising)의 재현과 연관된 젠더화된 트라우마를 비판하는 김소영(Soyoung Kim)의 2006년 글도 참조할 것. 한국 사회에서 아버지 인물의 기억과 재구성의 욕망에 관한 최근 예로는 관객 동원에 성공한 〈국제시장(Ode to My Father)〉[2014; 윤제균(Yoon Je-kyoon) 감독]이 있다. 이 영화는 가족을 위한 주인공의 개인적 희생과 근면을 통해 1950년부터 현재까지의 한국 현대사를 기록하고 있다. 격동의 한국 역사가 몇 가지 상징적 사건들, 예컨대 1950년의 흥남 철수(Hungnam Evacuation), 1960년대의 서독 파견 한국 노동자들(Korean Guest Workers), 1970년대 한국의 베트남전쟁 참전, 그리고 1980년대 초반의 한국전쟁 이산가족 상봉 등으로 압축되어 있다. 매번 장남이자 가족의 가부장인 덕수(Doek-soo)는 흥남철수 와중에 실종된 아버지와 약속한 대로 가족을 보호하고 돌보기 위해 자신을 희생한다.

6 '한(han)' 담론과 민족중심주의에 관한 통찰력 있는 비판을 위해서는 Jung (2007 : 296~332쪽)을 볼 것.

7 〈낮은 목소리(The Murmuring)〉에서 한 여성은 그 고통을 '우리의 해결되지 못한 원한'이라고

표현한다.

8 간략한 개요를 위해서는 Leys (2011)를 볼 것.

9 나눔의 집(House of Sharing)은 몇 분의 생존 위안부들에게 거처를 제공하기 위해 1992년 6월에 설립되었다. 불교단체와 여타 사회단체가 자금을 제공했다. http://www.nanum.org/eng/를 볼 것.

10 글자 그대로는 "내가 이 사창가에 있었다는 사실"이다. 한국어 원고를 구해준 김해영(Hae-Young Kim)에게 감사를 표한다.

11 양현아(Hyunah Yang)는 이것을 다음과 같이 표현한다. "이 기획은 일본 여성들을 군인들의 강간 위협으로부터 보호하기 위해 고안된 장치이다. 게다가 한국의 순수한 처녀들은 일본 병사들을 성병으로부터 보호할 수 있는 해결책이었다. 성병은 군대의 사기와 효율을 저하시키는 요인 중 하나로 간주되었다"(1997 : 63쪽).

12 〈빼앗긴 순정(Stolen Innocence)〉은 강덕경(Kang Duk-kyong)의 그림 제목이다. 이 그림은 일본인 병사를 나무로 묘사하고 있으며, 그 뿌리에는 벌거벗은 소녀가 누워있고 나무에서 꽃이 떨어지고 있다.

13 영화의 촬영대상에서 영화 제작의 주체로의 전환은 세 번째 다큐멘터리인 〈낮은 목소리 3 ─ 숨결(My Own Breathing)〉(1999)에서 더 진전되고 있다. 여기서 과거 위안부였던 이용수(Lee Young Soo) 할머니는 다른 할머니들을 인터뷰하는 데 적극적인 역할을 한다.

14 히로시마의 능동적 전쟁 참여와 그 영향에 관한 '수정주의적' 관점을 보려면 Bix(2001)을 볼 것.

15 판결은 다음과 같이 되어있다. "본 법정은 본 법정에 제시된 증거에 기초하여 다음과 같이 판결한다. 원고는 피고 히로히토 천황을 대상으로 한 사건을 증명하였다. 본 법정은 공동 기소(Common Indictment) 제1~2조의 인류에 대한 범죄 조항에 따라 강간과 성노예제의 책임에 대하여 히로히토가 유죄임을, 그리고 공동 기소 제3조의 인류에 대한 범죄 조항에 따라 강간에 대하여 유죄임을 인정한다. 이에 덧붙여서 재판관들은 위안소 제도를 설치 및 운영한 데 대하여 일본 정부가 헌장 제 4조가 인정하는 국가적 책임을 진다고 결정한다."
이 법정은 카르멘 아르히바이(Carmen Argibay, 아르헨티나), 크리스틴 친킨(Christine Chinkin, 영연방), 윌리 무퉁가(Willie Mutunga, 케냐) 등의 저명 재판관들로 구성되어 있었고, 가브리엘 커크 맥도널드(Gabrielle Kirk McDonald, 미국) 재판장이 재판을 주재하여 크게 기대되던 판결을 내렸다. http://iccwomen.org/wigjdraft1/Archives/oldWCGIJ/tokyo/index.html 참조.

16 Choe(2001)를 볼 것. 일본 정부는 위안부 소녀상이 외교 관계에 관한 빈 협약(Vienna Convention on Diplomatic Relations)을 위반했다고 주장했다. 이 협약은 외교의 얼개를 개괄하고 있다.

17 「일본 총리, 문제를 야기하다(Japanese PM Stirs Up Trouble)」를 볼 것.

18 Nami Kim(2012).

19 Nami Kim(2012).

20 정치적 사과 문제에 관해서는 Dudden(2014)를 볼 것.

21 이 합의에 관한 텍스트 전문을 보려면 *The Wall Street Journal*, December 28, 2005,

"Japan-South Korea Statement on 'Comfort Women'"을 참조할 것. http://blogs.wsj.com/japanrealtime/2015/12/28/full-text-japan-south-korea-statement-on-comfort-women/tab/print/.

제4장 | 식민시대의 향수 또는 탈식민시대의 불안－'광복'과 '패전' 사이－간의 도산 세대

1   과거에 볼 수 있던 공식 홈페이지는 더 이상 이용할 수 없다. 이 위원회는 4년 반 동안의 기간에 모든 친일 부역자들과 그들의 활동에 대한 분류 작업을 마친 뒤 해산되었다. 그 노력은 전체 스물다섯 권, 21,000쪽에 걸쳐 1,005명의 부역자들을 열거하는 보고서로 귀결되었다.

2   일본 통치에 대한 타이완과 한국의 상이한 태도는 몇 가지 이유에 기인한다고 볼 수 있다. 첫째, 한국의 경우 중화제국의 조공체계 내 왕조 국가로서의 식민지 이전 역사가 국민들 사이에 공통성에 대한 인식을 제공했다. 이에 반해 타이완은 청 제국의 한 성(Province, 省)이었지만, 대체로 무시되었으며 공유된 소속감도 적었다. 둘째, 패주한 국민당의 전후 탈식민 점령이 타이완인이 두 경우의 통치를 비교하게 되는 방식에 현저한 영향을 미쳤다. 한반도의 분단체제와 미군정이 한국의 민족주의와 일본 식민통치에 대한 공유된 직내감을 강화시켰다.

3   이 영화에 대한 비판적 분석을 보려면 Chen Kuan-Hsing(2002)을 참조할 것.

4   '와이셴그렌(waishengren)'과 '벤셴그렌(benshengren)'은 전후 타이완 문맥에 고유한 범주들이다. '와이셴그렌'은 문자 그대로는 '성 밖 사람들'을 의미하며, 1945~1949년 이후 중국 본토에서 타이완으로 건너온 사람들을 지칭한다. '벤셴그렌' 즉 '지방 성 사람들'은 1945~1949년 이전에 온 사람들을 가리킨다. 이 개념들은 두 개념의 상호관계하에서만 의미를 갖는다.

5   '사쿠라노하나(Sakuranohana)'는 벚꽃(桜の花)을 의미한다.

6   친일[pro-Japan : 중국어 '킨리(qinri)', 한국어 '친일(chinil)']은 타이완과 한국에서 매우 상이한 어감을 갖는다는 사실이 지적되어야 한다. 타이완에서는 이 말이 일본이나 일본적인 것들에 대한 친밀감(affinity)을 내포하는 반면, 한국에서는 이 말이 일본 통치 시기의 부역자들에 대해 비하적으로, 특히 '친일파(chinilpa)'라고 낙인찍힌 사람들에게 쓰인다.

7   모든 제목은 사쿠라노하나 슈판(Sakuranohana shuppan, 桜の花出版, Cherry Blossom Press)에 의해 출판되었다.

8   이 총서는 최근 스리랑카, 인도네시아, 필리핀의 '증언'을 추가했다.

9   편집자 서문은 http://sakuranohana.jp/hokori.html에서 볼 수 있다. 인용된 주장들은 고바야시 요시노리의 일본 식민주의와 서구 식민통치의 '비교'를 반복하고 있다. 그는 스페인의 라틴 아메리카 통치를 '약탈(plundering)' 유형으로, 영국의 인도 통치를 '착취(exploiting)' 유형으로, 그리고 일본의 타이완과 한국 통치를 '투자(investment)' 유형으로 구분했다. Kobayashi(2000)을 볼 것.

10   위에 언급한 편집자 서문에서 인용함. http://sakuranohana.jp/hokori.html.

11   이 짧은 가능성의 시기에 대한 중요한 기록을 위해서는 Kō Eitetsu(1999)를 볼 것.

제5장 | 사랑의 이름으로 – 비판적 지역주의와 후기–동아시아의 공–생

1 '캉(Cang)'은 '아오이(Aoi, 蒼)'의 북경어식 발음이다.

2 내가 여기서 표현하려고 하는 사랑의 정치적 개념(political concept of love)은 '사랑 사건 (love event)'과는 다르며, 궁극적으로는 알랭 바디우(Alain Badiou)와 니콜라스 트뤼옹 (Nicolas Truong)이 『사랑 예찬(In Praise of Love)』에서 암시한 섹슈얼리티에 대한 이성애규범 적(hetero–normative) 개념화 및 커플(couple)의 보편화와도 다르다. 바디우의 관심은 주로 근대의 낭만적 사랑과 그것의 내재적이고 바람직한 위험(조우, encounter), 차이[하나로부터 (from One)의 관점이 아니라 둘의(of Two) 관점], 그리고 재생(regeneration)의 지점에 있다. 바디우의 사랑에 대한 논의는 사랑을 기술화되고(technologized) 상품화된(commodified) 부 르주아적 관계로부터 구출하기 위한 것이다.

3 기든스는 이렇게 적고 있다. "낭만적 사랑과 달리, 합류적 사랑은 성적 배타성의 의미에서 반 드시 일부일처일 필요는 없다. 함께하는 순수한 관계를 유지해 주는 것은 각 파트너가 '다음 통지까지' 서로를 받아주는, 그리고 그 관계가 지속할 만하게 각자가 그 관계에서 충분한 이 득을 얻는 그런 것이다. 이 관계에서 성적 배타성은 바람직하거나 필수적이라고 파트너들이 상호 간주하는 만큼만의 역할을 한다"(Kindle loc. 983 of 3627).

4 '안보(Anpo , 安保)'는 「일본국과 아메리카 합중국 사이의 상호협력 안전보장 조약(Treaty of Mutual Cooperation and Security between the United States and Japan, 日本国とアメリカ合 衆国との間の相互協力及び安全保障条約)」의 일본식 줄임말이다.

5 '코마쓰가와 사건(Komatsugawa Incident)'을 말한다. 이 사건은 1958년 열 여덟 살의 재일 한 국인 학생 혐의자 이진우(Ri Chin'u, 李珍宇)에 의해 일본인 여성 두 명이 강간, 살해당한 사 건을 말한다.

6 영화의 5장 'R은 조선인으로서 변호된다(R Was Proven to Be a Korean, Rは朝鮮人として弁明され る)'에서 비록 다른 사람들에 의해 증명되지는 않았지만, R은 효과적인 R되기의 첫 단계로 외 부로부터의 한국인 정체성 인정을 스스로 받아들인다. 이 외부의 힘은 R에 의해 '목 졸려 죽 은' 여학생의 '시체'를 스스로 대체하는 한국인 여성이다. 이 여성은 R의 '누나'로 등장한다. 처 음에 이 여성은 R과 교육청에게만 보이지만, 나중에는 다른 사람들에게도 스스로를 드러낸 다. 이 섹션의 중요한 의미 중 하나는 관객에게 역사적인 한국 여성의 억압을 소개하는 것이 다. 스스로를 R로 받아들이라고 R을 설득하는 '누나'의 논리는 관리들에 의해 반박되고 R 자 신으로부터도 거부된다. 이 부분 마지막에 '누나'는 처형된다.

7 한중일 합작으로 제작된 유덕화(Andy Lau, 劉德華) 주연의 〈묵공〉 영화 버전은 2006년에 개 봉되었다.

8 사죄 담론을 국가가 찬탈하는 경우에 대한 진지한 분석에 대해서는 Dudden(2014)을 볼 것.

9 누스바움은 이렇게 적고 있다. "우애(fraternal) 정서는 처음에는 국가 차원에서 조직되어야

한다. 모든 인간에 대한 매개되지 않은 세계시민적 공감, 말하자면 '만인의 우애, 만인을 위한 사랑' 같은 것은 사람들이 자기 위주의 기획과 국지적 충성에 몰입되어 있기 때문에 현 시점에서는 실현가능하지 않은 목표이다. 국가, 다시 말해 평등한 인간 존엄을 준수하는 민주적 국가가 자아와 인류 전체 사이에 필요한 중개자이다. 우리는 이미 국가가 동기의 효율성을 갖는 강력한 감정의 대상이 될 수 있다는 사실을 알 수 있다. 올바른 종류의 애국심을 고양하고, 그러면 보편적 보편적 사랑에 관심이 있는 사람들은 진정한 국제적 우애의 기초를 세울 희망을 가질 수도 있다."(2013:56쪽.)

제6장 | 다른 방식의 화해 ─친밀감, 토착성, 그리고 타이완의 다른 점

1   내가 〈사윤을 찾아서〉에 관심을 갖게 해준 케림 프리드먼(Kerim Friedman)에게 감사를 드린다.
2   간단하게 텍스트를 요약하면 다음과 같다. 『너무도 야만적인』은 두 여성의 인생을 이야기하는 복잡한 소설이다. 미이차(Miicha)는 1930년대 식민 타이완의 가정주부이고, 릴리(Lily)는 2005년에 타이완을 여행하는 미이차의 조카딸이다. 릴리는 고모의 발자취를 추적하고 또 아이를 잃은 자신의 슬픔을 달래기 위해 이 여행에 나섰다. 남편 아키히코(Akihiko)에게 보내는 미이차의 편지, 그녀의 일기, 그리고 릴리의 여행담을 교차하면서 이 소설은 1930년대에서 2005년까지 두 개의 시간대를 가로지른다. 그러면서 식민지에서의 미이차의 삶을 이야기하고, 가끔 릴리 자신의 이야기가 미이차의 이야기를 보충한다. 두 개의 시간대를 매개해 주는 것은 원주민의 민담, 신앙, 풍습 등이며, 더 중요한 것으로는 1930년의 무샤 봉기(Musha Rebellion)가 있다. 야만성이나 잔혹성 개념은 원주민의 폭력적인 봉기, 그리고 시딕(Seediq) 원주민에 대한 식민지 정부의 정책 또는 대량 학살의 보복을 가리킬 뿐 아니라, "인간의 섹슈얼리티와 그에 따르는 사랑과 결혼, 그리고 인간의 실존 그 자체"에 대한 은유로 기능하기도 한다(Okamura 2013:148쪽). 『너무도 야만적인』을 식민주의에 대한 흥미로운 비판으로 만드는 것은 식민지 삶의 거시 정치와 미시 물리에 대한 주목 때문이다. 통치(governmentality)에서 가정(domesticity)까지, 가부장제에서 섹슈얼리티까지, 이 소설은 식민주의 역사와 탈식민 유산이라는 서술의 언저리를 떠돌며 배회하는 그 모든 감성과 정서와 고난의 상태와 함께 식민주의 팽창의 뒤엉킨 이야기들을 빚어내고 있다.
    〈사윤을 찾아서〉는 타이완 원주민 문화에 관한 최초의 장편 영화로, 타이완 동북쪽의 아타얄(Atayal) 부족 출신 원주민 감독 라하 메보우(Laha Mebow)의 관점에서 제작되었다. 이 영화는 사윤 이야기가 한 명의 타이완 출신 여성 리포터와 두 명의 베이징 출신 카메라맨으로 이루어진 텔레비전 촬영팀의 관심을 끌게 되어 그들을 아타얄 촌락으로 인도하면서 시작된다. (베이징 출신 두 명이 왜 서사에 필요한지 영화에는 그리 명확하게 나타나 있지 않다.) 촬영팀은 사윤의 이야기를 더 파헤치기 위해 현지 주민들을 인터뷰하면서, 점점 더 유간(You. Gan)에게 이끌리게 된다. 유간은 잘 생긴 고등학교 남학생이자 사냥꾼으로, 사윤 이야기에 대한 촬영팀의 관심을 이해하지 못한다. (초기 장면에서 유간은 문자 그대로 촬영팀의 카메라로부터 도망친다.) 하지만 사윤과 함께 학교를 다녔던 그의 할아버지는 사윤에 대한 기억으로 옛 부족 마을에 대한 흥미를 되살린다. 이 부족 마을은 오십 년 전 국민당에 의해 일본으로부터 타이완이 '해방'된 후 강제로 소개(疏開)되었다. 옛 마을로 가는 산길이 위험하고 외질 뿐 아니라 건강과 나이에 대한 걱정 때문에 할아버지는 자기 마을을 찾는 것이 금지되어 있었다. 그러나 사윤에 대한 기억과 고향에 대한 들뜬 그리움으로 인해 할아버지는 어린 시절의 고향을 찾아가기로 결심한다. 유간과 친구들, 그리고 여성 리포터는 아타얄의 고향으로 가는 험한 산길을 따라 여정을 시작한다.

3 〈워리어스 레인보우—항전의 시작(*Warriors of the Rainbow: Seediq Bale*, 賽德克·巴萊)〉(2011)은 〈하이자오 7번지(Cape No. 7, 海角七號)〉(2006), 〈카노(Kano)〉(2014)와 더불어 웨이 더 성(Wei Te-Sheng, 魏德聖) 감독의 이른바 타이완 삼부작(台灣三部曲) 중 하나이다. 이 영화들은 타이완에서 모두 박스 오피스 대성공을 거두었으며, 해외에서도 긍정적인 평가를 받았다.

4 http://www.epochweekly.com/b5/256/10203p.htm을 볼 것.

5 나는 데리다가 구체적으로 어떤 일본 총리의 어떤 사과를 생각하고 있는지 정보를 가지고 있지 않다. 하지만 데리다의 책이 2001년에 출판되었으므로, 추측건대 1994년 6월부터 1996년 1월까지 재직하면서 아시아 이웃들에 대한 일본의 식민통치와 침략에 대해 사과를 한 사회당 출신 총리 무라야마 토미이치(Murayama Tomiichi, 村山富市)를 가리킬 수 있을 것 같다. 이른바 무라야마 담화(Murayama Statement)의 공식 제목은「전후 50주년의 종전기념일을 맞아(On the Occasion of the Fiftieth Anniversary of the War's End, 戦後50周年の終戦記念日にあたって)」이다. 데리다는 또 "배상과 정치적 방향 선회"(2001:31쪽)에 대해 과도하게 낙관적인 것 같다. 사죄 행위로부터 천황의 배제는 이미 천황을 어떤 전쟁 범죄나 잘못에 대해서도 책임을 면해 주는 전후 미국과 일본의 공모에 대한 용인이다. 만약 무라야마가 정말로 데리다가 인용하는 예라면 우리는 그가 전후의 다른 총리들보다는 훨씬 더 화해적인 태도를 취하기는 했지만, 그가 아시아 여성기금(Asian Women's Fund, 1994~2007) 이사장도 맡았다는 사실을 무시해서는 안 된다. 아시아 여성기금은 이른바 위안부들의 고통을 보상하기 위한 민간 메커니즘을 확립하면서 성노예 제도에 대한 국가의 어떠한 책임도 다시 한번 방면해 주는 것이었다. 맥그로-힐(McGrow-Hill) 출판사는 역사학 교수 허버트 지글러(Herbert Ziegler)와 제리 벤틀리(Jerry Bentley)의 세계사 교과서『전통과 만남—과거에 대한 지구적 관점(*Traditions and Encounters: A Global Perspective on the Past*)』제2권(Vol. 2)을 출판했다. 이 출판사는 2015년 11월 뉴욕 주재 일본 총영사의 접촉을 받았는데, 그 접촉의 목적은 이 교과서의 두 문단(즉 전체 항목)을 제거해 달라는 요구였다.

참고문헌

Akiyama, Jōji, and Kō Bunyu, *Manga Chūgoku nyūmon: yakkai na rinjin no kenkyū*[Manga intro to China: The study of a troublesome neighbor], Tokyo : Asukashinsha, 2013.

Allison, Anne, *Precarious Japan*, Durham, NC : Duke University Press, 2013.

Arendt, Hannah, *Eichmann in Jerusalem: A Report on the Banality of Evil*, London : Penguin, 1963.

Badiou, Alain, and Nicolas Truong, *In Praise of Love*, New York : The New Press, 2012.

Berry, Chris, "Stellar Transit: Bruce Lee's Body or Chinese Masculinity in a Transnational Frame", In *Embodied Modernities: Corporeality, Representation, and Chinese Cultures*, ed., Fran Martin and Larissa Heinrich, 218 – 34, Honolulu : University of Hawai'i Press, 2006.

Billig, Michael, *Banal Nationalism*, London : Sage, 1995.

Bix, Herbert, *Hirohito and the Making of Modern Japan*, New York : HarperCollins, 2001.

Butler, Judith, *Excitable Speech: A Politics of the Performative*, London : Routledge, 1997.

Butler, Judith, *Precarious Life: The Powers of Mourning and Violence*, London : Verso, 2004.

Callahan, William, "Trauma and Community: The Visual Politics of Chinese Nationalism and Sino-Japanese Relations", *Theory and Event* 10, no. 4, https://muse.jhu.edu/article/230142, 2007.

Callahan, William, *China: The Pessoptimist Nation*, Oxford : Oxford University Press, 2010.

Cao Rui, "Jingri shi shemo yisi[What is spiritually Japanese?]", *Xuehua News*, February 26, https://www.xuehua.us/2018/02/26/精日是什么意思曝光人揭秘三 类精日圈/zh-tw/, 2018.

Chen Duxiu, *Kangri zhanzheng zhi yiyi*[The meaning of the war of resistance], Speech given at Huachung University, Wuhan, China, on October 6, https://www.marxists.org/chinese/chenduxiu/mia-chinese-chen-19371006.htm, 1937.

Chen Kuan-Hsing, "The Imperialist Eye: The Cultural Imaginary of a Subempire and a Nation-State", Trans, Wang Yiman, *positions: east asia cultures critique* 8, no 1 : 9 – 76, 2000.

——————, "Why Is 'Great Reconciliation' Impossible? De-Cold War/ Decolonization, Or Modernity and Its Tears (Part 1)", *Inter-Asia Cultural Studies* 3, no. 1 : 77 – 99, 2002.

——————, *Asia as Method: Toward Deimperialization*, Durham, NC : Duke University Press, 2010.

Cheong, Sung-hwa, *The Politics of Anti-Japanese Sentiment in Korea: Japanese-South Korean Relations under American Occupation, 1945–1952*, New York : Greenwood Press, 1991.

Ching, Leo T. S., *Becoming "Japanese": The Politics of Identity Formation in Colonial Taiwan*, Berke ley : University of California Press, 2001.

――――――, "Colonial Nostalgia or Postcolonial Anxiety: The Dōsan Generation In Between 'Restoration' and 'Defeat'", In *Sino-Japanese Transculturation: From the Late Nineteenth Century to the End of the Pacific War*, ed., Richard King, Cody Poulton, and Katsuhiko Endo, 211–26, Lanham, MD : Lexington Books, 2012.

Cho Han Hae-joang, "'You Are Entrapped in an Imaginary Well': The Formation of Subjectivity within Compressed Development—A Feminist Critique of Modernity and Korean Cul ture", *Inter-Asia Cultural Studies* 1, no. 1 : 49–69, 2001.

Choi, Chungmoo, "The Politics of War Memories toward Healing", In *Perilous Memories: The Asia-Pacific War*, ed., T. Fujitani, Geoffrey M. While, and Lisa Yoneyama, 395–409, Durham, NC : Duke University Press, 2001.

――――――, "The Politics of Gender, Aestheticism, and Cultural Nationalism in Sopyonje and the Genealogy", In *Im Kwon-Taek: The Making of a Korean National Cinema*, ed., David E. James and Kyung Hyun Kim, 107–33. Detroit, MI : Wayne State University Press, 2002.

Chow, Rey, *The Protestant Ethnic and the Spirit of Capitalism*, New York : Columbia University Press, 2002.

――――, *Entanglements: Or Transmedial Thinking about Capture*, Durham, NC : Duke University Press, 2012.

Common History Project [Nicchūkansankoku kyōtsurekishikyōzai iinkai], *Mirai wo hiraku rekishi: nihon, chūgoku, kankoku kyōtsuhenshu higashiajia sankoku no kindaishi* [A history that opens to the future: Japan, China, and Korea: The contemporary and modern history of the three East Asian countries], Tokyo : Kōbunken, 2006.

――――――――, *Atarashii higashiajia no kingendaishi Vol. 1: kokusai kankei no hendō de yomu* [New modern history of East Asia, vol. 1 : Reading changes in international relations], Tokyo : Nihon hyōronsha, 2012a.

――――――――, *Atarashii higashiajia no kingendaishi Vol. 2: teima de yomu hito to kōryū* [New modern history of East Asia, vol. 2 : People and exchanges], Tokyo : Nihon hyōronsha, 2012b.

Connery, Christopher, "On the Continuing Necessity of Anti-Americanism", *Inter-Asia Cultural Studies* 2, no. 3 : 399–405, 2001.

Davis, Heather, and Paige Sarlin, "On the Risk of a New Rationality: An Interview with Lauren Berlant and Michael Hardt", *Review in Cultural Theory* 2, no. 3, http://reviewsinculture. com/2012/10/15/on-the-risk-of-a-new-relationality-an-interview-with-lauren-ber lant-and-michael-hardt/, 2008.

Derrida, Jacques, *On Cosmopolitanism and Forgiveness*, London : Routledge, 2001.

Dirlik, Arif, "'Past Experience, If Not Forgotten, Is a Guide to the Future'; Or, What Is in a Text? The Politics of History in Chinese-Japanese Relations", *boundary 2* 18, no. 3 : 29 – 58, 1991.

_____, "Rethinking Colonialism: Globalization, Postcolonialism, and the Nation", *Interventions* 4, no. 3 (January) : 428 – 48, 2002.

Dower, John, *Embracing Defeat: Japan in the Wake of World War II*, New York : W. W. Norton and Company, 2000.

Dudden, Alexis, *Troubled Apologies among Japan, Korea, and the United States*, New York : Columbia University Press, 2014.

Escobar, Arturo, *Designs for the Pluriverse: Radical Independence, Autonomy, and the Making of Worlds*, Durham, NC : Duke University Press, 2018.

Fabian, Johannes, *Time and the Other: How Anthropology Makes Its Object*, New York : Columbia University Press, 2002.

"Fact Sheet on Japanese Military 'Comfort Women'", *Asia-Pacific Journal*, May 11, https://apjjf. org/-Asia-Pacific-Journal-Feature/4829/article.html, 2015.

Fanon, Frantz, *The Wretched of the Earth*, New York : Grove Press, 1968.

Feldman, Noah, "Apology Isn't Justice for Korean's 'Comfort Women'", *Bloomberg View*, December 28, https://www.bloomberg.com/opinion/articles/2015-12-28/how-korea-s-deal-with-japan-fails-comfort-women-, 2015.

Field, Norma, *In the Realm of a Dying Emperor: A Portrait of Japan at Century's End*, New York : Pantheon, 1991.

Fore, Steve, "Life Imitates Entertainment: Home and Dislocation in the Films of Jackie Chan", In *At Full Speed: Hong Kong Cinema in a Borderless World*, ed., Esther C. M. Yau, 115 – 41, Minneapo lis : University of Minnesota Press. 2001.

Gateward, Frances K, *Seoul Searching: Culture and Identity in Contemporary Korean Cinema*, Alba ny : State University of New York Press, 2007.

Giddens, Anthony, *The Transformation of Intimacy: Sexuality, Love, and Eroticism in Modern Societies*,

Stanford, CA : Stanford University Press, 1992.

Guthrie-Shimizu, Sayuri, "Lost in Translation and Morphed in Transit: Godzilla in Cold War America", In *In Godzilla's Footsteps: Japanese Pop Culture Icon in the Global Stage*, ed., William M. Tsutsui and Michiko Ito, 51-62, New York : Palgrave Macmillan, 2006.

Halliday, Jon, and Gavan McCormack, *Japanese Imperialism Today: "Co-Prosperity in Greater East Asia"*, New York : Monthly Review Press, 1973.

Hanasaki, Kōhei, "Decolonialization and Assumption of War Responsibility", *Inter-Asia Cultural Studies* 1, no. 1 : 71-83, 2000.

_____, *Aidentiti to kyōsei no tetsugaku* [The philosophy of identity and co-vivality], Tokyo : Heibo4nsha Library, 2001.

Hara, Kazuo, dir, *Yukiyukite shingun* [The emperor's naked army marches on], Tokyo : Shissō Puro dakushon, 1987.

Hardt, Michael, "For Love or Money", *Cultural Anthropology* 26, no. 4 : 676-82, 2011.

Hoaglund, Linda, "Stubborn Legacies of War: Japanese Devils in Sarajevo", *Asia-Pacific Journal Japan Focus* 1, no. 10, https://apjjf.org/-Linda-Hoaglund/1822/article.html, 2003.

Honda, Katsuichi, *Chūgoku no tabi* [Travels in China], Tokyo : Asahi shimbun shuppan, 1981.

Huang Chih-huei (Huang Zhihui), "Zhan-hou Taiwan de 'Riben wenhua lun' shuwu zhong xianx iande 'dui-wu zhong xianxiande 'ihui), Modernity and its Tears (Part 1)", Ri guan" [Attitudes toward Japan manifested in postwar books from Taiwan on "Discourse on Japanese Cul ture"], *Ya-Tai yanjiu luntan* [Forum for Asia-Pacific Debate] 26 : 94-118, 2004.

Huang, Zheping, "Cosplaying as Japanese Soldiers Could Become Illegal in China", *Quartz*, April 26, https://qz.com/1262615/china-considers-punishing-those-who-glorify-japa nese-militarism-in-a-new-heroes-and-martyrs-protection-law/, 2018.

Jameson, Fredric, *Postmodernism, Or, the Cultural Logic of Late Capitalism*, Durham, NC : Duke Uni versity Press, 1991.

_____, *The Geopolitical Aesthetic: Cinema and Space in the World System*, Bloomington : Indiana University Press, 1995.

"Japanese PM Stirs Up Trouble with 'Comfort Women' Remark", *Chosun Ilbo* (English edition), March 28, 2012.

Jung, Baek Soo, *Koroniarizumu no kokufuku: kankoku kindai bunka ni okeru datsu shokuminchi-ka eno dotei* [Overcoming colonialism: The process of decolonization in modern Korean culture],

Tokyo : Sofukan, 2007.

Karatani, Kōjin, *The Structure of World History: From Modes of Production to Modes of Exchange*, Trans. Michael Bourdaghs, Durham, NC : Duke University Press, 2014.

Kato, M. T, *From Kung Fu to Hip Hop: Globalization, Revolution, and Popular Culture*, Albany : State University of New York Press, 2007.

Katō Norihiro, *Haisengoron*[On war defeat], Tokyo : Kōdansha, 1997.

_____, Sayōnara, *Gojira-tachi: Sengo Kara Toku Hanarete*. Tokyo : Iwanami Shoten, 2010.

Kim, Hang, "Universalism and Colonialism: Reconsidering Postwar Democracy in Japan", *Inter-Asia Cultural Studies* 17, no. 3 : 481 – 95, 2016.

Kim, Kyung Hyun, *The Remasculinization of Korean Cinema*, Durham, NC : Duke University Press, 2004.

Kim, Nami, "Marking the 1,000th Wednesday Demonstration", *Feminist Studies in Religion*, January 14, http://www.fsrinc.org/blog/marking-1000th-wednesday-demonstration, 2012.

Kim, Soyoung, "Do Not Include Me in Your Us: Peppermint Candy and the Politics of Difference", *Korea Journal* 46, no. 1 : 60 – 83, 2006.

Kim-Gibson, Dai Sil, "They Are Our Grandmas", *Positions: East Asia Cultures Critique* 5, no. 1 : 255 – 74, 1997.

Kō, Eitetsu, *Taiwan bunka saikōchiku no hikari to kage (1945–1947): Lu Xun shisō juyō no ikue* [The light and shadow of the reconstruction of Taiwan culture (1945 – 1947): Acceptance of Lu Xun's thoughts], Tokyo : Sōdosha, 1999.

Ko, Yu-fen, "Consuming Differences: 'Hello Kitty' and the Identity Crisis in Taiwan", *Postcolonial Studies* 6, no. 2 : 175 – 89, 2003.

Kobayashi Yoshinori, *Shin-gōmanizumu sengen, Special Taiwan ron* [A manifesto of the new pride: A special theory of Taiwan], Tokyo : Shōgakukan, 2000.

Koschmann, Victor J, "National Subjectivity and the Uses of Atonement in the Age of Recession", In *Japan after Japan: Social and Cultural Life from the Recessionary 1990s to the Present*, ed., Tomiko Yoda and Harry Harootunian, 122 – 41, Durham, NC : Duke University Press, 2006.

Kushner, Barak, "Gojira as Japan's First Postwar Media Event", In *In Godzilla's Footsteps: Japanese Pop Culture Icon on the Global Stage*, ed., William M. Tsutsui and Michiko Ito, 41 – 50, New York : Palgrave Macmillan, 2006.

Kushner, Barak, *Men to Devils, Devils to Men: Japanese War Crimes and Chinese Justice*, Cambridge, MA :

Harvard University Press, Kindle, 2015.

Kwon, Nayoung Aimee, *Intimate Empire: Collaboration and Colonial Modernity in Korea and Japan*, Durham, NC : Duke University Press, 2015.

Laha Mebow (Chen, Chieh-yao), dir., *Buyiyang de yueguang* (Finding Sayun), Hua-Ying Entertainment, 2010.

Lee, Hyunjung, and Younghan Cho, "Performing Nation-ness in South Korea during the 2002 Korea-Japan World Cup", *Korea Journal* 49, no. 3 : 93 – 120, 2009.

Lee, Woo-young, "'Comfort Women' Statues Resonate with Koreans", *The Korea Herald*, March 6, http://www.koreaherald.com/view.php?ud=20160303000844, 2016.

Leys, Ruth, *From Guilt to Shame: Auschwitz and After*, Princeton, NJ : Princeton University Press, 2007.

Lo, Kwai-Cheung, "Muscles and Subjectivity: A Short History of the Masculine Body in Hong Kong Popular Culture", *Camera Obscura* 13, no. 3 (September) : 104 – 25, 1996.

Lowe, Lisa, "The Intimacies of Four Continents", In *Haunted by Empire: Geographies of Intimacy in North America History*, ed., Ann Stoler, 191–212, Durham, NC : Duke University Press, 2006.

Manto, Saddat Hasan, *Kingdom's End: Selected Stories*, New York : Penguin Global, 2008.

Marotti, William A, *Money, Trains, and Guillotines: Art and Revolution in 1960s Japan*, Durham, NC : Duke University Press, 2013.

McGregor, Katharine, "Emotions and Activism for Former So-called 'Comfort Women' of the Japanese Occupation of the Netherlands East Indies", *Women's Studies International Forum* 54 : 67 –78, 2016.

Mitchell, W. J. T, "What Sculpture Wants: Placing Antony Gormley", In *Antony Gormley: Blind Light*, ed., Anthony Vidler, Susan Stewart, and W. J. T. Mitchell, London : Phaidon, http://www.antonygormley.com/resources/ download-text/id/114, 2000.

Miyoshi, Masao, *Off Center: Power and Culture Relations between Japan and the United States*, Cambridge, MA : Harvard University Press, 1991.

Mizoguchi Yūzō, "Hannichi demo: Doyū rekishi no medemiruka" [AntiJapan demonstration: How to see through the eye of history], *Gendai Shiso* 33 : 144 –51, 2005.

Mori Yoshio, *Taiwan hihon-rensasuru Koroniarizumu* [Colonialism connecting Taiwan and Japan], Tokyo : Impact Shuppansha, 2001.

Morris-Suzuki, Tessa, *The Past within Us: Media, Memory, History*, London : Verso, 2005.

Napier, Susan J, "Panic Sites: The Japanese Imaginations of Disaster from Godzilla to Akira", *Journal of Japanese Studies* 19, no. 2 : 327 – 51, 1993.

Natali, Marcos Piason, "History and the Politics of Nostalgia", *Iowa Journal of Cultural Studies* 5, no. 1, http://www.uiowa.edu/~ijcs/nostalgia/ nostfe1.htm, 2004.

Nishimura, Kohyu, *Hannichi no kozo: Chugoku, kankoku, kitachosen wo aotteiru no wa dareka* [The structure of anti-Japan: Who is flaming China, South and North Korea?], Tokyo : php Kenkyusho, 2004.

Nozawa, Shunsuke, "Characterization", *Semiotic Review* 3, https://www.semioticreview.com/ojs/index.php/sr/article/view/16/15, 2013.

Nussbaum, Martha Craven, *Political Emotions: Why Love Matters for Justice*, Cambridge, MA : Harvard University Press, 2013.

O'Day, Robin, "Differentiating sealds from Freeters and Precariats: The Politics of Youth Movements in Contemporary Japan", *Asia-Pacific Journal* 13, no. 37, https://apjjf.org/-Robin-O_Day/4376, 2015.

Oguma, Eiji, *Minshu to aikoku: Sengo nihon no nashonarizumu to kōkyōsei* [Democracy and patriotism: Postwar Japanese nationalism and the public], Tokyo : Shinyōsha, 2004.

Okamoto, Tomoko, "Tsushima Yūko 'amari ni yabanna'ron: sei to shi no rondo [On Tsushima Yūko's Amari ni yabanna: A rondo of life and death]", *Modern Japanese Literary Studies* 89 : 139 – 53, 2013.

Otsuki, Tomoe, "Reinventing Nagasaki: The Christianization of Nagasaki and the Revival of an Imperial Legacy in Postwar Japan", *Inter-Asia Cultural Studies* 17, no. 3 : 395 – 415, 2016.

Park, Yuha, *Wakai no tame ni: kyōkasho, ianfu, tokuto* [For reconciliation: Text books, "comfort women," and Dokto], Tokyo : Heibonsha, 2006.

Prashad, Vijay, *Everybody Was Kung Fu Fighting: Afro-Asian Connections and the Myth of Cultural Purity*, Boston, MA : Beacon, 2001.

Qiu, Jack Linchuan, "The Internet in China: Technologies of Freedom in a References 159 Statist Society", In *The Network Society: A Cross-Cultural Perspective*, ed., Manuel Castells, 99 – 124, Northampton, MA : Edward Elgar, 2004.

Reddy, William M, *The Making of Romantic Love: Longing and Sexuality in Europe, South Asia, and Japan, 900–1200 CE*, Chicago : University of Chicago Press, 2012.

Sakai, Naoki, Brett de Bary, and Toshio Iyotani, *Deconstructing Nationality*, Ithaca, NY : East Asia

Program, Cornell University, 2005.

Sakamoto, Rumi, and Matt Allen, "Hating 'the Korean Wave': Comic Books: A Sign of New Nationalism in Japan?", *Asia-Pacific Journal* 5, no. 10, https://apjjf.org/-Rumi-Sakamoto/2535/article.html, 2007.

Students Emergency Actions for Liberal Democracy, *Nihon X Hong Kong X Taiwan Wakamono Ha Akiramenai: Kokkyo Wo Koeta "gakusei Undo" No Rentai Ha Kanoka* [Youths never give up—Japan, Hong Kong, and Taiwan: Is a transnational student solidarity possible?], Tokyo : Ohta Shuppan, 2016.

Shih, Shu-Mei, "Globalisation and the (In)Significance of Taiwan", *Postcolonial Studies* 6, no 2 : 143 – 53, 2003.

Shōji, Sōichi, *Chin fujin* [Madam Chen], Tokyo : Tsūbunkaku, 1940.

Soh, Chunghee Sarah, *The Comfort Women: Sexual Violence and Postcolonial Memory in Korea and Japan*, Chicago : University of Chicago Press, 2008.

Spurr, David, *The Rhetoric of Empire: Colonial Discourse in Journalism, Travel Writing, and Imperial Administration*, Durham, NC : Duke University Press, 1993.

Starrs, Roy, *Asian Nationalism in an Age of Globalization*, New York : Routledge, 2001.

Stoler, Ann, *Carnal Knowledge and Imperial Power: Race and the Intimate in Colonial Rule*, Berkeley : University of California Press, 2002.

Sun Ge, "How Does Asia Mean? (Part I)", *Inter-Asia Cultural Studies* 1, no. 1 : 13 – 47, 2010.

_____, Kuan-Hsing Chen and Youngseo Paik, eds., *Posuto higashi ajia* [Post – East Asia], Tokyo : Sakuhin sha, 2006.

Sun Shen, ed., *Kangzhan mingqu 100 sho* [100 war of resistance songs], Zhejiang : Zhejiang Wenyi Chubanshe, 1995.

Takeda, Masaya, *The Portraits of "Guizi"*, Tokyo : Shueisha, 2005.

Tanaka, Yuki, "Oda Makoto, Beheiren, and 14 August 1945: Humanitarian Wrath against Indiscriminate Bombing", *The Asia-Pacific Journal/Japan Focus* 5, no. 9, https://apjjf.org/-Yuki-Tanaka/2532/article.html, 2007.

Tsushima, Yūko, *Amari ni yabanna* [Exceedingly Barbaric], Tokyo : Kodansha, 2008.

Tudor, Andrew, *Monsters and Mad Scientists: A Cultural History of the Horror Movie*, New York : Blackwell, 1989.

Vijayan, Suchitra, "Rwanda and the NY Times: On Those Images by Pieter Hugo Pairing Perpetra tors and Victims of the 1994 Genocide", *Africa Is a Country*, April 25, https://africasacountry.com/2014/04/rwanda-the-genocide-must-live-on, 2014.

Wang, Chih-ming, *Transpacific Articulations: Student Migration and the Remaking of Asian America*, Honolulu : University of Hawai'i Press, 2013.

Watson, Burton, *Mozi: Basic Writings*, New York : Columbia University Press, 2003.

Wu Zhuoliu, and Ioannis Mentzas, *Orphan of Asia*, New York : Columbia University Press, 2006.

Xu, Gary G, *Sinascape: Contemporary Chinese Cinema*, Lanham, MD : Rowman and Littlefield, 2007.

Yamano Sharin, *Kenkanryū* [Hating the Korean wave], Tokyo : Shinyūsha, 2005.

Yang, Hyunah, "Revisiting the Issue of Korean 'Military Comfort Women': The Question of Truth and Positionality", *positions: east asia cultures critique* 5, no. 1 : 51 - 72, 1997.

Yomota Inuhiko, *Burusu Ri: Ri Shiuron no eikō to kodoku* [Bruce Lee: The glory and solitude of Li Xioa-long], Tokyo : Shōbunsha, 2005.

Yoneyama, Lisa, *Cold War Ruins: Transpacific Critique of American Justice and Japanese War Crimes*, Durham, NC : Duke University Press, 2016.

Yoshida, Takashi, *The Making of the "Rape of Nanking": History and Memory in Japan, China, and the United States*, New York : Oxford University Press, 2006.

Yoshimi, Shun'ya, and David Buist, "'America' as Desire and Violence: Americanization in Postwar Japan and Asia during the Cold War", *Inter-Asia Cultural Studies* 4, no. 3 : 433 - 50, 2003.

Žižek, Slavoj, "Is This Digital Democracy, or a New Tyranny of Cyberspace?", *Guardian*, December 30, http://www.guardian.co.uk/commentisfree/2006/dec/30/comment.media, 2006.

찾아보기